블루오션, 꿈의 심리학

블루오션,
꿈의 심리학

'문답식' 꿈의 해석법을 이야기하다

김정희, 이호형 공저

책읽는귀족

꿈을 대할 땐
항 상 겸 손 한 마 음 으 로

　　　　　　　　얼마 전에 우리 부부는 꿈을 소재로 한 〈우리
는 같은 꿈을 꾼다〉라는 헝가리 영화를 보았다. 현실에서는 거의 불
가능한 사건, 서로 다른 두 사람이 동일한 내용의 꿈을 꾼다는 것을
주제로 한 영화이다. 영화의 주인공들은 똑같은 꿈을 반복적으로 꾸
고 있다는 사실을 알고, 서로의 상처를 치유하고 새로운 삶을 살게
된다. 이 영화를 보면서 서구에서는 꿈에 대해 서로 대화를 주고받는
것에서 더 나아가, 꿈을 주제로 심리치료를 하고 세미나를 하는 것이
일반적으로 널리 퍼져 있다는 사실을 확인하고 부러움을 금할 수 없
었다.

　　또 다른 한 편의 영화 〈패터슨〉에는 일반적인 부부들도 경험하는

장면이 나온다. 아침에 잠에서 눈을 뜬 아내가 남편에게 자신이 지난 밤에 꾼 꿈을 들려주는 장면이다. 우리 부부도 꿈을 꾸면 꿈에 관해 대화를 하는 것으로 하루를 시작하는데 벌써 20년이 다 되어간다. 그렇게 오랜 시간 꿈을 지켜보면서 관심을 가지고 대화를 한다. 그러면서도 꿈은 언제나 새로운 모습으로, 또한 예상하지도 못한 형상으로 나타난다는 사실을 발견하고 참으로 신기하다는 생각이 들었다. 어떻게 우리 안에 그렇게 끊임없이 새로운 것을 창조하는 능력이 있다는 것인지!

그 동안 우리는 시간과 상황, 마음의 여유 정도에 따라 이렇게도 저렇게도 꿈을 다루어보면서, 꿈을 해석하는 일이 간단하고 쉽게 느껴진 적도 간혹 있었다. 하지만 예측도 짐작도 할 수 없고, 언제나 새 모습으로 나타나는 꿈을 완전히 해석하는 일은 여전히 인내를 요구하는 일임을 알았다. 꿈을 해석하는 작업에는 왕도가 없기 때문에, 그리고 꿈은 늘 새로운 내용과 신기한 형상으로 다가오기 때문에, 꿈에 대한 관심과 궁금증은 조금도 줄어들지 않고 있다.

오랜 세월 동안 우리의 꿈을 해석하면서 우리 부부는 꿈과 관련된 중요한 교훈을 얻었다. '꿈을 대할 땐 항상 겸손한 마음으로, 이 세상에서 처음 보는 것을 대할 때의 호기심을 가지고 대해야 한다'는 것이다.

우리만 꿈을 꾸고 또 꿈에 대해 관심을 가지고 있는 것이 아니라, 많은 사람들 역시 우리와 같은 마음이라는 것을 알고 있다. 그들도 단지 꿈에 대한 관심만 가질 것이 아니라, 꿈을 통해 우리가 가지는 즐거움과 꿈이 주는 도움을 얻을 수 있다면 얼마나 좋을까 하는 생각으로 우리가 사용하는 꿈 해석 방법을 익힐 수 있는 기회를 제공하고자 한다.

● 오래된 숙제를 해결하면서

이제 이 책이 나오기까지 도와준 많은 분들에게 이 자리를 빌려 고마움을 표하고자 한다. 먼저 우리의 '꿈 만남 집단'에 참여하여 꿈을 나누고 자신의 삶을 나눈 모든 집단원들에게 감사드린다. 이 모임을 통하여 우리는 꿈이 얼마나 귀중한지를 새롭게 알게 되었으며, 꿈을 통한 만남이 얼마나 진솔한 것인지를 경험했다.

다음으로 이 책을 위해 자신의 꿈을 사용하도록 허락해준 집단원들, 그리고 개인상담 내담자 여러분께 더욱 감사한 마음을 전한다. 이 분들의 사적인 정보에 대해서는 꿈의 내용과 맥락에 손상이 되지 않는 범위 내에서 수정했음을 밝혀둔다. 사적인 만남에서도 늘 꿈을 나누어주고, 이 책의 집필을 위해 여러 가지로 조언을 해준 친구들에게 이 지면을 빌려 감사드린다. 그리고 바쁜 시간을 쪼개어 이 책의 내용을 꼼꼼하게 읽어주고 조언을 아끼지 않은 권묘희 선생과 윤영석 선생 부부에게 특별한 고마움을 전한다.

마지막으로 흔쾌히 이 책을 새롭게 출판하도록 허락해주신 '책읽는귀족'의 조선우 대표께 감사를 표한다. 오래전에 이 내용으로 된 책을 출판했으나, 여러 가지로 부족한 부분이 많아 언젠가 새롭게 손을 보고, 꿈의 사례들을 풍부하게 더 보충하여 다시 출판하면 좋겠다는 간절한 바람이 있었다. 이제야 오래된 숙제를 해결하게 되어 마음의 짐을 내려놓는다.

2018년 3월
김정희, 이호형

Contents

Part 3

개인적 꿈 해석의 실제 사례

- - - - - - - - - - -

Part 4

혼자서 하는 문답식 꿈 해석 사례

Part 5

꿈을 이용하는
집단 상담과 꿈 드라마

Part 6

예지적 꿈의 해석의
특징과 사례

항상 새로운 것을 창조하는
꿈의 신비 속으로!

들어가는 말

인간은 모두 자신의 마음을
그려낼 수 있는
창조적인 능력이 있다!

『꿈의 해석』을 통해 인간의 심층 심리의 이해
와 정신 심리치료의 길을 열어 놓은 프로이트는 꿈을 '무의식에 이르
는 왕도'라고 했다. 이는 꿈이란 평상시에는 드러나지 않는 한 사람의
숨겨진 내면이 드러나는 장이라는 사실을 강조하는 것이다. 이에 반
하여 게슈탈트 심리치료의 창시자인 펄스는 꿈을 '통합으로 가는 왕
도'라고 했다. 게슈탈트 심리치료는 한 사람의 인격 통합을 치료의 주
된 목표로 삼고 있는데, 꿈은 성격의 결함이 어디에 있는지를 보여주
어 인격을 통합하도록 하는 가장 좋은 수단 중의 하나이기 때문이다.

이 두 사람의 꿈에 대한 이해를 결합하면 꿈은 무의식에 숨어 있는
성격의 결함을 보여주어 인격을 통합하도록 돕는 수단이라고 할 수

있다. 이런 뜻에서 펄스는 꿈을 '꿈꾸는 사람이 자신에게 보내는 자신의 실존적인 메시지'라고 했다.[01] 프로이트와 펄스는 꿈이 가지고 있는 긍정적인 역할을 잘 알고, 정신병리 환자들의 치료를 위해 꿈을 적극적으로 활용했다.

비록 프로이트가 정신 치료를 위해 꿈을 사용하는 과정에서 현대 심리학적으로 꿈을 해석하고 이용하는 길을 열어 놓았으나, 그 이전까지 사람들이 꿈을 이용하지 않은 것은 아니다. 꿈은 인간의 역사와 함께 해오고 있다고 할 정도로, 꿈에 대한 인간의 관심은 오래되었다. 그리고 꿈을 해석하고 이용하는 인간의 노력도 다양했다. 인간들이 꿈을 어떻게 활용했고, 꿈이 인간의 삶에 어떤 역할을 하고 있는지에 대해서 필자들은 『꿈을 읽다』라는 책에서 이미 살펴 본 적이 있다.

꿈이 어떤 역할을 하고 어떻게 꿈이 이용되는지는 사람에 따라 다를 것이나, 인간은 누구든지 예외 없이 꿈을 꾸고 있다는 사실은 변함없다. 그리고 누구에게나 꿈은 자신도 제대로 인식하지 못하는 자신의 은밀한 마음을 가장 잘 드러내는 도구로 작용한다. 뿐만 아니라, 자신의 마음을 드러냄에 있어서 가장 창조적으로 이 작업을 수행한다. 이런 의미에서 꿈은 인간의 원초적인 능력이 자신과 자신의 관심사를 꾸밈없이 표현하는 수단이라고 할 수 있다.

● 꿈에 등장하는 것 중
   우연히 나타나는 것은 아무것도 없다

비단 저명한 예술가들에게 영감을 주는 꿈뿐 아니라, 평범한 개인들이 꾸는 꿈조차 일상에서는 생각할 수 없는 창작 능력을 드러낸다. 마치 예술가들이 끊임없이 새로운 작품을 창작해서 발표하는 것처럼 말이다. 사실 아무리 유능한 예술가라고 하더라도 평생 동안 새로운 작품을 계속 창작해 낼 수 없으나, 꿈에서는 모두가 꿈을 꾸는 날까지 자신의 마음을 새로운 형상으로 표현하는 창작자가 된다.

창작품으로서의 꿈은 우리의 사고의식이 아니라 심층의식이 주도적으로 만들어내는데, 게슈탈트 심리치료에 의하면 꿈에 등장하는 모든 요소들은 꿈꾸는 사람의 일면을 반영한다. 꿈에 등장하는 것 중에 우연히 나타난 것, 별 의미 없는 것이란 하나도 없다. 꿈에 나타나는 요소들은 꿈꾼 사람이 소홀히 하거나 외면하거나 부인해버린 자신의 성격의 일부를 꿈속 대상들에게로 투사한 것이다.

꿈은 비단 자신의 내면을 그리는데 그치는 것이 아니라, 자신의 삶이나 관심을 쏟고 있는 사안에 대해 그 결과가 어떻게 될지 미리 알려주는 예지적 역할도 한다. 그렇다고 마음대로 원하는 대로 이런 꿈을 꿀 수 있는 것은 아니지만, 평범한 사람들에게는 평생 한두 번밖에 안 될 수도 있으나 사람들은 누구든지 예지몽을 꿀 수 있다. 이 사실은 인간이 가진 능력이 어느 정도인지를 보여주는 것이다.

꿈이 이런 능력을 가지고 있는데도 꿈은 많은 사람들의 삶에서 푸대접을 받고 있다. 왜냐하면 대부분의 사람들이 꿈을 꾸고 난 뒤, 그냥 잊어버리고 살기 때문이다. 나를 위한 중요한 메시지를 나 자신으로부터 받으면서도 아무런 가치가 없는 것으로, 아니 그런 가치가 있다는 사실조차 알지 못한 채, 소중한 자산을 그냥 망각의 늪으로 사라져 가도록 방임한다. 이는 꿈이 자신을 드러내지만 꿈만의 특별한 언어로 드러내고 있기 때문이다. 이로 인해 그 특별함을 풀 수 있는 훈련을 하지 않은 사람들에게 꿈은 그저 신기하지만, 아무런 쓸모없는 것으로 간주된다.

무엇이든지 '알고 보니 아무것도 아니구나!' 하는 말이 있다. 꿈 해석에도 이 말은 여전히 유효하다고 생각한다. 그렇다고 결코 꿈 해석이 쉽고 간단하다는 말은 아니다. 다만, 누구든지 마음먹고 방법을 훈련하면 굳이 심리학을 전공한 사람이 아니더라도 자기가 꾼 꿈을 해석하고 꿈이 주는 메시지를 유용하게 사용하는 것이 얼마든지 가능하다는 말이다. 이제부터 우리와 함께 그 길을 걸어가 보도록 하자.

Part 1

꿈 해석을 위해 우리가 알아야 할 것들

인간이라면 누구든지 경험하는 일 가운데 가장 소홀히 취급되는 것이 있다면
그것은 단연 꿈이라고 할 수 있다.
이는 비록 내가 꾸는 꿈이지만 도무지 무슨 의미인지를
알지 못하기 때문이다. 그러나 꿈의 특성을 알고 꿈 해석을 위해 훈련하면
누구든지 자신의 꿈을 이해할 수 있기에,
「Part 1」에서는 꿈 해석을 위해 기본적으로 알아야 할 사항을 설명한다.
먼저 제1장에서는 현대 심리학자들 가운데 꿈 심리학자라고 불리는 사람들이
어떻게 꿈에 대한 새로운 이해를 시도하고, 또 새로운 해석 이론을
발전시켰는지 간단히 살펴본다.
제2장에서는 꿈의 주된 내용을 이루는 꿈의 형상의 특징과
일상에서 사용하는 언어와의 차이에 대해 살펴본다.
제3장에서는 꿈의 소재에 대해 살펴보는데, 과거의 경험과
낮의 잔재가 어떻게 꿈에 나타나는지를 알아본다.
제4장에서는 꿈과 정서의 관계에 대해 알아보는데,
먼저 인간 삶에 있어서 정서의 중요성을 간단히 살펴보고
정서가 꿈의 해석에서 차지하는 역할에 대해 알아본다.
제5장에서는 꿈 해석을 할 때 고려해야 할
여러 가지 중요한 요소들에 대해 언급할 것이다.
마지막으로 제6장에서는 처음 꿈 해석을 배우는 사람들은
꿈 해석을 도와주는 도우미를 필요로 하는데,
그 도우미는 어떤 역할을 하는지, 그리고 도우미가
기본적으로 가져야 할 자세와 돕는 기법에 대해 설명한다.

꿈에 대한 새로운 이해와
문답식 해석법

꿈은 인류의 역사와 함께 시작되었으며 모든 사람들은 꿈을 꾸면서 살아간다. 사람들은 하룻밤 자는 동안에도 여러 차례 꿈을 꾼다. 꿈을 꾸지 않는다고 주장하는 사람은 꿈을 꾸고 나서 그것을 기억하지 못할 뿐이다. 인간이 잠을 자는 동안에는 렘(REM) 수면기와 논렘(N-REM) 수면기를 반복하며, 특히 렘(REM) 수면 동안 집중적으로 꿈을 꾼다는 사실이 밝혀졌다.[02]

꿈을 꾸는 일은 모든 인간들이 경험하는 보편적인 현상이듯이, 꿈을 해석하는 일 역시 동서고금을 막론하고 모든 문화에서 찾아 볼 수 있는 보편적인 현상이다. 꿈 해석의 중요성을 강조하면서 유대의 격언은 말하기를 "해석되지 않은 꿈은 뜯지 않은 편지와 같다"라고 한다. 우리의 선조들 역시 꿈의 해석과 관련하여 "꿈보다는 해몽"이라는 말을 남겨 놓았다.

꿈의 의미를 이해하고 꿈을 이용했던 고대 여러 민족들은 저마다 꿈 해석 방법을 개발하여 후대에 전하고 있다. 그 가운데는 오늘날 보기에도 합리적이라고 할 수 있는 꿈 해석의 기초 이론도 있다. 그러나 프로이트(Freud)가 1900년에 『꿈의 해석(The Interpretation of Dreams)』에서 합리적이고 체계적인 꿈 해석 방법을 제시하기 전까지 심리학적인 꿈 해석 방법은 존재하지 않았다고 할 수 있다. 또 프로이트의 연구를 계기로 꿈에 대한 현대 심리학적 연구가 활발해지면서, 꿈과 수면의 관계가 밝혀지게 되었다. 그리하여 꿈 형상의 특징에 대해 새로운 이해가 가능해졌다.

프로이트의 꿈 해석을 기점으로 현대 심리학의 고전적 꿈 해석 방법으로 일컬어지는 융(Jung)학파의 해석법, 보스(M. Boss)의 실존론적-현상학적 꿈 해석 방법 등이 차례로 등장했다. 고전적 꿈 해석 방법의 공통된 특징은 우선 그 기원이 모두 정신치료와 관련이 있다는 점이다. 프로이트를 비롯한 고전적 꿈 해석 방법의 창시자들은 정신치료에 종사하고 있었으며, 정신치료에 이용하기 위하여 꿈 해석 방법을 발전시켰다.

또 다른 공통점은 그들이 꿈 해석을 위해 이용한 꿈은 주로 그들이 치료한 사람들의 꿈이었다. 마지막으로 내담자의 꿈을 해석함에 있어서 비록 내담자의 협력을 구하였음에도 불구하고, 치료자가 주도적으로 꿈을 해석했다는 점이다. 이런 공통점에도 그들은 각기 서로 다른 꿈 해석 이론을 발전시켰는데, 이는 그들의 꿈 해석 이론이 서로 다른 인간의 정신이해와 정신병리 치료 이론에 근거하고 있었기 때문이다.

● "어젯밤에 꿈을 꾸었는데, 내 꿈 이야기 좀 들어봐"에 숨겨진 두 가지 사건

현대 심리학자들의 꿈에 대한 연구는 단순히 꿈을 해석하는 이론에만 국한된 것이 아니라, 꿈꾸는 현상을 새롭게 이해하려는 노력으로까지 연결되었다. 그 가운데는 꿈과 수면의 관계를 과학적으로 이해하려는 정신생리학자의 노력도 포함되어 있다. 꿈에 대한 정신생리학적 연구는 꿈만이 아니라 꿈과 수면과의 관계에 대해서, 꿈과 신체작용과의 관계에 대해서, 그리고 꿈의 기능에 대한 새로운 통찰을 주고 있다. 아울러 꿈을 해석함에 있어서도 현실과의 관계에서 실제적으로 접근할 수 있는 길을 마련하는데 결정적인 역할을 했다.

한편, 꿈에 대한 해석 방법과 꿈과 수면의 관계에 대한 연구와 더불어 꿈의 형상을 새롭게 이해하려는 노력이 계속되면서, 꿈과 꿈의 언어인 꿈 형상의 특징을 새롭게 이해하게 되었다. 우리가 흔히 하는

"어젯밤에 꿈을 꾸었는데, 내 꿈 이야기 좀 들어봐"라는 말 속에는 엄밀하게 두 가지 연관된 사건이 있다. 즉 처음 나오는 '꿈'은 잠자는 동안 일어난 꿈을 꾼 사건 자체를 가리키고, '꿈 이야기'는 그 꿈 사건에 대한 보고이다.

자면서 '꿈을 꾸는 것'과 '꾼 꿈을 말로 표현하는 것'은 떼려야 뗄 수 없는 밀접한 관계가 있지만, 그렇다고 해서 그 두 사건이 동일한 것은 아니다. 이는 실제 사건과 그 사건에 대한 신문 기사와의 관계와 유사하다. 사건의 보도는 사건에 대한 묘사이지 그 사건 자체가 아닌 것처럼, 꿈 이야기는 꿈을 꾼 사건으로부터 나온 것이지만, 깨어 있는 사고 의식의 표현으로 변형된 것이다.

우리는 여기서 '꿈'이라는 하나의 현상에 대해 두 개의 의식이 각각 서로 다른 언어에 호소하여 말하는 것을 볼 수 있다. 꿈을 꾸는 순간에는 일상에서 사용하는 사고의식과는 다른 의식이 작용을 하게 되며, 사용되는 표현수단도 일상에서 사용하는 언어가 아니라 주로 형상(이미지)으로 이루어진 상징 언어이다. 상징 언어인 꿈의 형상이 표현하는 의미를 어떻게 해석하느냐가 꿈의 해석에 가장 중요한 요소로 작용한다. 여기서 여러 심리학자의 꿈 해석 방법이 서로 다르게 되는 것을 볼 수 있다.

● 전통적 꿈 해석법의 한계

프로이트, 융, 그리고 보스로 대표되는 초기 현대 심리학자들의 꿈 해석 방법은 나름대로 한계를 지니고 있다. 그 가운데 가장 두드러지는 것은 이들 학자들의 꿈 해석 방법을 익히기 위해서는 이들의 정신치료에 관한 이론을 제대로 익혀야 한다는 것이다. 즉 이들의 꿈 해석 방법만을 따로 배우기가 무척이나 어렵다는 한계로 인해, 꿈에 관심을 가진 사람들이 쉽게 익혀서 실제로 사용하는 것이 쉽지 않다.

이들 꿈 해석의 특징이자 또 다른 단점은 꿈의 해석을 주도하는 사람은 꿈꾼 이가 아니라, 꿈을 해석하는 상담자라는 것이다. 달리 표현하면 이들의 방법에 따른 꿈의 해석은 꿈꾼 이가 무의식적으로 꿈에 부여한 의미를 스스로 탐색하도록 돕는 것이 아니라, 상담자가 꿈의 형상에 나름대로 부여한 의미를 끌어내도록 하는 것이다. 예를 들어 프로이트가 꿈의 형상에 따라 일괄적으로 성적 의미를 부여한 것이라든가, 융이 꿈의 형상에 원형의 의미를 부여한 것을 들 수 있다.

이들의 꿈 해석 방법이 지니고 있는 한계를 극복하고, 꿈꾼 이를 존중하는 꿈 해석을 발전시켜 특정한 심리치료 이론에 대한 이해 없이 꿈의 의미를 알 수 있도록 하는 노력이 심리학자들 사이에서 이루어졌다. 그들은 정신치료를 받는 사람들의 꿈만이 치료에 유익한 것이 아니라, 상담을 받는 사람들과 일반인들의 꿈도 의미가 있으며 꿈 꾼 사람들에게도 유익하다는 생각을 했다. 또 이들은 적절한 꿈 해석을 위해서는 심리치료자가 아니라, 꿈꾼 이가 주도적인 역할을 하고 상담자는 도우미 역할을 해야 한다고 생각했다.

● '꿈 인터뷰'라는 해석 방법

이들은 스스로를 꿈 심리전문가로 부르면서 각기 고전적 꿈 해석 방법을 근거로 자신들만의 독특한 꿈 해석방법을 발전시켜서 보급하고 있다. 그 학자들 가운데 한 사람이 드레이니(Gayle Delaney) 박사인데, 그는 처음에 융 학파의 꿈 해석 방법을 배워 자기를 찾아오는 내담자를 상대로 개인적인 꿈 해석과 꿈 집단을 이끌었다. 이 과정에서 그는 융 이론에 따라 꿈을 해석하는 데에는 한계가 있다는 사실을 깨달았다.

해석자의 주도로 이루어지는 고전적 꿈 해석 방법에 대해 그가 비판하기를 "어떤 틀에 맞추어 해석하는 것은 형식적 해석이며, 해석하는 사람이 자신의 지식을 바탕으로 한 성급한 해석이다"라고 했다.[03] 그는 프로이트를 비롯한 초기 현대 심리학자들이 꿈 해석을 위해 "꿈이 스스로를 위해 말하도록 하라"는 지침을 제시했으나, 실제 해석에서는 그들의 이론에 맞추기 위해 이 지침을 어기고, 그 결과 꿈을 왜곡했다고 한다.[04]

드레이니는 여러 전통적인 꿈 해석방법들과 자신의 경험을 통해 얻은 지식을 절충해서 자신만의 '꿈 인터뷰(Dream Interview)'라는 해석 방법을 고안했다. '꿈 인터뷰' 방법에서 드레이니는 각 개인의 꿈이 독특하게 표현하는 의미를 있는 그대로 탐색하고자 한다. 이를 위해 해석자가 꿈 꾼 사람을 대신해서 해석해주는 것이 아니라, 돕는 자로서 꿈의 형상과 정서를 주제로 꿈에 대해 인터뷰를 하는 방법을 취했다. 그렇게 하여 궁극적으로는 꿈을 꾼 사람이 스스로의 꿈을 해석하도록 한다. 여기서 상담자의 역할은 꿈 해석자가 되는 것이 아니라, 꾼 꿈을 두고 꿈 주인을 인터뷰하는 사람이 된다.

● 필자들의 경험을 통한 '문답식 꿈 해석' 방법

드레이니의 방법으로 꿈을 해석한 필자들의 경험을 통해서, 우리 역시 드레이니의 꿈 인터뷰 방법이 우리의 꿈뿐만 아니라 내담자와 일반인들의 꿈 해석을 위해 아주 효과적인 방법임을 확인했다. 이와 더불어 상담자와 일반인들도 쉽게 배워 꿈 해석에 적용할 수 있다는 사실을 알았다. 이에 우리는 이 방법을 나름대로 수정하고 보완해서 '문답식 꿈 해석'이라는 방법으로 발전시켰다.

문답식 꿈 해석 방법의 특징은 그 이름에서 엿볼 수 있다. 이 방법에서 꿈 해석을 도와주는 상담자는 꿈꾼 사람을 마치 처음 보는 외계인을 대하듯이 한다. 지구에 있는 모든 것과 여기서 일어나는 것은 아무것도 모르는 외계인처럼 꿈꾼 사람의 눈을 통해 본 삶이란 어떤 것일까를 탐구하려는 호기심으로 질문한다. 꿈의 형상이 지닌 의미나 가치, 불러일으키는 경험과 정서 등이 충분히 드러나도록 질문을 한다.[05] 이렇게 하는 가운데 상담자는 자신이 가지고 있는 이론이나, 이전에 이해하고 있는 것의 영향을 최소화하기 위해 꿈의 내용 자체와 무관한 것은 질문하지 않는다.[06]

문답식 꿈 해석 방법은 다른 전통적인 꿈 해석 방법과 비교되는 두 가지 중요한 새로운 요소가 있다. 첫째, 꿈의 형상에 대한 묘사와 의미 부여는 전적으로 꿈을 꾼 사람이 한다는 것이다. 이 과정에서 특정한 심리학적 이론이 등장하게 된다면 어디까지나 꿈을 꾼 사람이 그 이론을 이해하고 수용한 경우에 한해서 유효한 것으로 간주한다. 둘째, 꿈 해석의 결론은 언제나 꿈 주인의 현실과의 연결을 통해 꿈에 등장하는 모든 형상들의 현실적인 의미가 드러나고, 그의 정서가 충실하게 반영되도록 한다는 것이다.[07] 그 결과 문답식 꿈 해석 방법을 통한 꿈 해석은 결국 단순한 꿈의 이해로만 끝이 나는 것이 아니라, 필연적으로 꿈을 꾼 사람의 자기 이해로 이어지도록 한다.

● 전문적 지식이 없더라도 할 수 있는
꿈 해석 방법

현대 심리학이 발전시킨 꿈의 해석과 그리고 꿈과 수면의 관계 등을 체계적으로 공부하면서 우리가 알게 된 사실이 있다. 그 가운데 하나는 우리나라에서는 꿈에 대한 해석만을 별도로 가르치거나, 책을 출판하는 일이 아직 초보적인 단계에 머물러 있다는 사실이다. 이에 반하여 꿈을 이용하여 정신치료를 하거나 상담을 하는 전문가들, 그리고 꿈에 관심을 가지고 꿈의 의미를 알고자 하는 일반인들의 관심은 지대하다고 생각한다.

이런 우리의 현실에서, 내담자들이 보고하는 꿈을 해석하여 잘 다루어야 하는 상담전문가들을 위해, 그리고 꿈에 대해 관심을 가진 일반인들이 합리적이고 체계적인 꿈 해석 방법을 쉽게 배울 수 있도록 하는 것이 필요하다는 생각을 했다. 그러나 실제로 이 방법을 적용하여 꿈을 해석하는 것과 해석한 꿈의 의미를 통하여 꿈을 꾼 사람이 자신의 심리적 문제를 해결하는 것, 나아가 인격 성숙에 도움이 되도록 하는 것은 각자의 역량에 따라 많은 차이가 있을 것으로 생각한다.

우리는 여기서 제시하는 꿈 해석의 방법으로만 모든 꿈을 적절하게 해석할 수 있다고 주장하지 않으며, 이 방법만이 유일하게 좋은 방법이라고도 생각하지 않는다. 이 방법 외에도 꿈을 해석하는 체계적인 방법은 다양하게 있으며, 그 방법들 또한 적절하다. 결국 각자 자신의 적성과 여건에 따라 자신에게 적합한 꿈 해석 방법을 택해서 사용하고 도움을 받을 수 있다면 바람직한 일이다. 그리고 우리의 방법 역시 그중 하나가 되리라고 생각한다.

일상의 언어와 꿈의 언어

잠에서 깨어 활동하는 동안 사람들은 많은 시간을 혼자 생각하고 사람들과 대화하면서 보낸다. 뿐만 아니라 사물을 인지하고, 지적으로 이해하고, 의미를 부여하고, 여러 가지 정황을 분석하여 판단하고 행동한다. 이때 사용되는 주된 수단이 '언어'이다. 인간의 사고 기능은 언어를 사용해서 이처럼 다양한 작업을 수행하는데, 여기서는 이 기능을 수행하는 의식을 사고 의식이라고 부르기로 한다.

사람들이 언어를 사용해서 이 세상에 있는 사물에 이름을 붙이는 순간, 그것은 의미를 얻는다. 그리고 세계는 개체화되어 나누어지며, 이름으로 그 사물을 다룰 수 있게 된다. 그러나 언어는 실재가 아니고, 그 실재를 개념화하는 도구이다. 이 때문에 편리하긴 하지만 인간이 경험하는 모든 것, 표현하고자 하는 것을 모두 담기에는 한계가 있다. 이는 곧 언어가 의사전달의 가장 보편적이고 유용한 도구이지만, 모든 상황에서 항상 그렇지는 않다는 뜻이다.

언어의 한계를 알기에 인간은 세계와 주위 환경이 가져다주는 다양한 자극과 인상과 영향 등을 더 직접적으로 경험하고 표현할 수 있는 방법을 원한다. 단순한 의미의 전달이 아니라, 정서의 전달이 중요할 때 인간은 일상적인 언어보다 감정을 더 잘 표현하고 전달할 수 있는 효과적인 표현수단을 필요로 한다. 가족을 잃어 큰 슬픔에 빠져있는 사람들에게는 백 마디 위로의 말보다는 한 번의 따뜻하고 공감적인 포옹 행위가 더 큰 위로를 줄 수 있는 것이 좋은 예이다.

언어의 한계를 뛰어 넘는 소통을 위해 인간은 미술, 음악, 조각, 시, 행위예술 등과 같은 표현 수단을 발전시켰다. 이런 표현의 수단들은 인간의 정서를 중요시하는 마음의 언어 혹은 상징 언어라고 할 수 있다. 상징 언어는 말보다 더 원초적인 표현 방법으로, 언어와 같이 정교한 논리적 법칙 없이도 얼마든지 사용이 가능하다. 꿈은 시각적 형상을 주된 표현 도구로 사용하고 있는 상징 언어로 이루어지는데, 꿈이 형상을 주된 표현의 수단으로 사용하는 이유를 살펴보자.

● 꿈은 원초적 의식이 만들어 내는 작품

사람이 잠으로 빠져드는 순간 의식 작용에 변화가 일어난다. 사고 작용을 주관하는 사고 의식은 더 이상 작동하지 않고, 그보다 더 원초적인 의식이 작동하기 시작한다. 이 의식은 인간의 내부에서 뇌에 전달되는 자극들을 주로 시각적 형상을 이용하여 표현하는데, 이것을 우리는 꿈이라는 현상으로 경험한다.

꿈에서 사용되는 상징 언어는 비록 세련되지는 않으나, 시나 행위 예술 등에서 사용되는 상징 언어와 공통된 요소를 가지고 있는데, 이들은 모두 인지적 의미뿐만 아니라 작가의 정서도 함께 표현한다는 점이다. 그러나 꿈의 상징 언어와 예술가들이 사용하는 상징 언어 사이에는 적어도 다음과 같은 중요한 차이가 있다.

첫째, 예술가들은 자신의 내면에서 무엇인가를 표현하고 싶은 충동을 느끼면서 그것을 충족시키고 다른 사람들과 나누기 위한 목적으로 예술 작품을 창작한다. 그러나 꿈은 꿈꾸는 사람이 자신을 위한 개인적인 메시지를 만들어 우선적으로 자신에게만 전달한다. 그 후 꿈의 의미를 모르거나 꿈의 정서를 나누기 위해 다른 사람들에게 표현한다.

둘째, 예술가들은 그들 내면의 의미와 정서적 경험을 표현함에 있어서 은유적 언어나 그림 형상이나 행위 등과 같은 다양한 상징 언어들을 이용해서 예술작품을 창작해 낸다. 반면 꿈은 같은 상징적 작품을 만들어 냄에 있어서 간혹 언어가 은유적으로 이용되기는 하지만, 거의 대부분이 시각적 형상으로 이루어진다.

셋째, 예술작품을 창작하는 일은 크고 작은 노력과 어려움이 동반되는 의식적인 행위이다. 즉 예술가들은 의식적인 사고를 이용하여 자신이 의도한 작품을 만들어 낸다. 이에 비해 꿈의 시각 형상은 꿈꾸는 사람의 일상 의지나 의식적인 노력과는 무관하게 그 사람 안에서 작동하는 원초적 의식이 만들어 내는 작품이다.[08]

꿈에서는 사용되는 시각적 형상뿐만 아니라 언어조차도 일상에서 통용되는 의미와는 다른 상징적인 용법으로 사용되기 때문에 꿈은 그 자체로는 이해하기가 어렵다. 또한 꿈은 사고 의식 밑에 있는 심층의식이 주도하여 만들어 놓은 것이기 때문에, 꿈은 그 자체로는 이해하기가 매우 곤란하다. 이는 예술 행위에서 사용되는 상징 언어가 사실을 있는 그대로 사진처럼 보여주는 것이 아니기 때문에, 예술가의 의도를 알기 위해서는 해석을 위한 노력이 필요한 것에 비교될 수 있다.

이와 같은 꿈의 상징 언어를 일상 언어처럼 문자적으로 이해하려고 하면 그 의미가 왜곡된다. 이에 더하여 꿈은 주로 사람들 안에서 해소되지 않은 채 남아 있는 정서적 자극과, 그것을 불러일으킨 사건과 관계된다. 이 때문에 문자적인 해석으로는 꿈이 표현하고자 하는 정서를 제대로 이해할 수 없다.

예술작품이 상징하는 의미를 이해하기 위해서는 작가가 사용하는 소재와 작가의 동기를 이해하는 것이 필요하다. 마찬가지로 꿈의 의미를 이해하기 위해서는 먼저 꿈이 재료로 사용하는 시각적 형상과 은유적 언어에 대해 꿈 꾼 사람이 부여하는 의미를 알아야 한다. 또한 그런 재료를 이용해서 꿈을 만드는 동기가 되는 정서작용을 먼저 이해해야 한다.

● 꿈을 기호가 아닌 상징으로
이해해야 하는 이유

꿈은 형상(이미지)이라는 상징 언어를 통해서 표현이 된다고 했다. 우리가 꿈을 꾸었다고 하면서 말로 표현하는 순간, 꿈 내용은 이미 활동할 때 사용하는 사고 언어로 옮겨진다. 깨어난 상태에서 꿈의 의미를 해석하려고 하는 것은 사고 의식을 통해 형상으로 이루어진 꿈의 내용을 이해하고자 하는 노력이다. 이해하고자 한다는 것은 꿈의 내용은 알지만 그 의미는 모르기 때문이다. 이런 면에서 본다면 프로이트의 말대로, 꿈은 드러난 내용을 통해서 알려지지 않은 의미를 숨기고 있다고 할 수 있다.

단순히 꿈이 그 의미를 숨기고 있다는 관점에서 꿈을 본다면, 꿈은 분명 암호와 같은 특성을 지니고 있다. 실제로 꿈에 나오는 형상들 가운데는 신호등처럼 기호적으로 정해진 의미만을 가리키는 작용을 하는 요소가 있기도 하다. 그러나 꿈의 형상은 일상에서 사용되는 기호처럼 정해 놓은 하나의 의미만을 전달하지 않는다. 거기에는 언제나 정서와 함께 경험이 포함되어 있기에, 같은 형상이라도 사람에 따라 그 의미는 달라지게 마련이다.

이런 이유로 꿈의 형상을 단순히 기호적 용법으로만 해석해서는 그 의미를 제대로 알 수가 없다. 예를 들어, 돼지를 꿈에서 보는 것은 재물을 의미한다는 식으로 해석하는 것이다. 이와는 달리, 상징 언어인 꿈의 형상이 나타내는 특성을 통해서 꿈이 드러내고자 하는 의미를 찾아야 한다. 예를 들어 돼지라고 해서 무조건 재물이라고 해석(기호적 해석)하는 것이 아니라 돼지에 대해 꿈꾼 이가 부여하는 의미와 정서, 그리고 돼지와의 경험을 탐구하는 가운데 꿈의 의미를 해석(상징적 해석)해야 한다.

뿐만 아니라 지적 의미만을 전달하는 것으로 그 소임을 다하는 기호와 달리 꿈 형상은 그것이 대상으로 삼고 있는 원형, 그 형상을 통해서 경험하도록 한다. 예를 들어 개의 형상이라면 이와 관련된 그 사람의 경험이나 정서를 탐색하도록 도와주며, 현실에서 그것이 불러일으키는 바를 더 깊이 느끼고 음미하는 촉진제로 작용한다. 이를 통해 개의 형상으로 표현된 특성이 자신의 심리적인 한 모습으로 해석이 된다면, 그 동안 몰랐던 자신을 통찰하는 경험을 하게 된다. 이것이 꿈의 형상을 기호가 아닌 상징으로 이해해야 하는 중요한 이유이다.

상징적 용법과 기호적 용법의 차이

꿈의 형상을 이해함에 있어서 기본적으로 알고 있어야 할 것이 바로 '상징'과 '기호'의 차이다. 기호는 약속이나 규정에 따라 하나의 특정한 의미를 나타내며, 누구든지 그 의미를 다 알 수 있도록 정해진다. 예를 들어, 신호등이 가장 보편적인 기호이다. 신호등에서 빨간불은 정지를 의미한다. 이를 다르게 이해할 여지도 없고, 있어서도 안 된다.

반면에 상징은 기호처럼 임의로 만들어서 사용하는 것이 아니라, 개인이나 사회 공동체가 생활하는 가운데 저절로 생겨 나와 작용하는 것이다. 물론 예술가들이 의도적으로 만들어내는 예술 작품의 경우는 예외이기는 하지만, 그렇다고 해서 예술작품이 하나의 의미만을 드러내도록 창작되지 않는다. 더 나아가 오직 하나의 의미만을 나타내는 기호와 달리, 상징은 다양한 의미와 더불어 그 상징과 관련된 경험과 삶이 만들어낸 다양한 정서도 함께 불러일으킨다.

상징의 좋은 예로는 결혼반지를 들 수 있다. 결혼반지는 무엇보다 연인 사이의 결합을 의미한다. 이뿐만 아니라, 결혼반지는 그들이 함께 살아오고 있는 삶과, 함께 꾸려가고 있는 가정의 다양한 의미와 감정을 불러일으킨다. 결혼반지를 잃어버리게 되었을 경우, 그것을 주운 사람과 잃어버린 사람은 그 반지에 대해 완전히 다른 경험을 한다. 떨어진 반지를 누군가가 주웠다면 그 사람에게는 그것이 어떤 반지인지는 그렇게 중요하지 않고, 반지의 물질적인 가치만 중요할 뿐이다. 반면, 결혼반지를 잃어버린 사람은 비록 그것이 값비싼 것이 아니더라도 뭔가 소중한 것을 잃어버렸다는 상실감에 사로잡힐 것이다. 결혼반지를 마련하게 된 사연, 결혼에 이르기까지의 과정 등등의 추억 말이다. 물론 이때도 행복한 결혼생활을 해오고 있는 사람이라면 그런 마음이 더 클 것이다.

상징과 기호라고 해서 반드시 정해져 있다고 할 수 없다. 어떤 것이든 어떤 용도로 사용되느냐에 따라 상징으로도 기호로도 작용한다. 다음 두 가지의 경우를 생각해 보도록 하자. 비록 교통신호등의 빨간불은 정지를 의미하는 기호이나, 신호등의 빨간 불을 건너다 교통사고를 당해 트라우마가 있는 사람에게 빨간 불은 기호 이상으로 작용한다. 어떤 면에서는 '정지'라는 공적 의미보다 교통사고로 인해 경험한 고통의 개인적인 의미와 정서가 더 크게 작용할 수 있는데, 이 경우 신호등의 빨간 불은 그 사람에게는 상징으로 작용한다.

다음으로 다시 결혼반지를 예로 들어보자. 만일 어떤 사람이 이 반지를 오직 결혼만을 의미하는 것으로 한정해서 사용한다면 그 사람에게 결혼반지는 기호로만 작용한다. 그래서 그것을 잃어버렸을 때 그냥 돈의 가치만 생각하고 다른 것으로 대체해 버리면 상징이라고 하기는 곤란하다. 이처럼 하나의 사물은 기호로 작용하기도 하고, 상징으로 작용하기도 한다. 이런 의미에서 상징적 용법과 기호적 용법이라는 말을 사용한다.

상징을 상징으로 이해하고 경험하는 것은 인간 삶이 동물과는 다른 차원에서 이루어지도록 하는 중요한 요소가 되는데, 오직 인간만이 상징을 이해하고 사용하기 때문이다. 이것을 꿈에 적용시키면 꿈을 중요시 하고 나아가 꿈의 형상을 기호가 아닌 상징으로 이해하고 경험하는 것은, 자신을 이해하고 자신의 삶을 풍성하게 하는 중요한 방법의 하나가 된다는 의미다. 상징으로서 꿈의 궁극적인 역할은 바로 있는 그대로의 자신을 만나고, 이해하고, 새롭게 하도록 도와주는 것이기 때문이다.

인간은 사회적 동물인 것만큼 개인적 존재이기 때문에 비록 여럿이 같은 사건을 경험하더라도 각자 그것을 개인화해서 받아들인다. 같은 사건이라도 그 사건이 모든 사람들에게 똑같은 영향을 미치고 똑같은 의미를 갖는 것은 아니다. 각자 자신의 고유한 잣대와 틀을 가지고 의미와 가치를 부여하고 받아들이는데, 이런 현상을 잘 보여주는 것이 바로 꿈의 형상들이다.

한편, 꿈의 형상이 상징적으로 작용한다는 것은 꿈이 다양하게 해석될 수 있음을 의미한다. 정해진 의미만을 지시하는 기호와 달리, 상징은 여러 가지 의미를 동시에 내포하고 있기 때문이다. 상징이 내포한 의미의 다양성은 하나의 꿈에 대한 해석이 접근법에 따라 다양하게 될 수 있는 주된 요인이다.

꿈의 형상의 의미가 다양하다고 해서 아무렇게나 해석해도 된다는 말은 결코 아니다. 위에서 설명한 상징으로서의 형상의 특성에 근거하여, 그 형상을 꿈꾼 사람의 삶과 가치관과 의미와 정서체계와 관련 지어 해석해야 한다. 나아가 궁극적으로는 꿈꾼 사람의 자기 이해를 도모하는 방향으로 해석할 때, 꿈은 그 역할을 제대로 수행하는 것이 된다.

꿈이 이용하는 재료는
과거의 경험과 낮의 잔재

사람들이 꿈에 대해 가지고 있는 의문 중 하나는 꿈에 나타나는 형상에 관한 것이다. 꿈 형상 중에는 깨어 있는 동안 별로 관심을 가지고 있지 않았거나, 전혀 생각한 적도 없는 것들이 있는가 하면, 그냥 한번 스쳐 지나간 것들이 나오기도 하고, 오래동안 잊고 있던 과거의 인물들이나 장면이 포함되기도 한다.

꿈의 형상을 만들어 내는 꿈의 재료에 대하여 일찍이 프로이트는 꿈의 재료는 모두 꿈꾸는 사람에게서 나오는 것이라고 했다. 꿈꾸는 사람이 살아온 삶의 경험에서 재료를 취하거나, 이를 바탕으로 한 상상력이 만들어 낸다는 것이다. 특히 꿈의 재료로 사용되는 과거 경험과 관련하여 그는 세 가지로 세분하여 설명했다.

첫째, 평상시에는 기억하지 못했던 과거의 경험에서 재료를 취하는 경우이다. 이때 꿈은 까마득히 잊어버린 유아시절의 경험에서조차 재료를 취하는 경우도 있다. 둘째, 최근에 보았거나 들은 것이 꿈의 재료로 사용되는 경우이다. 셋째, 의미 깊은 기억뿐만 아니라 낮 동안의 경험 중에서 시시한 것, 가볍게 보아 넘긴 사소한 것을 즐겨 재료로 취한다.

꿈의 재료가 과거의 경험으로부터 온다는 점은 쉽게 설명이 된다. 사람들이 잠에 빠져 드는 순간, 외부로부터 자극을 감지하여 받아들이는 감각기관은 활동을 중지한다. 이 때문에 더 이상 새롭게 외부로부터 들어오는 자극이 없다. 이 상태에서 의식이 이용할 수 있는 것은 모두 그 사람이 잠에 들기 전까지 가지고 있던 것이며, 그때까지의 경험을 통하여 축적해 놓은 것이다.

● 최근의 경험을 소재로 한 꿈의 예

꿈이 과거의 경험에서 재료를 취한다고 하면서 프로이트는 최근보다는 먼 과거를 더 중시한 경향이 있다. 이는 그가 정신질환의 원인을 과거 어린 시절의 경험에서 찾고자 했기 때문이라고 이해된다. 그러나 프로이트도 '낮의 잔재'라는 표현으로 인정하듯이, 대부분의 꿈은 최근의 경험과 관계된 것으로부터 그 재료를 취한다고 했다. 비록 꿈의 내용이 과거의 경험에 관한 것이라고 해도, 그 과거의 경험이 아무런 계기 없이 꿈에 나타나는 경우는 드물다. 즉 최근에 일어난 사건이나 경험이 어떤 형태로든, 과거의 그 사건을 떠올리게 한 것이 계기가 되어 과거의 경험을 소재로 꿈을 꾸게 된다.

예를 들어보자. 필자(이호형)가 최근에 꿈을 꾸었는데 30년 전으로 돌아가서 대학생이 된 내용이었다. **꿈에 나는 대학 선배 앞에서 노래를 하려고 했으나, 노래가 제대로 나오지 않아 크게 당황했다.** 이 꿈을 해석하면서 떠올리게 된 사건은 그 전날 나는 졸업한 대학교의 과 동문회로부터 이메일을 받았다. 그 메일을 읽으면서 나는 잠시 대학 때의 동기들과 대학생활을 떠올렸다. 비록 곧 잊어버렸으나, 이것이 소재가 되어 대학생 시절, 나 자신에 대해 가지고 있었던 정서를 다시 만나는 꿈을 꾸었다는 것을 알게 되었다.

다른 꿈에서 **나는 도루묵이 물에서 물 밖 모래로 튀어 나오는 것을 보았다. 그런데 그 모습이 현실에서의 도루묵 그대로가 아니라, 머리부터 가운데 부분까지는 미꾸라지 형태인데 배 아래쪽은 도루묵 형태를 하고 있었다.** 나는 며칠 전에 생선가게를 지나다 도루묵을 진열해 놓고 파는 것을 보았다. 그것을 보는 순간 젊었을 때 먹었던 도루묵이 떠올랐으며, 갑자기 입맛이 당기면서 먹어보고 싶은 마음이 일어났다는 것을 꿈을 해석하면서 기억해 냈다.

위의 예에서 볼 수 있듯이, 꿈은 주로 최근에 일어났던 사건이나 경험으로부터 재료를 취한다. 그렇다고 해서 현실에서 경험한 그대로 취하는 것은 아니다. 꿈에 나오는 형상을 잘 살펴보면 꿈은 두 가지 혹은 그 이상의 서로 다른 형상을 합성해서 새로운 형상을 만들어 내기도 한다.

또 다른 꿈의 예를 들어보자. 나는 앞에서 예를 든 그 꿈에서 **내 바로 밑의 동생을 보았는데, 얼굴 모습은 그대로였지만 몸은 씨름 선수처럼 거대한 몸집을 하고 있었다.** 실제로 내 동생은 거대한 몸집이 아니고 좀 마른 체형인데, 꿈에서 그렇게 변형되어 나타났다. 이 두 꿈 사례를 통해서 알 수 있듯이, 꿈은 최근의 경험에서 재료를 끌어내지만 서로 다른 형상이 결합되어 나타나기도 한다.

● 잠으로 빠져드는 과도기에 나타난 이미지

꿈이 최근의 경험을 재료로 삼는 이유는 그것이 뇌에 가장 나중에 저장된 것으로, 그만큼 불러내기 쉬운 정보이기 때문이다. 이는 우리가 잠에 빠져들 때 경험하는 현상을 관찰해 보면 쉽게 이해할 수 있다. 일반적으로 사람들이 잠에 빠져들 때에는 깨어있는 상태와 잠자는 상태 사이의 과도기적 단계를 거치게 된다. 이때 졸리는 상태에서 여러 가지 형상이 나타나는 것을 경험하게 되는데, 이 형상들은 잠에 빠져들기 전에 마지막으로 마음에 머물러 있었던 생각들을 시각적으로 반영하는 것이다.[09]

이와 관련하여 잠들기 전에 회사에서 일어난 일을 생각하고 있던 한 사람의 경우를 예로 들어보자. 회사에서 상사는 그의 업무가 아닌 일을 하라고 지시했고, 그는 자신의 동료에게 그 일을 하도록 넘겼다. 유감스럽게도 그 동료가 일을 엉망으로 해놓았다. 그는 이 일에 계속 신경이 쓰였으며 잠자리에 들어서도 이것을 생각했다. 그가 잠으로 빠져드는 과도기적 과정에서 나타난 형상은 다음과 같은 것이다.

그는 직장동료들과 함께 농구를 하고 있었다. 그는 공을 잡아 그 동료에게 패스해주면서 그가 공을 넣으리라고 확신했다. 그런데 그 만 실수로 공을 놓치고 말았다.[10]

이 예에서 볼 수 있듯이 완전히 잠이 들기 전, 졸리는 상태에서 나타나는 형상(이미지)들은 그때의 생각이 그대로 반영되는 것이 아니라 다른 것으로 바뀌어 표현된다. 잠에 빠져드는 과정에서 이런 형상이 나타나지만, 거의 대부분의 경우 사람들은 깨어나거나 정신을 차리지 않고 그대로 더 깊은 잠에 빠져들기 때문에 알아차리는 경우가 드물다.[11]

잠에 빠져들어 가는 과정에서 나타나는 형상들이 잠들기 전에 마지막으로 생각했던 것을 반영한다면, 꿈에 나타나는 형상들 역시 최근에 경험한 것으로부터 재료를 취한다는 사실이 쉽게 이해될 것이다. 이렇게 꿈이 최근의 경험을 재료로 이용하는 과정에 낮 동안 경험했던 정서가 작용하는 것을 알 수 있다.

잠에서 깨어 활동하는 동안 정서나 호기심을 불러일으켜 놓고 나서, 관심으로부터 멀어져 간 최근의 경험은 어떤 형태로든 시각적이거나 정서적 잔재를 마음에 남긴다. 꿈이 시작되는 시점에서 이런 경험은 꿈꾸는 의식의 표면에 일종의 긴장을 만들고, 앞으로 전개될 꿈의 내용을 결정하는 데 영향을 미친다. 낮에 일었던 감정의 잔재는 특별한 힘을 발휘한다. 비록 그것을 경험했을 당시에는 사소하거나 중요하지 않은 것처럼 느꼈을지라도 그 감정은 과거 경험 가운데 해소되지 않고 남아, 영향력을 끼치는 감정을 불러와서 연결하는 역할을 하기 때문이다.[12]

여기서 '사소하거나 중요하지 않은 것처럼 보이는 사건'이라는 말을 좀 더 생각해보자. 이 말은 프로이트가 처음 언급한 것인데, 꿈에서는 특히 낮 동안의 기억 중에서 사소한 것, 따라서 가볍게 보아 넘긴 것들이 재료로 자주 이용되는 경향이 있다고 했다. 이때 사소하다고 해서 아무런 관심이나 호기심을 불러일으키지 않는 것은 결코 아니다. 앞에서 예로 든 꿈의 소재가 된 도루묵과 동창회의 이메일에서 보듯이, 비록 크지 않다고 하더라도 호기심과 관심을 일시적으로나마 불러일으켰거나 사로잡았던 것들이다. 이렇게 사소하고 중요하지 않은 것이라고 해도 어떤 형태로든 꿈을 꾸는 사람의 관심이나 호기심을 끈 것들이 꿈에 나타난다.

어떤 대상, 사건, 사물에 대한 관심이나 정서가 현실에서는 순간적으로 일어났다가 지나가는 경우가 많기 때문에, 그 당시에는 어떤 마음이었는지 인식하지 못할 때가 많다. 또 깨어 있는 상황에서는 더 큰 일에 신경을 쓰느라, 사소한 사건이 과거의 경험과 어떻게 연결되어 있는지 관심을 가지고 탐색하지 않는다. 그러나 우리가 잠들었을 때에는 상황이 달라진다. 깨어 있을 때 소홀히 여기고 지나간 사소한 것이지만, 잠이 들면 그것은 내면에서 해결되지 않은 채 남아 있는 과거의 사건과 그 정서와 연결이 된다. 그리고 잠을 자는 동안 활동하는 원초적 의식은 그것을 소재로 이용하여 꿈으로 표현된다.

이를 통해서 꿈은 현실의 삶과 아주 밀접한 관계가 있으며, 주로 현실의 경험으로부터 재료를 취한다는 것을 알 수 있다. 이렇게 꿈으로 표현된 과거의 경험은 꿈꾸는 사람의 현재 생각이나 정서에 어떤 형태로든 영향을 행사하고 있다.[13] 이처럼 꿈에서는 지나온 삶이 현실의 경험과 결합되어 나오기 때문에 꿈을 이용하는 심리치료에서는 현실의 삶에 초점을 두고 그 연관성 아래서 과거를 탐색하게 된다.

● 꿈은 이미지로 된 상징 언어를 사용한다

현실이 제공하는 자극과 재료를 꿈이 과거의 경험과 결합시키는 방식은 인간의 논리적인 사고 체계로는 이해하기 어렵다. 꿈을 꿀 때 인간의 뇌는 사고하는 의식이 상상 속에서나 할 수 있는 것보다 더 놀라운 일을 꿈만의 특별한 방법으로 수행하고 있기 때문이다. 고성능 컴퓨터가 동시에 몇 가지 작업을 수행하듯이, 뇌 역시 잠을 자면서도 여러 가지 작업을 동시에 수행하는 능력이 있는 것으로 밝혀졌다. 깨어 활동하면서 경험한 사건의 잔재와 정서적으로 연결된 과거의 경험이나 사건을 찾기 위하여, 순식간에 전체의 삶을 훑어 조사한다. 그리고 어떤 취약한 부분이 노출이 되더라도 그것을 수습하기 위해 과거에 사용한 방법이 무엇이었는지를 탐색하며, 자신이 이용할 수 있는 자원들을 동원하여 해소되지 않은 문제의 해결을 꾀하려고 도모한다.

간단히 말해, 꿈을 꾸는 동안 사람의 뇌는 과거 삶의 상황 안에서 최근 사건의 중요성을 재평가하는 작업을 한다. 이때 꿈은 사고할 때 사용하는 언어가 아니라, 이미지로 된 상징 언어를 사용하여 자기 탐색 과정에서 야기된 감정을 부각시킨다. 그리고 이 모든 과정은 깨어 있는 의식이 보기에는 아무런 노력도 들이지 않고 즉각적으로 이루어지는 것처럼 보인다.[14]

지금까지 낮의 잔재로 표현되는 최근의 사건이 꿈에서 우리 안에 해소되지 않고 남아 있는 과거의 유사한 경험과 연결되는 현상을 알아보았다. 꿈을 통해서 이루어지는 이 작업은 결국 꿈꾸는 사람이 현재 고심하고 있거나, 해결하려고 애쓰는 주제와 상관이 있는 중요한 정보들을 함께 모으는 작업이다.

그런 정보의 범위와 중요성의 정도는 깨어 있는 동안에는 쉽게 알아차릴 수 없는 것들도 있다. 비록 이런 정보를 이용할 수 있다고 하더라도, 현재 심리적으로 문제가 되는 주제와 어떤 연관성을 가지고 있는지는 쉽게 이해되지 않는다. 꿈이 주로 최근에 보았거나 경험한 사건이나 대상에서 재료를 선택하지만, 형상이라는 특수 언어로 표현되기 때문에 꿈의 재료를 안다고 해서 꿈의 의미가 저절로 이해되는 것이 아닌 이유가 여기에 있다.

꿈 과   마 음 의   관 계

꿈이란 꿈꾸는 사람의 마음 작용의 산물로서, 정서가 중심적인 역할을 하고 있다는데 대해서 이의를 제기하는 학자는 아무도 없을 것이다. 감정은 꿈에서만 중심적인 역할을 하는 것이 아니라, 인간의 성격 형성과 일상의 삶에서도 대단히 중요한 역할을 한다. 이런 이유로 상담이나 심리치료에서는 심리적인 문제를 야기한 감정의 응어리를 찾아 해소하려고 노력한다. 또한 동양의 전통적인 마음 수련에서는 마음으로 표현되는 감정을 잘 조절하여 어떤 상황에서도 평상심을 유지하기 위해 수련을 한다.

꿈과 정서 작용의 관계를 알아보기 전에 먼저 몸으로 살아가는 인간 존재에게서 정서가 차지하는 역할에 대해 간단하게 언급하고자 한다. 그런 다음, 꿈을 통해 표현되는 정서 작용의 중요성을 이야기하겠다.

　사람은 감정의 동물이다. 감정적 측면에서 말을 하자면 '인간은 세상의 모든 생물 가운데 가장 감정적이다'라고 주장하는 학자도 있다. 인간은 사용하는 말, 행동, 태도, 표정 등을 통해 우리가 의도하든, 그렇지 않든 항상 감정을 표현한다. 동물도 감정이 있다는 것은 이미 알려진 사실이다. 하지만 동물에 비해 인간의 감정은 비교가 안 될 정도로 매우 다양하다. 이뿐만 아니라 각각의 감정에 저마다 특별한 의미를 부여하고 있다.

　인간이 감정적일 수밖에 없는 이유는 몸으로 살아가고 있기 때문이고, 감정은 몸이 자각하는 것을 표현하는 첫 번째 수단으로 작용하기 때문이다. 몸으로 살아가는 인간은 잠을 자는 동안을 제외하고는 잠시도 쉬지 않는다. 그리고 몸과 몸에 있는 감각기관들을 통해 여러 가지 사회적·자연적 환경에 대해 반응을 하면서 살아간다. 이는 사회와 환경이 인간에게 부과하는 요구를 처리하고, 몸을 보전하면서 살기 위해 해야 하는 필연적인 삶의 과제이다. 이런 이유로 생명이 있는 한, 인간은 느끼게 되어 있다. 또한 어떤 모양으로든 감정을 표현하면서 살아간다.

　물론 어떤 상황에서 '아무런 느낌이 없다'고 하기도 한다. 그러나 그것은 어디까지나 자신의 감정을 알아차리지 못한 것이지, 아무런 느낌이 없는 것은 아니다. 실제로 아무 감정이 없는 경우에조차도 '무감각하다', '덤덤하다', '평안하다', '고요하다', '멍하다' 등의 표현을 써서 그 상태의 감정을 나타낼 수 있다. 이런 인간의 감정 작용을 침묵과 비교해보자. 침묵 자체가 하나의 언어로 작용하면서 여러 가지 함축적인 의미를 나타내듯이, 아무런 감정이 없다고 하는 상태조차도 그 자체로 하나의 정서 표현으로 간주될 수 있다.

감정을 느끼는가, 못 느끼는가는 무엇보다도 신체 각성의 강도와 관계가 있다. 감정은 인간의 몸에서 일어나는 여러 신체 에너지의 움직임(각성 상태)을 감지하는 것이다. 그리고 그 움직임은 어떤 형태로든 몸의 떨림으로 일어난다. 일반적으로 크게 일어나는 감정은 쉽게 느끼지만, 가볍게 일어나는 감정은 잘 알아차리지 못한다. 감정을 느끼도록 하는 신체의 움직임을 야기하는 자극은 외부에서 오는 경우가 많다. 하지만 과거의 경험을 떠올리거나, 어떤 생각을 하거나, 내면에서 생리적 욕구가 발동하는 경우에도 감정을 자극하게 된다.

● '감정을 이해한다'는 것의 의미

앞에서 인간의 감정은 다양하며 각기 의미가 있다고 했다. 이는 인간이 다른 동물들과 달리 감정을 세분화할 수 있는 고유한 능력이 있기 때문이다. 이 능력이란 바로 언어를 사용할 수 있는 능력이다. 언어는 인간의 모든 활동에 의미를 부여하는 역할을 한다.

그 결과, 언어로 말미암아 인간이 하는 모든 활동은 의미를 추구하는 활동이 되었다. 그리고 언어로 표현됨으로써 인간이 경험하는 감정은 단순한 느낌만을 표현하는 것이 아니라, 의미를 지닌 행위로 작용하게 되었다.

감정은 개인에 따라 다양한 형태로 나타나는데, 이는 어떤 사건이나 대상 등에 반응할 때 개인마다 반응 양식이 서로 다르기 때문이다. 동일한 문화권에 사는 사람들의 감정 양식은 유사한 면이 있지만, 그 감정에 부여하는 의미는 각 개인이 결정한다. 감정이 지닌 개인적 의미는 어린 시절에 형성된 감정양식을 근거로 각자 자신에게 중요하고 가치 있는 것이 무엇인지, 자신과 세계를 어떻게 이해하고 받아들이는지에 따라 달라진다.

이런 이유로 같은 사건을 경험한다고 해서 모두 같은 감정을 느끼는 것이 아니라, 그 경험에 대한 개인적인 반응에 따라 얼마든지 다른 감정을 느낄 수 있다. 결국 감정은 철저히 개인적 의미의 산물이다. 이런 면에서 자신이나 다른 사람의 감정을 이해한다는 것은 그들이 일상적인 경험을 해석하는 방식을 이해한다는 것이다. 또한 그런 경험이나 사건이 개인의 심리 상태에 미치는 영향을 이해한다는 것이다.

흔히 논리적인 이성의 작용과 비교하여 감정은 비이성적인 것으로 아무런 원칙이 없다고 생각하기 쉽다. 이것은 감정 작용을 제대로 이해하지 못한 데서 생기는 오해이다. 감정이 논리적이지 못하다고 생각하는 이유는 첫째, 감정이 작동하는 방식이 이성적인 논리와 다르기 때문이다. 둘째, 감정은 각자 개인이 의미를 부여하는 방식으로 표현되어 모든 사람들에게 보편적으로 적용될 수 있는 감정 반응 원칙을 만들기 어렵기 때문이다. 그러나 감정 작용에 아무런 원칙과 논리가 없는 것은 결코 아니다. 감정은 사고의 논리와는 다른 자신만의 논리를 따라 일어난다. 이 논리는 각자 자신의 삶의 정황으로부터 구성하는 개인적 반응 양식과 의미 부여에 기초를 두고 발전한 것이다.

감정에 대한 논의를 시작하면서 '사람은 감정의 동물'이라는 말을 했다. 이 말은 주로 사람이 감정에 따라 좌우된다는 의미로 사용된다. 여기서 더 나아가 감정은 한 사람의 삶을 지배하고 있다는 사실을 강조하고 싶다. 사람은 항상 감정을 느끼고 표현하면서 살아가는 존재이다. 그리고 한 사람의 모든 행동과 사고와 태도와 표정 속에 감정은 필수적인 요소로 작용하고 있다. 그러므로 한 사람의 감정 양식을 정확하게 탐색하고 충분히 이해한다면, '감정'이야말로 그 사람의 성격을 총체적으로 알려주는 가장 섬세하고 정확하고 종합적인 지시자가 된다.[15]

지금까지 우리는 감정의 중요성에 대해 살펴보았다. 이제는 정서가 구체적으로 꿈에서 어떤 역할을 하고 있는지 알아보자.

● 질병이 예지몽으로 나타나는 이유

정서와 꿈의 관계가 긴밀하지만, 그렇다고 정서가 꿈을 꾸는 주된 원인이라고 하기는 곤란하다. 꿈은 렘(REM, 빠른 안구 운동) 수면기 동안에 발생하는 신경생리적 현상으로 설명이 되지만, 그 기제에 대해서는 여전히 다 밝혀지지 않고 있다. 그런데도 꿈의 내용과 관련하여 정서가 주요한 역할을 차지한다는 데 대해 대부분의 전문가들이 동의한다. 이는 곧 꿈 해석을 위해서는 '정서'가 중요한 요소로 고려되어야 함을 의미한다.

정서가 꿈의 내용 형성에 어떻게 영향을 미치는지 이해하기 위해서는 신체의 각성과 정서 작용의 관계를 살펴볼 필요가 있다. 일상에서 우리에게 격한 감정이 한번 일어나면, 그 감정이 쉽게 사라지지 않고 오랫동안 몸에 남아 있다가 서서히 사라지는 현상을 경험한다. 아주 심한 경우, 며칠이 지난 다음에도 그 사건을 떠올리면 다시금 신체가 각성이 된다. 그러면서 격한 감정이 올라오는 것을 경험하기도 한다. 며칠이 아니라 이삼십 년이 지난 해묵은 감정조차도, 몸을 부들부들 떨며 다시 경험하는 것을 상담 현장에서 자주 볼 수 있었다.

앞에서 언급했듯이 사람이 잠에 빠져들어 수면을 취하는 동안, 외부에서 들어오는 자극은 차단이 되더라도 내면으로부터 여러 가지 내적 자극들이 뇌에 전달된다. 여기에는 깨어 활동하는 과정에서 경험한 잔재들, 이들이 불러일으킨 정서적 자극들, 신경이 쓰이고 관심이 집중되는 문제들, 그리고 생리적 욕구나 신체의 이상 증상 등이 포함된다. 기본적으로 이 자극들은 에너지의 형태로 뇌에 전달되며, 그 에너지가 작용하는 현상을 우리는 정서로 경험한다.

깨어 활동하는 동안에 올라왔다 사라진 것으로 생각되는 감정 가운데는, 완전히 사라지지 않고 그 잔재는 정서 기억으로 남게 되는 것이 있다. 이 정서 기억이 잠을 자는 동안 뇌를 자극한다는 것이다. 이것은 수면 현상을 생각해 볼 때 이제는 쉽게 이해할 수 있을 것이다. 또 계속 마음 쓰이는 문제와 신체에 이상이 생겼을 경우에, 이에 대한 신체 자각 역시 하나의 에너지 형태로 뇌를 자극한다. 그 결과, 꿈을 통해서 정서가 적나라하게 표현되기도 한다. 그리고 관심을 가진 문제에 대한 해결책이 제시되기도 한다. 또한 신체의 질병이 몸에 증상으로 나타나기 전에, 먼저 꿈에 예지적으로 나타나기도 하는 것이다.

꿈과 정서의 관계는 정신역동적인 방법으로도 설명된다. 이에 따르면, 꿈은 낮에 활동하는 동안 억압했던 정서가 드러나는 과정이다. 깨어 활동하는 동안 사람들은 다양한 방어기제를 사용하여 자신의 역할을 충실히 수행한다. 그러나 잠이 들면 감각 기관이 차단되고 사고 의식이 중지된다. 더불어 깨어 있는 동안 쓰고 있던 모든 사회적 지위와 역할의 가면을 벗어버리고, 동시에 자신을 보호하기 위해 사용하던 다양한 방어기제들을 내려놓는다. 이 상태에서 정서는 억압에서 해방이 되어 자신을 드러내게 된다. 바로 이 정서가 꿈의 내용을 형성하는 데 중요하게 작용하는 것이다. 이런 이유로 꿈이야말로 한 사람의 마음인 정서 작용을 가장 잘 표현하는 수단이 된다.

● 꿈이라는 요술 거울을 들여다보는 모험

꿈의 내용은 주로 정서작용에 의해 결정이 된다고 했
는데, 구체적으로 꿈을 통해 정서가 어떻게 표현이 되는지 살펴보자.
이와 관련하여 월터 보나임(Walter Bonime)은 꿈을 통한 정서 표현은
두 가지로 나타난다고 주장한다. 하나는 꿈의 내용으로 '상징화되는
감정'이고, 다른 하나는 꿈꿀 때 '경험하는 감정'이다. 여기서 상징화
되는 감정이란 꿈꾸는 동안 실제로 느끼지 못하나, 꿈에 나오는 인물
이나 배경이나 사건 등에 의해서 암시되고 있는 정서이다. 이에 반해
꿈을 통해서 경험하는 감정은 말 그대로 꿈을 꾸는 동안 실제로 경험
하는 감정이다.[16]

보나임 박사는 꿈을 통한 정서 표현을 이렇게 둘로 구별해야 하는
필요성에 대해 세 가지 이유를 든다. 첫째, 꿈꾼 사람의 정서를 이렇
게 구별하지 않을 경우, 자칫 두 종류의 정서 가운데 한 종류의 정서
가 무시될 수 있기 때문이다.

둘째, 꿈에 나타난 정서를 탐색할 때 상징화된 정서에 관심을 가지
지 않게 되면, 그것으로 인해 꿈을 통해 드러나는 정서 전체가 무시될
수 있기 때문이다. 꿈꾼 사람이 꿈에서 아무런 감정을 못 느꼈다고 할

때, 그 말을 액면 그대로 받아들이면 꿈을 통해 아무런 정서도 제대로 탐색하지 못하게 된다. 이렇게 되면 꿈을 꾸면서 느끼지는 않았으나 꿈속에 상징화되어 있는 중요한 감정이 무용지물이 되고 만다. 예를 들어 한 사람이 **꿈에 자신이 누군가를 죽여서 봉지에 담아 들고 다녔다**는 것을 이야기하면서 꿈속에선 아무런 감정도 느껴지지 않았다는 말을 했다. 이 말을 듣고 그대로 넘어갈 것이 아니라, 현실에서 그런 사건이 일어난다면 어떤 감정일지를 탐색하여 상징화된 정서를 이해해야 한다.

셋째, 감정을 억압하고 부인하는 사람에게 꿈꿀 때 경험하는 감정은 더 이상 감정을 부인할 수 없는 증거로 작용하기 때문이다. 사람들 가운데는 자신의 감정을 인정하고 느끼는 것이 힘든 경우가 많다. 이 때문에 감정을 느끼지 않으려고 철저히 억압하는 것을 볼 수 있다. 이런 사람들의 경우, 꿈에 암시된 상징화된 감정을 부인하고 받아들이지 않을 가능성이 높다. 상징화된 감정은 추론되고 해석되어야 인식할 수 있는 감정이기 때문이다. 그러나 꿈을 꾸는 과정에서 경험한 감정은 진솔한 감정 그 자체이다. 그러므로 꿈을 꾸는 사람들이 꿈을 통해 현실에서 인정하고 싶지 않은 감정을 느꼈다고 한다면, 그것이야말로 직접적이고 부인할 수 없는 그 사람의 감정인 것이다.[17]

우리는 지금 감정이 꿈과 연관된 중요한 요소이며, 꿈에는 꿈꾸는 사람의 진솔한 마음(감정)이 드러난다는 사실을 살펴보고 있다. 꿈을 통해 자신의 모습을 그대로 직면하게 하는 이러한 작용을 울만 박사는 '요술 거울의 비유'로 설명한다. 우리가 자신을 발견하는 이 꿈 속에는 요술 거울이 하나 있다. 이 거울은 우리가 스스로에 대해서 바라고 생각하는 모습이다. 그러나 다른 사람들이 우리에 대해 생각해주기를 바라는 모습이 아니라, 꾸밈없는 우리 자신의 모습 그대로를 비춰주는 능력이 있다. 그런데 이 요술 거울의 또 하나의 특징은 오직 꿈을 꾸는 사람만이 그것을 사용할 수 있다는 것이다.

아무도 없는 상태에서 자신의 모습을 숨김없이 보여주는 요술 거울 앞에서, 꿈을 꾸는 사람은 혼자 자신을 들여다보는 모험을 감행한다. 거울에 비추어진 모습은 꿈의 형상으로 나타나는 있는 그대로 자신의 모습이다. 비록 꿈이지만, 아무런 가식도 꾸밈도 없는 그대로의 모습이다. 더 진솔한 자기의 모습을 찾고자 하는 사람에게 있는 그대로를 특별히 묘사해주는 초상화이다.[18]

이상 꿈의 특성과 상징 언어로서 꿈 형상의 특징에 대해 살펴보았다. 다음에선 꿈 해석에서 중요하게 고려해야 하는 요소에 대해 알아보자.

꿈 해 석 을 위 한
두 가 지 요 소

꿈 해석을 위해 필수적인 두 가지 요소는 해석의 대상이 되는 꿈과 그 꿈을 꾼 사람이다. 여기에 하나 더 첨가한다면 꿈 해석을 도와주는 사람(현재 우리의 실정에서는 상담자들이 주로 꿈 해석을 도와주고 있으므로, 이하 '상담자' 또는 '도우미'라는 용어를 사용한다)이다. 꿈 해석을 위한 훈련을 받지 않은 사람들이 자신의 꿈을 해석하는 것은 결코 쉽지 않은 일이다. 그러므로 자신의 꿈을 해석할 수 있을 때까지는 훈련을 받은 도우미의 협조가 필요하다.

꿈 심리전문가들 가운데는 꿈을 꾼 사람 없이 꿈의 내용만으로도 꿈을 해석하는 것이 가능하다고 주장하는 사람들이 없는 것은 아니다. 그러나 대부분의 전문가들은 꿈을 꾼 사람의 적극적인 참여가 적절한 해석을 위해 필수적이라고 말한다. 설사 꿈의 내용만을 가지고 해석할 수 있다고 하더라도, 그 꿈 해석이 적절한 것인지를 검증하기 위해서는 꿈꾼 사람의 의견이 필수적이다. 그러므로 꿈꾼 사람을 배제한 채 이루어지는 꿈 해석은 이론이나 연구를 위해서는 가능하지만, 실제적으로 꿈을 꾼 사람에게 도움이 되는지는 확인할 수 없기 때문에 바람직한 것은 아니다.

많은 경우, 꿈이라고 하면 꿈에 등장하는 형상을 떠올린다. 그리고 꿈을 해석한다는 것은 그 형상이 가리키는 의미를 알아내는 것이라고 생각하기 쉽다. 그러나 적절한 꿈 해석에서는 꿈 형상에 대한 인지적인 이해뿐만 아니라, 꿈과 더불어 느껴지는 정서도 함께 이해하는 것이 필수적이다. 이렇게 될 때에 꿈의 이해가 곧 꿈을 꾼 자신의 이해로 연결된다.

● '신용카드'와 '암 보험'이 상징하는 의미

꿈의 형상을 해석할 때에는 꿈에 나오는 모든 인물과 사물, 그들이 하는 말, 행동, 벌어지는 사건 및 꿈의 배경 등에 꿈 꾼 사람이 부여하는 개인적인 의미를 탐색해야 한다. 이때 작은 것 하나라도 소홀히 취급하지 않도록 한다. 사소한 것이라도 의미가 있을 뿐만 아니라, 경우에 따라서는 그것이 꿈 전체 내용을 이해할 수 있는 중요한 단서로 작용하기 때문이다.

앞에서 꿈의 형상은 그것이 모형으로 삼고 있는 실재의 특징을, 어떤 형태로든 표현하는 특성을 지니고 있다고 했다. 그러므로 꿈에 나타난 형상이나 언어가 지니고 있는 특징들이 꿈 꾼 사람에게 어떤 의미로 다가오고 있는지를 탐색하면, 그 형상이 상징하는 실재의 의미를 알 수 있다. 예를 들어 보도록 하자.

신용카드를 잃어버려 빨리 분실신고를 하려고 남편을 찾는데 번호가 잘 찾아지지 않는다. 남편이 나에게 암 보험을 들어서 괜찮다고 이야기한다. 나는 웬 뜽딴지같이 암 보험 이야기를 하는지 알 수가 없다.

이 꿈에서 '암 보험'이 상징하는 것은 무엇일까? 이 '암 보험'이란 상징이 어떤 실재의 특징을 표현하고 있는지 알기 위해서 꿈꾼 사람과 대화한 것을 정리하면 다음과 같다. 꿈꾼 사람에게 '암 보험'은 '미래에 대한 든든함과 안심이 되는 것'이다. 그러나 '현재는 쓸모없는 것'을 의미한다. '신용카드'는 '감당 못하는, 갚아낼 수 없는, 귀찮기도 한 것'이라고 했다.

현실에서 이 꿈의 주인은 고시공부를 하는 남자친구를 위해 수년 동안 경제적으로 지원을 해왔다. 남자친구가 시험에 합격하여 결혼을 하고 취직을 한 후에도, 시댁의 상황과 겹쳐 경제적으로 어려웠다.

그 와중에 남편의 카드 사용 때문에 많이 힘든 적이 있었다고 한다. 이 꿈은 꿈꾼 사람이 이 문제로 괴로워하던 당시에 꾸었다.

꿈꾼 사람은 이 꿈의 형상을 탐색한 후에, 자신이 남편에게 경제적으로 지원하고 있는 것을 보험료를 내는 마음으로 하고 있었다는 것, 즉 언젠가는 그 덕을 볼 수 있다는 든든한 바람이 있었다는 것을 깨달았다고 한다.

여기서 꿈 형상으로 나타난 '암 보험'과 현실에서 '남편을 위한 경제적 지원'은 '현재 내게 유익이 없고 힘들지만 미래를 생각하면 든든한 것'이라는 공통적인 의미가 있다. 이로써 꿈에 나타난 '암 보험'은 현실에서 '남편을 위한 경제적 지원'을 상징적으로 표현한 것임을 알게 되었다. 이렇게 하나의 꿈 형상은 그 형상이 나타내는 실재의 특징을 상징적으로 표현한다.

● 아랫도리를 입지 않은 꿈

앞에서 꿈과 관련된 정서를 두 가지 형태로 구분해서 다루어야 한다는 말을 했다. 꿈을 통해 실제로 느끼는 감정과 꿈속에서 경험하지는 않았으나 꿈의 형상이 현실이라면 느꼈을 감정, 즉 잠재된(상징화된) 감정이다. 꿈에서 실제로 경험한 감정이 꿈 해석에서 중요한 까닭은 그것이 꿈 해석에 결정적인 요인으로 작용하는 경우가 많기 때문이다. 적절한 꿈 해석은 언제나 꿈에서 느낀 감정의 실체를 이해하고, 그것을 새롭게 느끼는 경험으로 다가온다.

　사람마다 자라는 과정에서 생존전략에 따라 특정한 정서를 느끼지 않으려고 억압해버리는 경우가 많다. 꿈을 해석할 때 꿈 형상이 야기하는 상징화된 감정에 관심을 기울이고, 그것을 느껴보도록 하는 것은 무엇 때문일까. 그 이유는 자신이 인정하지 않고 있는 자신의 일부분을 직면하여, 통합하는 장을 마련해줄 수 있기 때문이다. 예를 들어보도록 하자.

　　　　사람들이 많은 장소에서 낯선 사람들과 대화를 한다. 어느 순간 나를 보니 위는 정장 차림인데 아랫도리를 입지 않고 있다. 그렇지만 나는 아무렇지도 않고 태연하게 행동한다. 그러다 한 사람이 나에게 당신은 왜 바지를 입지 않고 있느냐고 한다. 그 말을 듣고 나는 잠에서 깬다.

　이 꿈을 해석하는 과정에서 도우미는 "꿈에서 바지를 입지 않고 있을 때 어떤 느낌이 들었느냐?"고 물었다. 꿈을 꾼 사람은 "아무 느낌도 없이 그냥 자연스럽게 행동했다"고 말했다. 도우미가 "그러면 현실에서 그렇게 바지를 벗은 채 많은 사람들이 함께하는 공공장소에 가는 것은 어떤 심정일까?"라고 묻자, 꿈꾼 이는 그걸 질문이라고 하느냐는 듯이 "당연히 안 되지요"라고 답했다. 도우미가 "어떤 마음에서 안 된다는 건가요?"라고 다시 묻자, "창피해서 어떻게 그렇게 할 수 있느냐?"라고 말했다. 도우미는 '창피하다'는 의미를 더 구체화하기 위해 "어떤 마음이 일어나서 창피하게 느끼느냐?"고 묻자, 꿈꾼 이는 "그야 당연히 수치심 때문이지요"라고 답했다.

꿈꾼 이는 '수치심'이라고 답을 하고는, 스스로 놀라면서 말했다.

"아니 제가 그런 수치심을 느낀다는 말인가요? 사실 저는 수치심이라고는 전혀 느껴 본 적이 없었어요."

이렇게 말하고는 한참 동안 말을 잇지 못하던 꿈꾼 이는 마침내 입을 열었다. 지금까지 그는 수치심을 억압해 놓고 살았는데, 사실은 자신의 존재에 대해서조차 수치심을 느끼고 있다고 답했다. 이것을 계기로 꿈꾼 이는 자신의 정서에 대해, 그리고 자신에 대해 새롭게 이해하기 시작했다.

실제로 꿈 해석에서 이런 일은 자주 일어난다. 이렇게 되면 꿈 해석은 단순히 하나의 꿈을 해석하는 것으로 끝나지 않고, 꿈꾼 사람이 자신을 이해하고 자신을 통합하는 사건으로 거듭나게 된다. 꿈을 통해 내가 소외시켜 놓은 이러한 정서를 만날 수 있다는 것이야말로, 꿈 해석이 우리에게 주는 선물인 것이다.

● 꿈을 꾼 사람의 성격이 드러나는 꿈

꿈이란 꿈꾼 사람의 창작품으로 그 사람을 떠나서는 해석하기가 어렵다. 또 꿈 해석은 무엇보다도 꿈을 꾼 사람의 유익을 위해서 이루어져야 한다. 이런 이유로 꿈을 꾼 사람에 대한 이해가 꿈 해석을 위해서 매우 중요하다. 이와 관련하여 두 가지로 나누어 설명하고자 한다. 하나는 그 사람의 성격과 관련된 부분이고, 다른 하나는 그 사람이 살고 있는 삶의 정황이다.

꿈을 꾼 사람의 인격 혹은 성격이란 한마디로 '한 사람의 존재와 관련된 모든 것'이다. 그것은 한 사람을 드러내는 방식으로 신체 조건, 세계를 인식하는 방법, 행동 양식과 습관, 사고 체계와 가치관, 정서를 느끼고 표현하는 양식, 다른 사람과 관계하는 양식, 사물을 이해하고 반응하는 태도 등 모든 것이 여기에 포함된다. 각 사람의 존재 양식은 저마다 독특하다. 이 때문에 꿈을 해석할 때는 한 사람을 있는 그대로 이해하려고 노력해야 한다. 필자(이호형)가 꾼 꿈을 예로 들어 설명하도록 하자.

나는 물속으로 몸을 완전히 잠근 채 헤엄을 치고 있다. 그러다 눈앞에 큰 붕어만한 물고기가 나타났다. 호기심에 내가 그 물고기를 건드리자, 그 물고기가 몸을 돌려 나를 보는데 어느새 어마어마한 코뿔소로 변한다. 나는 깜짝 놀라 잠에서 깼다.

이 꿈을 꾸고 해석하는 과정에서 물속은 필자의 내면세계를 의미하는 것으로 생각했다. 그리고 물고기는 필자가 좋아하는 생선으로, 친근감을 가진 유순한 생명체라고 이해했다. 필자는 평소에 그런 모습이라고 스스로 생각했다.

이에 반하여, 코뿔소는 저돌적으로 무조건 앞으로 돌진하는 무식한 동물이라고 생각했다. 이런 코뿔소의 특성이 무엇을 의미하는지를 탐색한 결과, 필자의 특성이 그렇다는 사실을 알았다. 나는 평생을 좋아하는 일과 옳다고 생각하는 일에 코뿔소처럼 돌진하는 삶을 살아왔다는 사실을 깨달았다. 아무리 주위에서 말리고 조언해도 귀를 기울이지 않았다. 이렇게 앞으로만 달려온 자신의 모습이 바로 코뿔소와 같다는 사실을 처음으로 인정하면서, 필자의 삶을 성찰하는 계기를 맞았다.

꿈에는 이러한 개인의 성격적 특성이 반영되고 있다. 그러므로 꿈 해석은 이 특성들이 충분히 드러나도록 이루어져야 한다. 이렇게 하여 꿈꾼 사람이 알아차리지 못했던 자신의 숨겨진 모습에 대한 이해가 깊어질수록, 자신의 진정한 모습에 대한 이해가 더해질 것이다. 또한 자신에 대한 이해가 깊어질수록, 자신의 꿈을 더 잘 이해할 수 있게 된다.

● 어린 시절 트라우마가 유령처럼 붙어 있는 꿈

한편, 한 개인의 성격은 그 사람이 살아온 모든 삶의 정황과 대상과의 관계 속에서 형성되었다. 이 때문에 꿈을 꾼 사람에 대한 이해는 항상 그 사람이 살아왔고, 현재 살아가고 있는 삶의 정황에 대한 이해를 요구한다. 특히 어린 시절의 경험은 매우 중요하다. 그 가운데서도 트라우마처럼 작용하는 마음의 상처가 해소되지 않은 경우, 어른이 되어서도 유령처럼 붙어있으면서 괴롭히기 때문이다. 예를 들어보도록 하자.

여러 사람들과 알지 못하는 곳을 여행하고 있다. 어느 순간 보니, 나만 혼자 떨어져서 알지 못하는 곳에 있다. 집으로 가야 겠다고 하면서 내 차를 찾는데 차가 보이지 않는다. 분명히 내가 주차해 놓은 곳에 차가 있다고 생각하는데, 도무지 주차한 장소가 생각나지 않는다. 난감한 상태에서 꿈을 깬다.

꿈꾼 이는 장년이 되어 자동차가 없어지는 꿈을 반복적으로 꾸고 있다는 사실을 알았다. 젊은 시절, 군대에 갔다 온 이후로는 군에 다시 가는 꿈을 반복적으로 꾸었다. 그러나 장년이 되어서는 더 이상 이런 꿈을 꾸지 않는다. 그 대신 자동차를 찾지 못하는 꿈을 반복적으로 꾼다. 자동차가 꿈꾼 이에게 무슨 의미이냐고 도우미가 묻자, 자동차는 자신의 신분과 정체성을 나타내는 물체라고 말했다.

　　그렇다면 이 자동차를 어디에 두었는지 몰라 찾아 헤맨다는 것은, 현실에서 무엇과 연결이 되느냐고 도우미가 또 물었다. 그러자 직장을 잃어버리고 오랜 세월 동안 뚜렷한 사회적 신분 없이 지내온 자신을 의미한다고 답했다.

　　꿈 해석에 있어서 꿈꾼 사람의 삶의 정황이 중요한 이유가 있다. 그것은 꿈이란 꿈꾼 사람이 살아가는 현실과, 이와 관계된 다양한 인간관계와 경험 등이 꿈을 통해 상징적으로 표현되기 때문이다. 그러므로 꿈을 해석할 때 꿈꾼 사람의 현재나 과거의 삶을 꿈의 내용과 잘 연결하는 것은 중요한 작업 중 하나이다. 이렇게 현실과 꿈이 적절하게 연결되는 과정을 통해, 올바른 꿈 해석이 이루어진다.

꿈   해   석   도   우   미

꿈 해석을 위해서 누군가의 도움을 받아야 한다는 것은 어찌 보면 꿈이 지닌 모순이면서, 꿈을 꾸는 사람들이 직면하는 곤경일지도 모른다. 꿈꾼 이에게 있어서 꿈이란 그의 내면세계를 적나라하게 드러내 보여주는 가장 개인적이며 친밀한 창작품이다. 그러나 꿈은 일상적인 용어가 아니라, 꿈의 용어로 이루어져 있다. 이 때문에, 훈련을 받은 도우미의 도움이 없이 꿈을 해석하기란 쉽지 않다. 한편, 꿈에는 우리가 수용하고 싶지 않는 모습이 표현되는 경우가 많다. 그렇기 때문에 정작 꿈을 해석하는 것을 두려워하거나, 거부하기도 한다. 이 역시 꿈 해석을 방해하는 요소가 된다.

그러나 이런 어려움을 감수하고 꿈을 해석하면, 우리는 꿈의 의미를 이해할 수 있다. 왜냐하면 꿈 해석을 위한 열쇠는 꿈꾼 사람의 내면에 다 있기 때문이다. 이는 곧 꿈을 꾼 사람은 꿈의 의미를 무의식 차원에서는 알고 있다는 말이기도 하다. 무의식 차원에서는 알고 있는 꿈의 의미를, 의식 차원에서 알 수 있도록 도와주는 사람이 바로 전문 도우미이다. 꿈 해석을 도와주는 도우미가 갖추어야 할 태도와 도와주는 방법을 살펴보자.

● 꿈 해석 도우미의 역할

사람들이 꿈을 꾸고 나서, 주위 사람들에게 이야기를 하는 경우가 있다. 그 이유는 어떤 형태로든 감정적 자극을 받았기 때문이다. 특별히 그 자극이 불안과 같은 부정적인 경우는 그 불안한 상태에서 벗어나기 위해 꿈 이야기를 한다. 이처럼 사람들은 꿈 이야기를 자연스럽게 꺼내지만, 그 행동이 자신의 어떤 모습을 있는 그대로 노출시킨다는 사실을 모르는 경우가 대부분이다.

이런 상황에서 꿈을 해석하는 것은 꿈이 상징하는 의미를 받아들일 준비가 되어 있지 않은 사람을 당황스럽게 만든다. 혹은, 꿈 해석 자체를 거부하도록 만들 수도 있다. 그러므로 꿈 해석을 도와주는 도우미는 필수적으로 인간의 심리에 대한 깊은 이해가 있어야 한다.

무엇보다도 먼저 도우미는 인간의 정서 작용에 대한 이해, 특별히 꿈 해석 상황에서 느낄 수 있는 감정을 자연스럽게 경험하도록 이끌어주는 능력이 필요하다. 또 꿈꾼 사람의 감정 경험이나 어려움을 함께할 수 있는 공감 능력과 여유로운 태도도 필수적이다. 나아가 꿈 해석 결과가 꿈을 꾼 사람에게 줄 수 있는 영향에 대한 인식, 꿈에 드러난 현실의 문제를 다루어줄 수 있는 자질 등을 갖추고 있어야 한다. 그래야 꿈을 효율적으로 다룰 수 있고, 꿈꾼 사람에게 유익을 줄 수 있다.

단순히 친구나 가까운 사람들에게 호기심 차원에서 꿈을 말하는 것이 아니라, 본격적으로 꿈의 의미를 탐구하기 위하여 상담자를 찾는 경우가 있다. 혹은 꿈 집단 상담을 위해 모인 사람들이 자신의 꿈을 내어 놓을 때가 있다. 이런 경우에는 자신의 가장 개인적인 내면의 세계를 드러내는 일이 된다. 그러므로 상담자는 무엇보다도 신뢰할 수 있고, 비밀이 보장되는 안전한 환경을 제공해야 한다.

이를 위해서 상담자는 꿈을 말하는 것에서부터 꿈의 형상과 관련된 개인적인 생각들을 표현하는 것까지 꿈을 꾼 사람의 의견을 존중해야 한다. 그리고 그것을 자신의 삶과 연결시키는 모든 과정에서 꿈을 꾼 사람을 압박하지 말고 자유롭게 자신의 생각을 표현하도록 해야 한다. 어느 누구도 강요에 의해 꿈을 말하지 않도록 해야 한다. 또한 꿈을 나누고 해석하는 과정에서도 꿈꾼 이가 더 이상 원하지 않는다면, 그의 의견을 존중하여 언제든지 중단할 수 있도록 해야 한다.

물론 이때 숙련된 도우미는 다음 시간을 기약하며 해석을 중단할 수도 있다. 그리고 중단하고자 하는 이유를 물어 봐서, 꿈꾼 사람이 그렇게 말을 하게 된 원인을 스스로 탐색하도록 도울 수도 있다. 그런 다음 꿈 해석의 계속 여부를 결정할 수도 있는데, 이 모든 것은 꿈꾼 사람을 존중하는 가운데 이루어져야 한다.

적절하고 바람직한 꿈 해석은 언제나 꿈꾼 사람과 도우미 간의 긴밀한 상호작용에 의해서 이루어진다. 아무리 유능한 도우미라고 하더라도 꿈을 꾼 사람이 준비된 만큼만 도와줄 수 있을 뿐이다. 그런데도 상대방에게 도움을 주기 위해 강요한다든가, 자기의 주장을 주입하려고 한다면 도움을 주기는커녕 상대방에게 상처만 안겨줄 뿐이다. 그러므로 철저히 꿈꾼 사람을 배려하고 존중하는 태도로 꿈 해석에 임해야 한다.

상담자가 주의해야 할 또 하나는 자신의 능력으로 다른 사람의 꿈을 해석할 수 있다는 생각을 하지 않는 것이다. 왜냐하면 꿈의 해석에 대한 실마리와 의미에 대한 답은 꿈꾼 사람이 가지고 있기 때문이다. 이뿐만 아니라, 모든 꿈을 짧은 시간에 한자리에서 다 해석될 수 있다는 생각을 하지 않아야 한다. 정해진 시간 안에 꿈 해석을 끝내려고 서두르거나, 꿈꾼 사람이 받아들이지 않는 성급한 해석을 끌어내려고 무리하지 않아야 한다.

해석이 순조롭게 진행되지 않을 경우, 결론을 미루고 좀 더 시간을 가져야 한다. 꿈을 꾼 사람에게 꿈에 대해 충분히 생각하면서 새로운 통찰이 주어질 때까지 기다리도록 하는 것이 필요하다. 첫 번째 시도에서 해결되지 않았던 꿈은 그 후에 이어지는 다른 꿈을 통해서 해결되기도 한다. 그러므로 여유를 가지고 충분히 탐색하는 태도가 필요하다.

● 꿈 해석 도우미가 피해야 할 태도

꿈을 꾼 사람이 도우미를 신뢰하며, 또한 안전하다고 느낄 수 있는 환경을 마련하는 것은 꿈 해석을 위해서 필요한 조건이기는 하다. 하지만 그것만으로는 충분하지 않다. 꿈을 꾼 사람은 꿈의 의미에 대해 혼자서는 할 수 없었던 통찰을 얻고, 꿈을 이해할 수 있는 실제적인 도움을 필요로 한다. 이것이 바로 촉진자로서 상담자가 해야 할 주요 역할이다.

도우미는 꿈꾼 사람이 꿈의 의미를 이해할 수 있도록 돕는 역할을 적극적으로 수행해야 한다. 그러면서도 동시에 상담자 자신이 다른 사람의 꿈을 직접 해석해주는 우를 범하지 않도록 해야 한다. 물론 상담 현장에서는 예외적으로 상담자가 주도적으로 꿈 해석에 개입하는 수도 있다. 그러나 이런 상황에서조차 꿈꾼 사람의 의견이 충분히 반영되도록 최선을 다해야 한다. 나아가 상담자가 이해한 꿈 해석을 일방적으로 받아들이도록 강요하지 말아야 한다.

꿈 해석에서 도우미의 역할은 꿈꾼 사람이 꿈의 의미를 스스로 이해할 수 있도록, 질문을 통해 사고를 자극하는 것이다. 이를 위해 상담자는 꿈을 꾼 사람이 꿈의 형상 하나하나를 현실에서 구체적으로 어떻게 생각하고 있는지, 그 형상이 자신에게 주는 의미는 무엇인지 묘사하도록 요청한다. 그리고 그 형상들이 꿈에서는 어떤 모습으로 나타났으며, 그 형상들이 어떤 감정을 불러 일으켰는지, 그리고 만일 그것이 현실이라면 어떤 감정을 느낄 것 같은지 등을 탐색하도록 돕는다.

꿈을 꾼 사람이 스스로 꿈 형상의 의미를 탐색하고 감정을 알아차리도록 도와주는 역할을 하기 위해, 도우미는 개방형 질문을 적절하고 능숙하게 할 수 있어야 한다. 의미나 감정을 탐색할 때 상담자 자신이 염두에 두고 있는 단어를 사용하여 질문을 하지 않도록 주의해야 한다. 이는 은연중에 꿈을 꾼 사람의 대답을 유도하거나, 영향력을 미치거나, 제한하는 효과를 가져와 꿈꾼 사람 고유의 생각을 막아버리기 때문이다.

개방형 질문이란 질문 자체에 답이 들어 있는 것이 아니라, 대답하는 사람이 자신의 생각을 말하도록 열어 놓는 질문이다. 예를 들어 뱀이 나타난 꿈을 꾸었을 경우 "뱀이 어떤 모습이었지요?"라고 묻는 것은 개방형 질문이다. 그러나 "꿈에 본 뱀이 징그러웠어요?" 혹은 "몸집은 컸나요?"라고 묻는 것처럼, 질문 속에 답이 내포되어 있는 것은 폐쇄형 질문이다. 이렇게 "예" 혹은 "아니오"로 답하도록 하는 폐쇄형 질문은 꿈을 꾼 사람의 생각이나 이해를 충분히 표현할 수 없도록 한다. 또한 자칫 질문하는 자가 의도하는 대답을 유도할 수 있다. 이에 반해, 개방형 질문은 꿈을 꾼 사람에게 꿈의 형상과 정서에 대한 자신의 개인적인 생각과 느낌을 스스로 선택한 단어로 표현하도록 돕는다.

● 개방형 질문과 폐쇄형 질문

개방형 질문을 할 때에도, 질문자는 마음속에 그 질문에 대한 자신의 답을 가지고 있어서는 안 된다. 오직 꿈을 꾼 사람이 스스로의 견해와 느낌을 탐구하도록 격려한다. 예를 들어보자. 꿈에서 귀신, 괴물 떼거지에게 쫓기는 꿈을 반복해서 꾼 사람이, 상담이 진행되는 동안 꿈 내용에 변화가 일어났던 사례가 있었다.

일반적으로 쫓기는 꿈을 보고한 내담자들에게 그 심정을 물으면 대부분 '매우 불안하다'는 대답을 한다. 이런 상황에서 상담자는 당연히 이 꿈꾼 사람도 그러려니 생각을 하고 '불안'이라는 대답을 유도하는 식으로 질문하기 쉬워진다. 그래서 "불안했겠네요" 혹은 "그런 경우는 불안을 느끼게 되는데, 어땠어요?"라는 식으로 질문을 하거나, 이와 유사한 답을 유도하는 질문을 할 수 있다.

실제 해석을 할 때, 꿈을 꾼 사람은 쫓기는 장면에서 답답함을 느꼈다고 말했다. 그런데도 상담자는 '불안'이라는 답을 유도하기 위해,

재차 어떠했느냐고 묻고 싶어진다. 이렇게 되면 꿈을 꾼 사람은 이 꿈의 가장 큰 정서였던 '부담감'이나 '답답함'에 집중하지 못한다. 그리고 '불안함'에 초점을 맞추려 애를 쓰다가, 이 꿈의 진정한 의미를 제대로 탐색하지 못할 수도 있었다. 물론 '불안함'도 꿈을 꾼 사람이 느낀 정서 중 하나이다. 하지만 이 꿈의 주인은 가족으로부터 시원하게 벗어나지 못하면서 느끼는 '부담감'과 '답답함'이 그 당시 꿈을 통해 표현되어 있었고, 그것이 상담에서 다루어진 중심 주제였다.

개방형 질문을 할 때 특히 주의해야 할 점은, 이 유형의 질문에 익숙하지 않은 사람들이 당혹감이나 압박감을 느끼지 않도록 여유를 가져야 한다는 것이다. 또 사람들 중에는 무슨 말을 하면 질문자가 좋아할까 생각한다. 그러면서 자신의 진솔한 생각이 아니라, 질문자의 의도에 맞는 답을 찾으려고 애쓰는 사람들이 있다. 그렇기 때문에 조급함을 느끼게 하거나, 특정한 답을 기대하는 느낌이 들지 않도록 해야 한다. 또한 상대방을 존중하고 배려하는 태도를 유지해야 한다.

꿈을 꾼 사람이 꿈과 관련된 감정을 알아차리고 느끼도록 도와주는 일은, 그에게 꿈의 경험 안에 머물도록 하면서 꿈의 의미를 스스로 깨닫도록 돕는 일이다. 이것이야말로 촉진자로서 도우미가 하는 가장 중요한 역할 중 하나이다. 즉 도우미는 꿈을 꾼 사람이 꿈의 의미에 대한 단순한 인지적 이해 차원을 넘어, 꿈의 정서를 다시 경험하도록 돕는다. 그리고 꿈을 꾼 사람에게 꿈에 나타난 자신의 정서를 선명하게 알아차리고 느껴보면서, 자신의 정서로 통합하도록 돕는 것이다.

이것이 바로 꿈 해석의 궁극적인 목적이기도 하다.

● '정서'를 탐색하는 질문을 할 때 유의할 점

'정서'를 탐색하는 질문을 할 때 특별한 주의를 기울일 필요가 있다. 이는 꿈 형상의 의미를 물을 때와는 달리 정서를 물을 경우 꿈꾼 사람이 전혀 알아차리지 못하거나, 잠시 일어났다 사라져버린 감정을 좀처럼 떠올리지 못하는 경우가 있기 때문이다. 이 경우 꿈을 꾼 사람의 정서 기억을 되살리도록 돕기 위해 도우미는 무엇을 할 수 있을까. 그건 바로 꿈꾼 사람의 말을 듣는 동안, 자신에게 일어났다고 느낀 감정을 들려주는 것이다.

실제 예를 들어보자. 어떤 사람이 꾼 꿈인데 **자신은 어린 시절부터 살아왔던 자기 고향 집으로 돌아가고 있다. 그런데 집에 가서 보니 부모님들이 돌아가시고, 더 이상 그곳에 계시지 않은 것을 알게 되었다.** 이 꿈에 내포된 감정과 관련해서 다음과 같은 개방형 질문을 할 수 있다. "집에 갔을 때는 어떠했나요?" 또 "부모님이 돌아가시고 안 계신 것을 알았을 때에는 어떤 마음이었나요?"

이 질문에 꿈을 꾼 사람이 아무런 답을 하지 못하고 망설인다거나, 혹은 아무런 느낌도 올라오지 않았다고 대답할 수 있다. 이 경우 꿈을 꾼 사람이 자신의 감정을 알아차리고 느끼도록 돕기 위해, 상담자는 꿈 이야기를 들으면서 느꼈던 자신의 감정을 피드백 해준다. "집으로 돌아가고 있다는 말을 했을 때에는 뭔가 기대와 희망을 가지고 있는 것처럼 들리던데, 어떠했나요?" 또 "부모님이 돌아가고 안 계시더라는 말을 했을 때에는 실망과 함께 슬픔을 느낄 수 있었는데, 어떤 심정이었나요?"

이렇게 도우미가 자신의 감정을 피드백해줄 때 주의할 점은, 꿈을 꾼 사람이 분명히 그런 감정을 느꼈을 것이라고 단정하는 태도로 하지 말아야 한다는 것이다. 어디까지나 자신이 보기에는 꿈을 꾼 사람이 그런 감정을 느끼는 것 같았는데, 과연 꿈꾼 사람은 어떤 정서를 느꼈을까를 물어보는 태도를 취해야 한다. 그리고 꿈을 꾼 사람이 스스로 느낀 감정을 표현하도록 격려하는 태도로 피드백을 해야 한다. 이런 도우미의 피드백을 통해서 꿈꾼 사람은 과연 자신의 내적 정서가 그런 것이었는지 점검해 볼 수 있다. 또한 이것을 계기로 자신이 실제로 느끼는 감정에 대해 다시 한 번 생각하고 묘사할 수 있게 된다.

● 방어기제의 정체를 깨닫도록 안내해주기

꿈 해석을 돕다 보면 꿈을 꾼 사람이 회피하거나 알아차리지 못하고 있는 진실과 직면시켜야 할 때도 있다. 꿈에 나타난 내용이지만 꿈을 꾼 사람이 알아차리지 못하거나 인정하지 않는 것, 꿈과 현실 사이에 드러난 괴리나 모순들을 지적하고 꿈꾼 사람에게 그것에 주목하도록 하는 것 등이 직면시키는 일이다. 직면하도록 하는 이유는 꿈을 꾼 사람이 현재 가지고 있는 신념과 이해와 정서 경험의 한계를 극복하고, 더 넓은 사고와 경험을 하도록 돕기 위함이다.

꿈이란 주로 꿈을 꾼 사람이 깨어 있는 동안 의식하지 못하거나, 소홀히 여기는 자신의 내면세계를 보여주는 것이다. 그렇기 때문에 꿈을 해석하는 과정에서 보고 싶지 않거나, 인정하고 싶지 않은 내용이 자연스럽게 드러난다. 이런 상황에서 도우미는 꿈을 꾼 사람이 회피하고 있거나 하찮은 것으로 여기지만, 실제로 중요한 의미를 지닌 사안들을 직면시켜야 한다. 그래서 꿈을 꾼 사람이 만들어 놓은 방어기제의 정체를 스스로 알아차리고, 그것을 허물 수 있도록 도와주어야한다. 꿈 해석 사례를 통해 설명하도록 하자.

필자가 만난 내담자는 중년의 미혼 남자로 경제활동을 거의 하지않고, 공부만 하면서 살아가고 있는 상태였다. 이 내담자는 관심과 흥미가 있는 분야의 소그룹 모임에 참여하고, 그 사람들과 인간관계를 맺고 있었다. 그러나 점점 악화되는 경제사정으로, 이러한 모임에 참여하는 데 드는 교통비조차 부담이 되는 상황이었다. 게다가 과거에 지인으로부터 경제적 피해를 당한 것 때문에 다시 재기하기도 힘든 처지였다.

어쩌다 한번씩 그는 막노동을 하기도 했다. 하지만 그곳에서 벌어지는 현실과, 자신이 추구하는 지적인 세계와의 괴리로 인한 내면의 갈등 때문에 막노동을 하는 것이 매우 괴로웠다. 이런 상황에서 내담자는 물질을 추구하는 세속적인 삶에 대해서 아주 못마땅하게 생각했다. 그리고 현재처럼 공부를 하면서 관념의 세계에서 살고 있는 것이 자신의 길이라고 말했다. 그가 처한 현실의 어려움을 완강하게 부인하면서, 상담은 더 이상 진전이 되지 않고 제자리를 맴돌고 있었다. 이런 와중에 내담자는 다음과 같은 꿈을 꾸었다고 보고했다.

> 초등학교 뒤쪽에 팔각형으로 된 정자가 세워져 있고(실제론 있지 않음) 그 주변에 밭, 정원, 뒤뜰, 꽃밭 등이 있다. 거기에 옛날 친구들도 나타나고 같이 놀기도 한다. 교실을 찾는데 못 찾아 헤매고, 신발도 찾아도 없고, 사람도 못 찾고, 내가 누구를 아는 체 하는데 상대는 나를 모른다.

이 꿈을 필자와 같이 해석해 가면서 내담자는 2, 3년 전부터 팔각정 꿈을 자주 꾼다고 말했다. 다음은 필자와 내담자가 팔각정의 의미를 찾아가며, 내담자가 스스로 만나지 않으려 애써 외면해왔던 자신의 내면과 직면하는 과정이다.

상담자 팔각형 정자가 뭐지요?

내담자 쉬려고 특별히 만들어 놓은 건 아닌 것 같았어요. 약간 의아했지요.

상담자 보면서 어땠어요?

내담자 아름답지 않고 허술하고…… 잘 꾸며진 건 아니고, 약간 거친 느낌도 나고, 난간도 없고 기둥만 있고, 지붕도 기와가 아니고, 지붕이 있었든가, 없었든가…….

상담자 색깔은요?

내담자 컬러가 아닌 것 같았어요. 회색 계통, 일반 나무 갈색 계통.

상담자 현실에서 팔각정자는 ○○씨에게 어떤 의미인가요?

내담자 휴식, 아름다움, 풍류, 한가함.

상담자 현실과 꿈의 팔각정이 많이 다르네요.

내담자 네.

상담자 만일 현실에서 꿈속에서 본 것과 똑같은 팔각정을 본다면 어떨 것 같으세요?

내담자 퇴색했구나. 시간이 경과했구나. 손 봤으면 좋겠다.

상담자 그렇군요. 또 어떤 생각이 들어요?

내담자 네. 누가 만들었을까…… 초등학교 뒤가 공터인데…… 실제론 없는데 거기 있더라구요. 실제 거기 있다면 썩 잘 어울릴 것 같지 않아요. 애들이 그냥 올라가 노는, 놀이시설 정도 되겠지요.

상담자 초등학교는 ○○씨에게 어떤 것인가요?

내담자 기쁨이나 즐거움은 아니고요. 경제도 어려워 육성회비 내기도 힘들었고, 보이스카우트도 너무 해보고 싶었는데 못했고…… 아쉬운 정도가 아니라 답답했지요. 생각은 많고 설계도 많지만 모두가 생각으로 끝났지요. 유료 급식 빵도 나오는데 그것도 신청 못했고 반에서 한 열 명 정도 급식하고 나머지는 그냥 도시락을 먹었어요. 급식하는 애들은 덤으로 간식처럼 빵을 먹었죠. 내 성격까지 이러니까 얻어먹지도 못하고…….

상담자 '초등학교' 하면 경제적으로 어려웠던 것이 가장 먼저 떠오르네요. 그런 곳에 휴식과 여유와 풍류를 상징하는 팔각정이 있긴 있는데 허술하고 빛바랜 모습이고, 팔각정자가 제구실을 못하네요. 지붕이 없는 것도 같고. 지붕이 없다면 햇빛이나 비도 못 막아주는데…… 가난이 떠오르고, 풍류가 연상되는 멋진 팔각정 대신 퇴색하여 초라하고 손봐야 하는 게 있고…… 이런 것을 떠올리면 어떤 것이 생각나세요?

내담자 (한참을 머뭇거리다 기어들어가는 목소리로 입을 연다)형태는 있으나 내실은 없는 것.

상담자 그게 뭘까요?(팔각정이 현실에서 의미하는 것을 구체화하기 위한 질문.)

내담자 ……(곤혹스럽다는 표정을 지은 채 아무 말이 없다).

상담자 (잠깐의 시간을 준 다음 다시 같은 질문을 한다.) 대답하기가 곤란하신가 보네요. 그래도 한번 말을 해보세요. 그게 뭘까요?

내담자 (마지못해 입을 열고 작은 목소리로)관념은 있는데 실행이나 노력은 부족한 것.

상담자 관념, 무슨 뜻인가요?(관념을 의미하는 팔각정이 상징하는 것을 탐색하도록 함.)

내담자 (이전보다 조금 더 큰 목소리로) 바람? 이상? 외형적으로만. 형태는 있지만 안에서 스스로 느껴지는 건 바람만큼 되지 않는 것. 얼만큼 왔는지 모르겠고, 제대로 가고 있는지 확신도 없고. 이렇게 살아야 하나 후회도 되고. 그동안 아는 사람들이나 부모님이 조금씩 도와주고, 내가 일거리 있을 때 어쩌다 일해서 살아왔는데, 그래도 철학이나 사회학 같은 책 읽고 시 쓰고 이렇게 사는 것도 나쁘지 않다 생각하기도 했는데, 이렇게 살아가면서 관념만…… 아, 그러고 보니 허름한 팔각정, 그거 같네요. 현실을 애써 외면하면서 오직 관념만을 추구하면서 살아가는 내 모습……(한숨을 쉰다).

꿈에 반복적으로 등장하는 팔각정의 의미를 해석하는 과정에서, 그 팔각정은 자신의 현재 상황과 내면의 아우성과의 갈등을 상징하는 것임을 알 수 있었다. 경제적으로는 극한 한계상황에 처해 있으면서도 지적인 추구에 매달리고 합리화하며 만족한 삶이라고 생각하지만, 이미 지칠 대로 지친 속마음은 그것의 허름함과 그에 따른 공허함에 힘들어하고 있었다.

이 꿈 해석을 계기로 일자리를 적극적으로 찾아보는 것의 의미와 가치에 대해 대화할 수 있었다. 또한 현실을 살아가는 데 필수적일 수밖에 없는 '돈'에 대한 이야기 등을 상담에서 나눌 수 있었다. 그리고 2주 후, 내담자는 전일제 일자리를 구하기에 이르렀다. 몇 개월이 지난 후엔 좀 더 살기 편한 곳으로 거처를 옮길 수 있었고, 대학원 진학을 위해 저축도 하고 구체적인 계획도 하게 되었다. 이와 함께 이 내담자는 자신에게 공부한다는 것의 의미가 무엇인지를 알게 되었다. 왜 자신이 지적 추구에 그러한 가치를 두게 되는지에 대해서도 차근차근 실마리를 풀어나갈 수 있었다.

물론 내담자가 이 꿈을 꾸기 전에 자신의 마음속에서 일어나는 것을, 전혀 몰랐다가 꿈을 통해 알게 된 것은 아니다. 자신의 삶의 모습에 심한 갈등이 일어나는 만큼, 그 힘으로 자신의 감정을 꾹 누르고 있었다. 이 때문에 내담자의 삶은 합리화와 인내, 그에 따르는 생기

없음으로 도배되어 있었고, 상담은 제자리를 맴돌 수밖에 없었다. 그러나 이 꿈을 해석해가는 과정에서 내담자의 입에서 자신의 마음속 갈등이 그대로 나올 수 있었던 것이다. 이게 바로 자신의 깊은 갈등과 직면할 수 있는 계기가 된 매우 중요한 사건이었다.

상담 과정에서와 같이, 꿈 해석을 하는 과정에서도 '직면'은 중요하다. 이는 단순히 꿈의 의미를 적절하게 해석하는 차원에서만 중요한 것이 아니다. 꿈 해석을 통해 자신의 현재 모습을 그대로 인식하는 가운데, 잘못된 신념과 이해를 바로 잡는 계기가 되기 때문이다. 또한 본인이 인정하지 않고 있는 정서를 수용하고 해소할 수 있는 계기로도 활용되기 때문이다.

지금까지 꿈의 특성과 해석에서의 주요한 요소에 대해 살펴보았다. 이제 꿈 해석을 위해 필요한 기초 작업과 꿈 해석의 원리에 대해 알아보도록 하자.

주

1   Perls, F. (1971). Four Lectures. In J. Fagan and I. L. Shepherd (Eds.), Gestalt Therapy Now. New York: HarperCollins Publishers Inc. 27.

2   Tedlock, Barbara ed. (1992). Dreaming: Anthropological and Psychological Interpretation. Santa Fe: School of American Research Press. ix.

3   Delaney, Gayle. (1991). Breakthrough Dreaming. New York: Bantam. 9.

4   Delaney, Gayle. (1993). "The Dream Interview." In Gayle Delaney, ed. New Directions in Dream Interpretation. Albany: State University of New York Press. 197.

5   Shafton, Anthony. (1995). 380.

6   Shafton, Anthony. (1995). 380.

7   Flowers, Loma. (1993). "The Dream Interview Method in a Private Outpatient Psychotherapy Practice." In Gayle Delaney, ed. New Directions in Dream Interpretation. Albany: State University of New York Press, 1993. 242.

8   Ullman, M. (1993). Dreams, the Dreamer, and Society. In G. Delaney (Ed.), New Directions in Dream Interpretation. Albany: State University of New York Press. 14.

9   Ullman, M., & Zimmerman, N. (1979). Working With Dreams. New York: A Dell/Eleanor Friede Book. 81.

10   Ullman, M., & Zimmerman, N. (1979). 82.

11   Ullman, M., & Zimmerman, N. (1979). 82.

12   Ullman, M. (1993). Dreams, the Dreamer, and Society. In G. Delaney (Ed.), New Directions in Dream Interpretation. Albany: State University of New York Press. 14.

13   Ullman, M. (1993). 14.

14   Ullman, M. (1993). 14.

15 Bonime, W. (1962). The Clinical Use of Dreams. New York: Basic Books Pub-
    lishing Co. Inc. 49.

16 Bonime, W. (1962). 10.

17 Bonime, W. (1962). 50.

18 이상 비유의 내용은 울만 박사의 설명을 저자가 풀어서 번역한 것이다. Ullman, M.
    (1993). 14.

항상 새로운 것을 창조하는
꿈의 신비 속으로!

Part 2

꿈 해석을 위한 구체적 준비 작업

꿈을 해석하기 위해서는 꿈을 이루는 여러 형상의 특성에 대해 알아야 한다.

꿈은 우리가 사용하는 일상적인 언어가 아니고

꿈만의 특별한 언어로 나타나기 때문이다.

제2부에서는 꿈을 해석하기 전에 갖추어야 할 여러 가지 사항들에 대해 이야기하기로 한다.

꿈을 해석하기 위해서는 먼저 꿈을 기억해야 하는데,

제1장에서는 꿈을 기억하고 기록하는 방법에 대해 설명한다.

기록해 두지 않으면 꿈은 쉽게 뇌리에서 사라져버린다.

이 때문에 꿈 해석을 위한 출발점은 꿈을 기록하는 것에서부터 시작한다고 할 수 있다.

제2장에서는 꿈 해석을 하기 전에 우리가 가지고 있는 꿈에 대한

기본적인 생각에 관해 소개한다.

꿈에 대해 어떤 전제를 가지고 있느냐가 어떤 방법으로

꿈을 해석하느냐를 결정하기 때문이다.

제3장에서는 문답식 해석법의 기본적인 원리에 대해 이야기한다.

꿈의 해석이 암호의 해석과는 어떻게 다르며,

문답식 해석 방법에서 중요한 요소로 작용하는 의미와 정서가

어떻게 구체적으로 드러나도록 해석하는지 설명한다.

제4장에서는 꿈 해석을 위해 꿈 이야기를 들려줄 때는

어떤 태도로 구연을 해야 하는지에 대해 이야기한다.

제5장에서는 꿈 해석을 하는 과정에서 꿈의 의미를 밝히기 위해

구체적으로 해야 할 질문을 하나씩 소개한다.

마지막으로 제6장에서는 꿈 해석을 위한 질문을 하는 과정에서

도우미가 하지 말아야 할 질문과 태도에 대해 알아본다.

꿈을 기억하는 방법과
기록하는 일

'모든 것은 마음먹기에 달려 있다'는 말이 있다. 이 말은 꿈을 기억하는 일에도 적용된다. 꿈을 기억하기 위해서는 먼저 꿈은 참 소중한 것이라고 생각해야 한다. 우리는 중요한 의미를 부여하는 것에 관심을 가지고 신경을 쓰게 마련이다. 꿈도 역시 마찬가지다. 꿈은 아무런 의미가 없는 허황된 것이라고 생각하면 꿈을 기억하기보다 무의식적으로 꿈을 잊어버리게 된다.

● 꿈을 기억하기 위한 방법

꿈을 잘 기억하지 못하는 사람들이 꿈을 기억하기 위해 해야 할 첫 번째 과제는 꿈에 대한 자신의 생각을 살펴보고, 그 생각이 부정적이면 그 부정적인 생각을 바꾸는 일이다. 꿈이란 자신의 삶을 풍성하게 해주는 아주 소중한 것이라는 생각을 해야 한다. 물론 이런 생각은 억지로 주입시켜서 되는 것이 아니다. 꿈에 관해 관심을 가지고 공부를 하다 보면 자연스럽게 들게 된다.

꿈을 소중하게 여기는 것 다음으로 해야 할 일이 있다. 그것은 실제로 꾼 꿈을 기억하기 위해서 의식적으로 노력하는 것이다. 일반적으로 꿈은 잠에서 깨어나면 얼마 지나지 않아 기억에서 사라져 버리는 속성이 있다. 이는 꿈이 하나의 심리적인 사건으로 내면세계에서 일어나, 정서 외에는 다른 특이할 만한 효과를 남기지 않기 때문일 것이다. 또 깨어나서 활동을 시작하는 순간, 모든 관심이 내면세계에서 외부세계의 일로 집중되기 때문에 자연스럽게 꿈을 잊어버리게 된다.

물론 오랫동안 뇌리에서 떠나지 않는 꿈도 있다. 이런 꿈은 큰 감정을 야기했거나, 꿈 내용이 아주 뚜렷해서 강한 호기심을 자극했거나, 현실에 직면하고 있는 문제 해결을 위해 결정적인 해결책을 제시한 꿈인 경우이다. 이런 꿈이 기억에 오래 남는 이유는 꿈의 효과가 현실과 연결되기 때문이라고 생각한다. 그러나 이런 꿈보다는 꾸고 나서 곧 기억에서 사라져 버리는 꿈이 훨씬 많다.

한편, 꿈이 기억에서 쉽게 사라져 버리는 성질이 있는 것은 어떤 면에서 보면 인간의 현실적인 삶을 위해 필요하기도 하다. 어른의 경우, 하룻밤 자는 동안 렘(REM) 수면이 약 100분 정도 차지한다. 이 기간 동안에 꾸는 꿈을 다 기억한다면, 꿈이 불러일으킨 감정과 형상들에 사로잡혀 정상적인 생활이 불가능할 수도 있다.

쉽게 사라져 버리는 꿈을 기억하기 위해서 해야 할 작업은 잠자리에 누워서 꿈을 꼭 기억하겠다고 다짐을 하는 것이다. 일종의 자기 최면인 이 방법을 통해 꿈을 기억하는 가능성을 높일 수 있다. 실제로 꿈 해석을 중시하는 정신치료와 상담에 종사하는 전문가들의 경험에 의하면, 꿈을 전혀 기억하지 못한다던 내담자들이 치료가 진행되면서 꿈을 꾸었다고 보고하는 경우가 많다고 한다. 이는 치료 과정에서 전문가가 꿈의 중요성을 알려주면서 기억하도록 권장하기 때문이기도 하다.

심리학자 울만은 꿈을 잘 기억할 수 있는 세 가지 방법을 제시한다.[19] 첫째 잠에서 깨어나자마자 꿈을 떠올리도록 노력한다. 밤중이든 아침이든 관계없이, 꿈의 잔재 감정이나 형상이 의식의 표면에 떠오르도록 내면으로 관심을 돌리는 훈련을 한다. 이를 위해서 잠에서 깨어났을 때에는 가급적이면 움직이지 않아야 한다. 그리고 딴 생각에 사로잡혀 정신을 산만하게 하지 말고, 눈을 뜬 그 상태의 자세를 그대로 유지하면서 조용히 누워 있도록 한다. 일어나서 불을 켜거나, 심지어는 자세를 바꾸거나 화장실을 가는 등 꿈의 잔재를 흩어버리는 행동은 삼가야 한다. 그리고 의식적으로 꿈을 기억하려고 노력한다. 이렇게 하여 꿈의 단편들이 떠오르면, 이들을 이용해서 꿈의 전체 내용을 연결시키는 일은 한결 쉬워진다.

둘째, 아침에 꿈을 꾸고 일어났을 때에는 물론이고, 밤중에 꿈을 꾸고 잠에서 깨었을 때에라도 기억에 남아 있는 꿈은 무엇이든지 즉시 기록하도록 한다. 이를 위해서 잠자리 옆에 연필과 노트, 혹은 녹음기를 준비해 두면 좋다. 잠을 자다가 꿈을 꾸고 깨어났을 때, 꿈을 기록하지 않고 그 자리에 누워 머릿속으로 꿈의 내용을 기억하겠다고 잔뜩 다짐을 하고 다시 잠이 드는 경우가 있다. 그러나 아침에 일어나서 다시 기억하려고 하면 밤중에 분명히 꿈을 꾸었다는 생각 외에 아무것도 떠오르지 않아 낭패를 보는 경우가 많다. 그러므로 언제든지 꿈이 떠오를 때 즉시 기록하는 습관을 들이는 것이 좋다.

셋째, 즉각적으로 꿈을 기록하는 것이 여의치 않으면 꿈의 내용을 스스로에게 소리 내어 들려주거나 옆에 있는 사람에게 들려준다. 필자의 경험에 의하면 밤에 꿈을 꾸고 잠깐 깨어났을 때, 머릿속으로만 꿈을 기억하겠다고 다짐을 한 경우에는 기억하지 못하는 경우가 많았다. 그러나 이렇게 혼자 말로 표현하거나 다른 사람에게 들려준 꿈은 기억에서 금방 사라지지 않고, 어느 정도 지속되었다. 이렇게 한다음, 시간이 나는 대로 기록하면 꿈을 보존하게 된다.

넷째, 밤새 자욱하던 안개가 아침 햇볕에 사라지듯이, 꿈을 꾸었을 당시 생생하던 꿈의 내용도 잠에서 깨어나는 순간 기억의 저편으로 사라져 버리기 쉽다. 이런 특성을 지닌 꿈을 떠올리려고 노력할 때 여유를 가지고 낙관적으로 접근하는 것이 필요하다. 꿈의 한 장면이나 일부분만 생각나더라도 사소하게 여기지 말고 그것을 놓치지 않도록 해야 한다. 꿈 전체를 기억해 낼 수 있다면 더 할 나위 없겠으나, 그렇지 못하더라도 실망할 필요는 없다. 꿈은 작은 것이라도 의미가 있기 때문이다. 그것을 소중히 여기면서 기억하고 해석하는 작업을 진행하다 보면, 전체적인 것이 기억나는 경우도 많다.

이상 꿈을 기억하도록 돕는 방법을 제시했다. 꿈은 한편으로는 쉽게 사라지는 특성이 있다. 하지만 꿈과 친숙해지면 굳이 기억하려고 특별히 노력하지 않아도, 저절로 기억이 나는 경우가 많아진다. 그렇다 하더라도 자신이 꾼 꿈을 이해하고 싶다면, 밤중이나 아침에 일어나서 꿈이 생각나는 대로 곧바로 기록해야 한다.

● 꿈을 기록하면 유익한 점

꿈을 기록하는 일은 여러 면에서 유익하다. 첫 번째로 꿈의 내용을 잊지 않고, 가능하면 정확하게 기억하는 점이 유익하다. 이 유익함은 이미 위에서 언급한 적이 있다. 두 번째 유익한 점은 꿈의 내용을 떠올리도록 돕고, 더 자세히 파악할 수 있도록 돕는다는 것이다. 실제로 꿈을 기록해 보면 처음에는 생각이 나지 않던 것이 기록하는 도중에 떠오르는 경우가 대단히 많다 이뿐만 아니라, 꿈의 내용을 더 자세하게 알 수 있게 된다. 이와 더불어 그냥 머리로 생각만 할 때에는 느껴지지 않던 꿈속 상황에서의 감정을 더 깊이 그리고 더 섬세하게 느낄 수 있다. 이렇게 꿈의 내용과 관련된 내 정서를 더 잘 알게 되면 그만큼 꿈 해석은 쉬워진다.

더 나아가 꿈에 관심을 가지고, 꿈을 기록하고 해석하면 꿈에 대한 기억이 활성화된다. 그러면서 과거에 꾸었으나 잊어버렸던 꿈이 갑자기 떠오르기도 하고, 반복적으로 꾸었던 꿈이 새삼스럽게 기억나기도 한다. 꿈을 기록할 때 얻을 수 있는 또 다른 유익한 점은 꿈을 기록함으로써 자신의 내면세계를 객관화시켜 볼 수 있다는 것이다. 꿈은 꿈을 꾼 사람의 심층의식이 만들어낸 창작품으로, 그 사람의 내면세계를 보여준다. 이런 까닭으로 꿈에 나오는 어느 것 하나 의미 없는 것이란 없다. 따라서 꿈에 나오는 모든 것이 꿈 주인의 일면을 보여준다.

꿈을 기록할 때 얻는 또 다른 유익한 점은 꿈을 이해하는 데 도움이 된다는 것이다. 비록 처음에는 꿈의 의미와 해석하는 방법을 알 수 없다하더라도, 계속해서 꾸준히 기록하다 보면 나름대로 꿈을 이해할 수 있는 능력이 생기는 것이다.

마지막으로, 일기를 쓰듯이 꿈 일지를 습관적으로 작성하면 그것은 곧 자신의 현재와 과거의 모습, 그리고 변화 과정을 전체적으로 파악할 수 있는 훌륭한 자료가 된다. 꿈을 기록해 두고 그것들을 가끔 들여다보면, 마치 거울에 비친 내 모습을 보는 것 같기도 하고 사진첩을 펼쳐보는 것 같기도 하다. 꿈을 꾸었을 당시 나의 상황, 정서 등이 고스란히 느껴지고 나를 객관화해서 볼 수 있다.

또 기록해 둔 꿈을 서로 비교해 보면, 같은 주제와 같은 형상이 반복적으로 나타나는 것을 볼 수 있다. 이뿐만 아니라, 시간이 흐르면서 꿈의 내용이 변해가는 것도 발견할 수 있다. 꿈의 변화는 결국 자신의 변화를 보여주는 것이다. 꿈 일지를 통해서 자신의 변화되는 모습을 살펴보고, 생생하게 느껴보는 것은 자신을 이해할 수 있는 커다란 유익함이다.

● 꿈을 기록하는 가장 좋은 방법

먼저 꿈을 기록하는 시점에 관해 언급하고자 한다. 꿈은 시간과 관계없이 기억나는 순간 '즉시' 기록하는 것이 가장 좋다. 밤중에 자다가 잠이 깨었을 때, 아침에 잠을 깨고 일어나자마자, 낮에 활동 중에라도 언제든지 꿈이 떠오르면 곧바로 기록하는 것이 좋다. 시간이 흐를수록 꿈의 내용을 더 많이 잊어버리고, 그 내용도 잘못 기억하는 경향이 있기 때문이다.

꿈을 기록할 때 가급적이면 꿈에 본 형상을 자세하게 묘사하도록 한다. 꿈의 사건이 일어난 배경과 꿈에 등장하는 사물과 사람들, 그 모습과 하는 말과 행동 등을 그대로 기록하되, 기억에 남는 특징이 있다면 그것도 함께 기록하도록 한다. 꿈은 이미지로 이루어지기 때문에 그림을 그릴 수 있다면 꿈의 내용을 그림으로 그려놓아도 좋은 기록이 된다. 아울러 꿈의 내용을 기록하면서 각각의 형상에 대해 꿈을 꾸는 동안 느낀 감정이 있다면 그 감정도 기록한다.

이를 위해서 꿈을 기록할 때에는 내가 지금 꿈을 꾸고 있는 것처럼 그대로 내 마음을 보고 느끼면서 내 생각의 흐름을 따라 나오는 대로 자연스럽게 기록한다. 문학적으로 아름답게 표현하거나, 논리적 맥락에 맞도록 짜 맞추거나, 내용을 꾸미거나, 마음에 들지 않는 못마땅한 내용이라고 해서 삭제하거나 수정해서도 안 된다. 꿈에서 본 내용 그대로 무의식적인 생각에서 흘러나오는 대로 원초적인 표현을 사용하여 떠오르는 대로 기록해야 한다.

이때 주의해야 할 것은 꿈의 내용을 자세하게 기록하되, 명백하게 잘못된 기술이나 표현이 아닌 경우라면 처음에 표현한 내용을 수정하지 않은 채 그대로 둔다. 왜냐하면 처음에 사용하는 단어야말로 깨어 활동하는 사고에 크게 영향을 받지 않은 채 무심결에 나오는 것으로 무의식적인 꿈의 내용을 가장 잘 나타내기 때문이다.

꿈에서 실제로 일어난 것이 아니지만, 깨어난 후 꿈의 내용과 관련하여 떠오른 생각이나 느낌인 경우는 괄호 안에 넣어 실제적인 꿈의 내용과 구별할 필요가 있다. 또 잠에서 깨어났을 때에는 생각나지 않던 꿈이 낮 시간 동안 떠오르는 경우가 있다. 이때에는 꿈의 내용과 함께 그 꿈이 떠올랐을 당시에 하고 있던 일이나 그 꿈을 떠오르게 한 사건이나 생각을 함께 기록하도록 한다. 이런 것들은 꿈을 해석하는 데 아주 유용한 자료로 사용된다.

본격적으로 일기를 쓰듯 꿈 일지를 작성하려고 하는 경우에는 각자 자신의 취향에 따라 일정한 형식을 만들어 기록하는 것이 도움이 된다. 비록 기록하는 형식은 각자 원하는 대로 만들어 사용하더라도 그 내용만큼은 일정한 순서에 따라 필요한 사항들이 들어가도록 기록하는 것이 좋다.

먼저 영화 제목을 붙이듯이 꿈의 내용을 한 마디로 보여주는 꿈의 제목을 적절하게 붙인다. 다음에는 날짜를 기록하고, 꿈의 내용을 상세히 기록한다. 이때 꿈을 꾸고 나서 느낀 감정, 꿈의 형상과 관련해서 떠오르는 연상들을 적는다. 그리고 전날에 일어났던 일 가운데 자신의 정서를 불러일으켰거나 관심을 사로잡았던 사건, 잠에 빠져들기 전에 하고 있었던 생각의 내용도 함께 기록하도록 한다.

이렇게 꿈의 의미를 알 수 있는 여러 가지 정황과 관련 자료들을 함께 기록해두면 시간이 흐른 다음이라도 꿈 해석이 가능해진다. 그렇지 않고 단순히 꿈의 내용만을 기록해 놓으면 시간이 지난 다음에 그 의미를 해석하기가 대단히 힘들어진다. 실제로 오래전에 꾸었던 꿈의 내용만을 기록한 것을 가끔 펼쳐보면 '과연 내가 이런 꿈을 꾸었나?' 하는 의심이 들 정도로 낯설게 보이는 경우가 있다.

꿈을 기록하는 일과 관련하여 마지막으로 언급하고 싶은 점은 꿈을 언어로 완전하게 묘사하거나 재생할 수 없다는 것이다. 이는 사고 의식이 중단된 상태에서 주로 이미지로 이루어진 내용을 일상의 언어로 표현하기 때문에 어쩔 수 없는 한계이다. 이와 함께 인간의 기억도 불완전하기 때문에 꿈을 완전하게 묘사하거나 재생할 수는 없다. 그러므로 기억과 언어의 한계 안에서 할 수 있는 최대한의 표현을 하면 된다. 그것만 가지고도 충분히 꿈을 해석할 수 있다.

꿈 해 석 을 위 한 전 초 작 업

꿈의 본질과 기능, 그리고 해석 방법에 대해 다양한 견해가 있다. 이는 꿈을 보는 관점이 다르기 때문에 생겨나는 현상이다. 꿈에 대한 관점이 다른 것은 꿈에 대한 기본 전제가 다르기 때문이다. 이제 필자들이 꿈에 대해 가지고 있는 기본적인 전제에 대해 설명하고자 한다.

전제 1 _ 꿈이란 오로지 꿈을 꾼 사람의 심리적인 작품이다.

이 전제는 고대인들과 오늘날의 종교인들이나 일부 일반인들이 생각하는 것처럼 '꿈은 신이나 절대자나 죽은 조상과 같은 외부의 영적인 존재로부터 온다'는 주장을 거부한다는 의미이다. 그렇다고 인간의 영성 자체를 부인하는 것은 아님을 밝혀둔다.

그리고 프로이트가 주장한 것처럼 무의식과 의식을 마치 독립된 실체인 것처럼 구별하여 꿈을 무의식의 작품으로만 간주하는 것도 받아들이지 않는다. 비록 편의상 '무의식'이라는 용어를 사용하지만 의식과 독립되어 따로 존재하는 어떤 것을 의미하는 것이 아니라, 의식 속에 있으나 의식이 미처 인식하지 못하는 부분을 의식의 심층이라는 의미로 무의식이라고 부를 뿐이다.

전제 2 _ 꿈이란 세계, 사람, 사물, 자신, 그리고 그 관계에서 벌어지는 사건에 대해 꿈꾼 사람이 깨어 있을 때 가진 이해, 생각, 감정을 상징적으로 표현하는 수단이다.

이 전제는 첫 번째 전제에 내포되어 있는 것으로, 꿈의 모든 내용은 어떤 형태로든 꿈을 꾸는 사람의 내면세계를 드러내고 있다는 것이다. 꿈에 표현되어 있는 것은 꿈을 꾸는 사람이 현실에서 놓치고는 있으나, 전혀 의식하지 못하는 완전히 생소한 것은 아니라는 의미다.

이와 관련하여 먼저 '꿈에 나타난 것은 무엇이든지 꿈꾼 사람의 생각이나 감정 등을 나타내는 것'이라는 말을 주의 깊게 음미해 볼 필요가 있다. 이 말은 꿈 형상이 지니고 있는 어떤 객관적 사실이 꿈으로 표현되는 것이 아니라, 꿈꾼 사람의 주관적인 이해와 정서가 꿈의 형상을 통해 표현되는 것으로, 바로 꿈 주인의 마음 상태를 보여주는 것임을 의미한다.

예를 들어 꿈에 어떤 존재가 무서운 사람으로 나타났을 경우, 그 사람이 실제로 무서운 것처럼, 또는 그가 무서운 사람이라는 것을 꿈을 통해 계시 받은 것처럼 생각해서는 안 된다. 어디까지나 꿈을 꾼 사람이 그 사람의 어떤 모습을 무섭게 인식하고 있다는 것을 보여준다. 그리고 그 정서는 어디까지나 꿈꾼 사람의 그 사람에 대한 감정이다. 그러므로 그 사람의 어떤 면이 꿈꾼 사람에게 무서운 감정을 불러 일으켰는지를 탐색하여, 그를 무서워하는 원인을 꿈꾼 사람 안에서 발견하고 이해하도록 해야 한다. 그렇게 자신을 이해하게 되면 이제는 무서워하는 그 대상에 대해 어떻게 대처해야 할지 그 길을 찾을 수 있다.

위에서 꿈의 형상을 통해 나타난 것은 현실에서 놓치고는 있으나 전혀 의식하지 못하고 있는 것은 아니라는 말을 했다. 예시적인 꿈을 포함한 대부분의 꿈은 모르고 있던 사실이 꿈을 통해 나타난 것이 아니다. 꿈을 통해 나타나기 전에 현실에서 미미하게나마 인식하고 있었던 것이거나, 순간적으로 아주 가볍게라도 의식에 떠올랐지만 관심을 두지 않은 채 흘려보냈던 것이다.

꿈의 이러한 특성과 관련하여 일찍이 프로이트는 "꿈을 꾼 사람이 그가 꾼 꿈의 의미를 실제로 알고 있다는 것은 실제로 가능할 뿐만 아니라 거의 확실하다. 다만 그는 자신이 [꿈의 의미를] 알고 있다는 사실을 알지 못하기 때문에 [꿈의 의미를] 알지 못한다고 생각한다."[20]라고 했다. 이것은 곧 꿈을 꾸는 사람은 어떤 형태로든 꿈의 의미를 알고 있다는 의미이고, 근본적으로 꿈의 해석을 가능하게 하는 이유이다.

전제 3 _ 꿈이란 꿈꾼 사람의 심리적 작품이므로, 꿈 해석을 위해 필요한 모든 정보는 꿈꾼 사람이 가지고 있다.

이것은 꿈을 해석하는 방법과 해석의 주체에 관한 것이다. 꿈 해석을 위해서는 꿈꾼 사람의 주관적인 생각과 이해와 정서와 경험 등을 자료로 사용한다. 이때 상담자는 꿈 해석을 도와주는 도우미의 역할을 할뿐이다. 꿈 해석의 주체, 해석의 열쇠를 가지고 있는 사람은 바로 꿈꾼 사람이다. 나아가 해석에 대한 궁극적인 책임은 꿈꾼 사람에게 있다. 이런 이유로 꿈꾼 사람은 자신의 꿈을 자신이 해석한다는 적극적인 자세로 꿈 해석에 임해야 한다. 그리고 꿈을 해석하기 위하여 전문가의 도움을 받지만, 그들이 대신해서 해석해주기를 기대하지 않도록 해야 한다.

너무 거창한 비유라고 할 수 있겠으나, 나를 알지 못하는 어느 누구도 내가 설명해주지 않는 한 내 과거를 알 수 없는 것처럼, 다른 사람이 나의 도움이나 요청 없이 내 꿈을 해석해줄 수 없다. 내 꿈은 내가 책임진다는 태도로 꿈 해석에 임하면서 필요한 만큼 다른 사람의 도움을 요청해야 한다. 열린 마음으로 요청하되, 꿈 해석에 대한 최종적인 결론은 자신이 내려야 한다. 자신의 삶에 대해서 자신이 책임지는 자세는 자신의 꿈을 다루는 일에도 그대로 적용된다.

전제 4 _ 잠에서 깨어났을 때 떠올릴 수 있는 모든 꿈은 꿈을 꾼 사람의 삶과 관련되어 있으므로, 그 사람의 현실 삶의 정황 가운데서 꿈을 해석한다.

이 전제가 강조하는 것은 꿈꾼 사람의 현실 삶과의 맥락에서 꿈을 해석해야 한다는 것이다. 이것은 이 책에서 소개하는 꿈 해석 방법의 주요한 특징이다. 꿈을 해석하는 방법 중에 꿈 형상을 꿈꾼 사람의 현실 삶과는 동떨어진 신화, 무의식의 세계, 종교적 신앙의 체계와 관련시켜 기호적으로 해석하는 경우가 있다. 이러한 경우 꿈의 형상이 가리키는 배후의 의미를 추구하기 위해 꿈 형상 자체와 형상이 드러내는 개인적이고 상징적이며 현실적인 의미와 정서가 무시될 수 있다. 이 책에서 말하는 상징으로서의 꿈 형상은 꿈을 꾼 사람의 현실과의 관계 안에서 꿈꾼 사람이 의미와 정서를 경험하도록 해석되어야 하며, 꿈의 형상은 그런 역할을 하는 매개체로 사용해야 한다.

꿈꾼 사람의 현실 삶과는 무관한 외적인 자료에 의존하여 해석하는 경우, 꿈꾼 사람에게 개인적이고 구체적인 삶의 현실에서 벗어나, 추상적이고 낯선 비현실적 세계로 도피하도록 할 가능성이 있다. 그 결과, 꿈 주인은 하루하루 살아가는 그의 구체적이고 현실적인 삶에 책임을 지지 않으려고 할 가능성이 생기게 된다.[21]

꿈을 꿈꾼 사람의 삶과의 연관성 아래서 꿈의 형상을 탐색하면 그가 가지고 있는 개인적인 정보에 의지하여 스스로 꿈을 이해하도록 도울 수 있다. 이는 꿈꾼 사람이 심리학적 지식이나 종교적 신화나 민담에 대한 기본적인 이해 없이도 자신의 꿈을 이해하는 것이 가능하다는 의미다. 꿈꾼 사람이 꿈 형상과 관련된 자신의 개인적인 이해, 그것과 관련된 경험 및 정서를 근거로 구체적인 현실 삶의 정황과 연결시켜 꿈을 해석할 때, 꿈꾼 사람은 자신과 자신의 현실을 새롭게 이해하는 유익함을 얻는다.

전제 5 _ 꿈의 기능, 해석 방법, 형상의 의미는 다양하나 대부분의 꿈은 일상적인 생활에서 작용하는 꿈 꾼 사람의 마음을 보여준다.

꿈의 다양한 기능과 역할에 대해서는 여러 가지 주장이 제기되었다. 앞날에 일어날 사건을 미리 알려주는 꿈, 어려운 문제를 풀 수 있도록 해결책을 제시해주는 꿈, 신체의 이상이나 질병을 알려주는 꿈, 과거의 충격적인 경험에서 받은 두려운 정서를 불러일으키는 악몽, 그리고 꿈꾼 사람의 삶에 대한 내면적 이해를 보여주는 꿈 등이다. 비록 대부분의 사람들이 한평생 사는 동안 여러 가지 기능을 하는 꿈을 꾸지만, 그들의 일상을 통해 드러나는 마음이 반영되는 꿈을 가장 많이 꾼다.

앞에서 꿈의 형상은 상징적 특성을 지니고 있기 때문에 다양한 의미를 지니고 있으며, 같은 꿈이라도 접근 방법에 따라 다양한 해석이 가능하다는 말을 했다. 이 책에서는 이해하기 쉽고 적용하기 쉬우며, 또 실용적이며 해석의 적합성을 검증할 수 있는 방법을 소개하고 있다. 하지만 다른 해석 방법에 대해서도 열린 태도가 필요하다는 것을 말하고 싶다.

● '너 자신을 알라'에서 자신을 알 수 있는 방법

일주일에 서너 개 이상의 꿈을 기억한다거나 하룻밤에 꾸었던 여러 개의 꿈을 기억하는 경우, 해석할 꿈을 선택해야 한다. 시간과 관심과 에너지의 효율성이라는 경제성 때문이다. 이는 꿈을 해석하는 작업이 그렇게 간단한 일이 아니라는 것을 의미한다. 실제로 꿈을 해석하면서 경험하는 일이지만, 짧은 내용의 꿈이라고 해서 금방 쉽게 해석할 수 있는 것이 아니다.

오랜 시간 꿈 해석을 실습한 사람은 훈련이 되었기 때문에 비교적 짧은 시간에 해석이 가능하다. 하지만 처음으로 꿈 해석을 시작하는 사람에겐 의외로 많은 시간과 에너지와 지적 사고와 집중력이 요구되는 작업이다. 그 이유는 꿈의 이해는 결국 내가 인식하지 못하고 있던 나를 알아가는 작업이기 때문이라고 할 수 있다.

'너 자신을 알라'라는 말이 있듯이 자기 자신을 아는 것이 중요한데, 실제적으로 가장 어려운 일이 바로 자신을 아는 것이다. 자기 자신을 알기 위해서는 자기를 지배하는 무의식의 작동기제를 이해해야 하는 것이 필수적인데, 꿈이 바로 그것으로 가는 지름길의 하나이다. 비록 호기심을 가지고 꿈을 이해하려고 하지만, 한편에서는 꿈 해석을 저항하는 무의식의 세력이 내 안에서 작동하고 있다. 자신의 정체를 드러내고 싶어 하지 않는 습성이 꿈의 해석에서도 작동하기 때문에 꿈 해석이 쉽지 않다.

꿈 해석에 따르는 경제성의 문제와 해석한 꿈을 통해 자신을 성찰할 수 있는 시간적인 문제 등을 고려하면, 처음에는 일주일에 한 개나 두 개 정도의 꿈을 해석하는 것이 적당하다. 어느 정도 훈련을 통해 해석에 익숙해지면, 꿈 해석을 위해 투자할 수 있는 시간과 에너지와 집중력 등을 고려해서 해석할 꿈의 수를 늘린다.

해석할 꿈을 선택하는 기준으로는 우선 흥미를 끄는 꿈, 선택하고 싶지 않은 꿈, 뭔가 중요하다고 생각되는 꿈, 꿈을 꾸고 감정이 많이 올라온 꿈, 내용이 선명한 꿈 등을 들 수 있다. 이와 관계없이 되풀이해서 꾸는 꿈은 꼭 해석해야 할 필요가 있다. 또한 같은 형상이 자주 등장하는 꿈 역시 다루어야 한다.

꿈을 해석하는 일은 시간과 정성과 에너지와 집중력 등을 요구하는 고도의 지적이고 심리적인 작업이니까, 이를 위해서는 일정한 시간을 할애해야 한다. 사람마다 상황도 다르고 능력도 다르기 때문에, 어느 정도의 시간을 투자할지는 각자 형편에 따라 결정해야 한다. 하지만 어떤 형태로든 꿈 해석만을 위한 시간을 따로 떼어놓고, 그 시간 동안에 집중적으로 꿈 해석 작업을 하는 것이 좋다.

일단 하나의 꿈을 해석하기로 결정하고 해석을 시작했으나, 정한 시간 내에 해석이 되지 않을 때에라도 포기하지 않는 것이 중요하다. 꿈 가운데는 비교적 쉽게 해석되는 것이 있는가 하면, 좀처럼 해석이 되지 않는 것처럼 보이는 꿈도 있기 때문이다. 이런 경우, 한번에 끝을 내겠다고 붙들고 늘어지지 말고, 잠시 해석을 보류해 두고 시간을 보내면서 꿈의 의미를 생각해 볼 필요가 있다. 이렇게 여유를 가지고 계속해서 꿈의 의미를 탐색하다 보면, 며칠이 지나서 생각지도 않은 순간에 꿈에 대한 실마리가 풀리면서 해석이 되기도 한다.

● 꿈 동무와 꿈 나눔 모임

아무런 지식이 없는 사람이 처음부터 꿈 해석을 혼자 하기란 결코 쉽지 않다. 이를 위해서는 도우미가 필요한데, 전문가가 아니더라도 꿈에 관심을 갖는 동무들과 함께 한다면 도움을 받을 수 있다. 참여하는 사람의 수를 기준으로 꿈을 해석하는 방법을 세 가지로 나눌 수 있다. 첫째 혼자서 자신의 꿈을 해석하는 방법, 둘째 상담자와 함께 꿈을 해석하는 방법, 셋째 여러 사람들이 모여 있는 꿈 집단을 통한 방법이다.

처음 꿈 해석을 시작하는 경우, 인간의 정신역동 및 자신의 심리기제에 대한 전문적인 이해 없이 혼자서 자신의 꿈을 해석하기란 거의 불가능하다. 꿈은 깨어 있는 의식이 알아차리지 못하고 있는 심층 의식의 작용이기 때문이다. 그러므로 자신의 꿈을 스스로 해석하기 위해서는 먼저 전문가로부터 훈련을 받아 꿈 해석하는 방법을 배우고, 동시에 자신의 내면세계를 이해하는 훈련이 필요하다.

사실 전문가라 할지라도 꿈 해석은 혼자서 하는 것보다는 다른 사람의 도움을 받아 함께 작업하는 것이 훨씬 효과적이다. 그것을 필자들은 경험을 통해 알고 있다. 우선 꿈 해석의 결과가 가져오는 효과를 생각할 때, 혼자서 꿈을 해석하고 그 의미를 경험하는 것보다 그것을 이해하는 사람과 나눌 때 그 효과는 배가 되기 때문이다.

뿐만 아니라 꿈을 해석하는 과정에서 다른 사람의 도움을 받으면 자신의 꿈을 더 쉽게 이해할 수 있다. 다른 사람에게 자신이 꾼 꿈을 현재 일어나는 사건처럼 들려주는 것만으로도 정서를 생생하게 느낄 수 있고, 잊고 있던 부분이 기억나기도 한다. 그러므로 꿈을 통해 자신을 이해하고자 하는 친구 한두 명을 꿈 동무로 만들어, 꿈을 서로 나누면서 해석에 도움을 주고받을 수 있기를 적극 권장한다.

꿈 해석 작업 가운데 가장 효과적인 것은 역시 꿈 해석을 위한 모임을 만들어 여러 명이 함께 공동으로 작업을 하는 것이다. 이 경우,

구성원은 여타의 집단 상담과 마찬가지로 6명에서 10명 정도가 적당하다. 물론 꿈 집단의 리더는 꿈 해석을 위한 훈련뿐만 아니라, 집단을 효과적으로 이끌어가는 훈련을 받은 사람이여야 한다.

꿈 집단의 유익한 점 가운데 하나는 한 사람의 꿈의 의미가 밝혀지고 자신에 대해 새로운 통찰을 얻는 과정을 통해, 구성원 각자는 무엇보다도 자신의 꿈을 해석할 수 있는 방법을 배울 수 있다는 것이다. 뿐만 아니라, 다른 사람의 꿈을 해석하는 과정에서 자신이 꾼 꿈을 해석할 수 있는 단서를 발견하기도 한다. 나아가 꿈 해석 과정을 함께 나눔으로써 구성원 각자 자신과 서로에 대한, 나아가 인간에 대한 이해와 통찰의 깊이가 더해가는 것을 경험하게 된다.

문 답 식 꿈 해 석 의 원 리

앞에서 문답식 꿈 해석 방법의 전제에 대해서
설명했는데, 이 전제 안에 문답식 꿈 해석의 원리가 내포되어 있다.
이 원리를 간단히 말하자면, 질문을 통해 형상(이미지) 언어로 표현된
꿈의 내용을 일상의 사고 언어로 변화시켜 꿈꾼 사람과 그의 삶의 실
재를 이해하는 것이다. 이런 면에서 문답식 꿈 해석에서 꿈 해석은 일
종의 '번역' 과정이라고 할 수 있다. 외국어로 된 문장(형상언어로 된
꿈의 내용)의 의미를 그에 부합하는 한글(일상생활에서 사용하는 사고 언
어)로 번역하는 것에 비유할 수 있다.

그러나 문답식 꿈 해석의 과정이 언어의 번역과 몇 가지 다른 점이
있다. 첫째, 하나의 언어를 다른 언어로 옮기는 번역과는 달리 꿈의

해석에서는 형상언어로 된 꿈이 상징하는 의미를 찾아 사고 언어로 표현한다는 점이다. 신비한 그림에 묘사된 의미를 찾아 일상적인 언어로 표현하는 작업이라고 할 수 있다.

둘째, 언어를 번역하는 작업을 통해서는 외국어로 표현된 글의 의미를, 이미 알고 있는 언어로 이해하는 것이 주된 목적이다. 이에 비해 문답식 꿈 해석에서는 해석의 과정을 통해 꿈의 의미를 이해하는 것에서 한 걸음 더 나아가, 꿈이 보여주는 꿈 주인의 실제 모습과 그 사람의 삶의 실재를 이해하도록 하는 데 있다.

셋째, 번역을 할 때에는 모르는 단어의 의미를 알기 위해 사전을 참고하면 되지만, 꿈 형상의 의미를 알기 위해서는 꿈꾼 사람에게 철저히 의존해야 한다. 문답식 꿈 해석에서는 같은 하나의 꿈 형상에 어떤 문화적이거나 보편적이거나 원형적으로 정해진 동일한 의미를 거부하기 때문이다.

넷째, 번역에서는 사용된 문자에만 의존하여 그 문자의 의미를 다른 말로 옮기는 데 비하여, 꿈의 해석에서는 꿈에 나타나는 형상의 의미만을 사용하지 않는다. 꿈의 형상과 그 형상에 내포되어 있으나, 느끼지 못한 정서와 또 꿈을 꿀 때 경험한 정서가 중요한 요소로 작용한다.

이로 보건대, 꿈 해석은 번역 작업과는 사뭇 다르다는 것을 알 수 있다. 그렇다면 꿈 해석을 암호 해독이라고 할 수 있는가? 그 의미가 알려지지 않은 것의 의미를 찾는다는 점에서 꿈 해석과 암호 해독은 유사하다. 그러나 이 두 가지 작업은 다음과 같은 점에서 서로 다르다.

암호 해독은 암호 작성가가 암호라는 기호를 이용해서 숨겨 놓은 의미를 밝혀내는 인지적 작업이다. 이에 비하여 꿈 해석은 꿈 형상으로 표현된 정서적·인지적 의미를 밝혀내는 작업이다. 암호 해독에서는 암호 작성가의 도움이 없이, 암호의 기호가 숨기고 있지만 표현하고 있는 정해진 의미를 찾을 수 있다. 특별히 암호 해독 전문가는 각 암호에 내포된 고유한 해독의 원칙을 발견하여 어떤 암호라도 해독해낼 수 있다. 그리고 암호를 올바르게 해독하면 모든 이가 같은 의미를 읽을 수 있게 된다. 그러나 꿈 해석에서는 꿈꾼 사람의 도움 없이 꿈을 제대로 해석할 수 없다. 또한 꿈 해석을 통해 정해진 하나의 의미가 아니라, 각자의 접근 방법에 따라 다양한 의미를 얻을 수 있다.

● 번역이나 암호 해독과는 다른
  문답식 꿈 해석법

꿈 해석이 번역이나 암호 해독과는 다르므로, 꿈 해석을 위한 특별한 방법이 필요하다. 다음 장에서 설명하겠지만 문답식 꿈 해석에 있어서는 꿈의 사건이 일어난 장소, 시간, 등장하는 인물과 사물 및 일어난 사건에 대해 상담자가 질문을 한다. 그리고 꿈꾼 사람은 이에 대해 자신의 개인적인 생각으로 답을 하는 과정으로 진행된다. 이렇게 질문을 하는 까닭은 꿈의 형상으로 표현된 꿈꾸는 사람 자신, 그의 대인관계 및 다양한 경험에 대한 의미를 구체적인 삶의 정황이나 심리 상태와 연결시켜 이해하기 위함이다.

이때 중요한 것은 각각의 꿈 형상에 대해 꿈꾼 사람이 현실에서 그 이미지 일반에 대해 부여하는 보편적인 의미와 정서를 먼저 설명하도록 한다. 다음에는 꿈에 나타난 특정한 형상의 특징과 그 형상에 대한 생각과 정서를 말하도록 하는 것이다. 이렇게 한 다음 각각의 형상에 대해 꿈을 꾼 사람이 부여한 보편적인 의미와 정서, 그리고 꿈에서 본 형상의 특징과 생각과 정서를 결합하여 이에 부합하는 현실의 사건을 탐색하도록 질문한다. 문답식 꿈 해석의 마지막 단계는 바로 꿈의 형상이 상징적으로 표현하는 개인적인 의미와 정서의 체계를 현실에서 실재와 연결시키는 작업이다.

문답식 꿈 해석의 원칙에 대한 이해를 돕기 위해 도표를 가지고 설명하도록 하겠다.

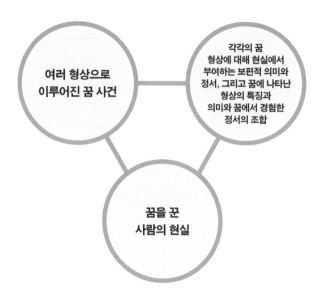

이 도표에 따라 꿈을 이해하자면, 꿈이란 꿈꾼 사람의 삶의 특정한 부분을 형상(이미지)이라는 특수 언어로 표현한 것이다. 그리고 해석은 꿈을 꾼 사람이 의미와 정서를 부여해 형성한 꿈 사건이 드러내고자 하는 꿈 주인의 심리 상태를 밝혀내는 것이다.

문답식 꿈 해석에서 해석의 열쇠로 작용하는 요소는 두 가지인데, 바로 '의미'와 '정서'이다. 앞에서 언급한 대로, 의미와 정서는 각각 두 가지로 나누어 탐색한다. 꿈의 형상에 대해 현실에서 부여하는 일반적인 '의미'에 대해서, 그리고 그 형상에 대해 현실에서 느끼는 일반적인 '정서'에 대해 질문을 한다. 그런 다음 꿈에 나타난 그 형상에 대한 생각과 의미, 그리고 그 형상에 대한 특정한 느낌을 설명하도록 한다. 마지막으로 이것들을 조합하여 현실에서 그 의미와 정서에 부합하는 실제 사건과 연결시키는 작업을 하게 된다. 이때 중요한 것은 꿈을 꾼 사람이 형상에 부여한 의미와 정서라는 두 가지 렌즈가, 꿈꾼 사람의 심리적 상태를 조명하도록 자연스럽게 결합하는 것이다.

꿈 해 석 을 위 한
탐 색 적 인 질 문

꿈을 해석하는 실제적인 작업은 꿈 이야기를
들려주는 것으로부터 시작된다. 다른 사람과 함께 꿈 해석을 할 때 꿈
꾼 사람은 꿈의 사건이 지금 일어나는 것처럼, 적절한 감정을 넣어 현
재 시제로 꿈 이야기를 들려준다. 마치 청중을 대상으로 이야기를 들
려주는 숙달된 이야기꾼이나 모노드라마의 주인공처럼 생동감 있는
몸짓과 표정과 목소리로 전달한다. 이렇게 함으로써 꿈꾼 사람은 꿈
을 자신의 것으로 다시 한 번 경험할 수 있으며, 꿈의 구체적인 정서
를 더 생생하게 느낄 수 있다.

꿈꾼 사람이 꿈을 구연(口演)하는 동안 듣는 사람은 그 이야기를 들
으면서 어떤 정서를 느끼는지, 꿈꾼 사람이 어느 순간에 어떤 표정을

짓고 어떤 동작을 하고 목소리는 어떻게 변하는지를 관심 있게 살펴본다. 꿈꾼 사람이 꿈 이야기를 하는 동안 가급적이면 그 흐름을 끊지 않도록 해야 하지만, 꿈의 내용과 관련하여 분명하지 않을 경우 간단하게 질문할 수도 있다. 그러나 어떤 일이 있어도 꿈 이야기 중간에 꿈과 관련된 연상을 요구하거나 의미를 묻지 않아야 한다.

이때 주의해야 할 것은 가급적이면 해석하기로 결정한 하나의 꿈만 들려주도록 한다. 하나 이상의 꿈을 들려주면 혼동이 되기도 하고, 시간이 충분하지 못해서 어느 것 하나도 제대로 다룰 수 없게 된다. 꿈은 저마다 표현하고자 하는 고유한 메시지가 있다. 그리고 같은 날에 꾼 꿈이라도 그 의미가 다른 경우가 많기 때문에, 한번에 하나의 꿈만 이야기하고 해석하는 것이 필요하다.

앞에서 꿈을 꾸고 난 후 곧바로 기록하는 것이 좋다는 말을 했다. 꿈 해석을 위해서 꿈을 기록한 종이를 가지고 와서 이야기를 들려준 후, 나누어 주면 큰 도움이 된다. 단순히 기억에만 의지하면 중요한 점을 놓치거나 전체 내용이 한눈에 들어오지 않을 수 있다. 그러나 기록된 것이 있으면 꿈을 객관화하여 전체적으로 볼 수 있다. 꿈에 나오는 각각의 형상을 서로 비교할 수 있고, 각각의 형상을 전체의 내용과 관련하여 생각할 수도 있다.

꿈 이야기가 끝나면 잠시 조용한 시간을 가지면서 참여자들과 꿈꾼 사람은 꿈 이야기를 통해 느꼈던 정서와 특징, 그리고 궁금한 사항 등을 기록해 둔다. 이렇게 각자 생각과 느낌을 정리하여 간단하게 메모한 다음, 기록한 내용을 참조하면서 적절한 순간에 질문하면 꿈 해석에 큰 도움이 된다.

혼자서 자신의 꿈을 해석하는 경우 설문지에 답을 하듯이 꿈의 형상, 배경, 정서 등과 관계된 다음의 질문들을 하나의 질문지 형태로 만들어 간단하게 기록하는 것이 도움이 된다. 이때 꿈의 형상들에 대한 자신의 이해나 생각을 입으로 소리를 내서 표현하면 자신의 견해를 더욱 확실히 알 수 있다.

다른 사람의 꿈 해석을 도와주는 경우에는 꿈의 내용이 기록된 용지를 보면서 다음의 사항이 포함되도록 질문을 한다. 이때 꿈꾼 사람이 충분히 자신의 생각을 표현할 수 있도록 여유를 가지고 하나씩 차례로 질문한다. 꿈에 따라 여기에 나오는 질문이 다 필요하지 않은 경우도 있지만, 꿈에 등장하는 형상들이 충분히 다루어지도록 질문해야 한다.[22]

Question 1

꿈의 의미가 무엇인지 혹은 어떤 내용에 관한 것이라고 생각하는가?

이 질문은 꿈에 대해 꿈을 꾼 사람이 가지고 있는 초기의 생각이나 이해, 의미 등을 알아보기 위해 가볍게 던지는 탐색적인 것이다. 이를 통해서 꿈꾼 사람이 꿈에 대해 어떤 생각을 했는지 알아볼 수 있다.

여기서 주의해야 할 점은, 꿈꾼 사람의 이해를 가볍게 탐색하고 넘어
간다는 태도로 질문을 해야 하며, 길게 끌고 가서는 안 된다. 꿈꾼 사
람이 무슨 말을 하든지, 비록 아무것도 생각나지 않는다고 하더라도
더 이상 질문을 던지지 않는다. 무엇에 관한 내용인 것 같다고 해서
어떻게 그런 생각을 했느냐는 등의 질문을 하면, 전혀 꿈과 관련 없는
곁길로 흐를 가능성이 있기 때문이다.

Question 2

꿈에서 가장 크게 느낀 감정은 어떤 것인가?

이 질문을 하는 이유는 꿈에서 가장 크게 느낀 정서는 꿈 해석의
가장 중요한 요소의 하나로 작용하기 때문이다. 그리고 이를 통해서
꿈과 현실의 삶을 연결시킬 수 있는 계기를 마련하고자 함이다. 꿈 해
석이 적절하면 꿈에서 느낀 정서를 충분히 이해하게 되는데, 작업의
처음에 이 질문을 던지는 것은 정서와 관련하여 꿈 해석의 한계와 방
향을 어느 정도 설정하기 위함이다.

이 질문에 대해 꿈에서 경험한 주된 정서와 생각나는 사건이 있으
면 간단하게 언급하고 넘어가도록 한다. 이 질문 역시 꿈 의미를 탐색
하기 위한 전초적인 것이기 때문에, 시간을 끌지 않도록 하는 것이 중
요하다. 물론 이 질문과 **Question 1**을 동시에 해도 무방하다.

Question 3

꿈의 시작 장면과 관련하여 장소, 그곳의 분위기, 그곳의 느낌은 어떠했는가? 그 장소에 대해 꿈꾼 사람은 현실에서 어떤 일반적인 의미를 부여하는가?

이 질문의 목적은 꿈이 벌어진 배경을 알아보기 위해서이다. 이를 위해 꿈의 사건이 전개되는 장소에 관심을 가지고, 그곳에 대해 꿈꾼 사람이 현실에서 부여하는 보편적 의미, 분위기와 정서 등을 탐색한다. 아울러 꿈에 나타난 대로의 장소에 대한 생각과 느낌, 그리고 그 특징도 물어본다. 나아가 꿈이 시작되는 시점에서 꿈꾼 사람이 다른 사람과 함께 있었는지, 혼자였는지, 어떤 행동이나 태도를 취하고 있었는지를 질문한다. 그러면 꿈꾼 사람은 꿈에 나오는 내용을 토대로 대답한다.

Question 4

꿈에 등장하는 각각의 인물과 사물, 그리고 일어난 사건에 대해 꿈꾼 사람이 현실에서 가지고 있는 일반적인 의미와 느낌을 설명하도록 질문한다.

이 질문의 목적은 꿈에 등장하는 각각 형상에 대해 꿈꾼 사람이 현실에서 부여하는 일반적인 의미와 정서가 무엇인지를 알아보기 위함이다. 이를 달리 설명하면, 각각의 형상을 보편화시켜 그 일반적인 이미지에 대해 꿈꾼 사람이 부여하는 의미와 정서를 탐색하는 것이다. 예를 들어 꿈에 선생님을 보았다고 했을 경우, 꿈에 나타난 특정한 선생님이 아니라 일반적으로 선생님이라고 했을 때 꿈꾼 사람은 어떻게 생각하며, 또 거기에 어떤 의미를 부여하며, 더불어 어떤 정서를 가지고 있는 지를 묻는 것이다.

꿈이란 상징 언어를 통해서 꿈꾼 사람의 무의식을 표현하는 것이라고 했는데, 꿈 형상에 대한 꿈꾼 사람의 생각을 알아보기 위해서는 그 형상에 대해 현실에서 꿈꾼 사람이 부여하는 의미와 정서를 알아야 한다. 이를 통하여 꿈 형상이 지닌 상징적 의미가 밝혀지고, 나아가 꿈의 의미를 알 수 있게 된다.

구체적으로 꿈 형상과 관련하여 어떻게 질문을 하는지 예를 들어보자. 먼저 인물과 관련하여 꿈에 아버지를 보았다면, '현실에서 그는 어떤 존재인가', '일반적으로 아버지라고 할 때, 어떻게 설명하며 그런 아버지에 대한 정서는 무엇인가'에 대해서도 질문한다.

꿈에 나오는 사물이나 사건에 관해서도 같은 형식의 질문을 한다. 예를 들어 꿈에서 개를 보았다면, '현실에서 개는 무엇인가', '일반적으로 개를 어떻게 설명하며, 개에 대해 일반적으로 갖는 정서는 무엇인가' 이때 일률적으로 다 캐내겠다는 마음으로 질문을 하지 말고, 하나의 질문에 대한 답을 듣고 다음 질문을 하도록 한다.

문답식 꿈 해석 방법의 특징 가운데 하나는 꿈의 형상에 대해 크게 두 가지로 나누어 질문을 하는 것이다. 하나는 꿈에 나타난 형상의 일 반적인 의미와 정서, 현실에서 꿈꾼 사람이 가지고 있는 생각과 느낌 에 대한 것(**Question 4**)이고, 다른 하나는 꿈에 나타난 대로의 형상의 특징과 그 형상에 대한 생각과 느낌에 관한 것(**Question 5**)이다. 이는 꿈 형상에 대해 꿈꾼 사람이 현실에서 부여하는 의미와 느끼는 정서 를, 꿈에 나타난 그대로의 특징과 결합시켜 현실의 사물이나 사건 혹 은 심리상태와 연결시키기 위함이다.

꿈 해석의 또 다른 특징은 이렇게 개인적인 의미를 구체화하는 질 문 속에 잘 나타난다. 즉 꿈 형상에 대해 떠오르는 연상을 자유롭게 말하는 것이 아니라, 꿈꾼 사람이 가지고 있는 자신의 고유한 생각과 정서를 표현하는 것이다. 이때 꿈에 나오는 인물이나 사물에 대해 꿈 꾼 사람이 가지고 있는 견해를 더 자세히 알아보기 위해서 그것이 어 떤 성격이나 특성을 가지고 있는지, 그의 행동이나 표정이나 용모의 특징은 무엇인지, 그리고 그와 관계된 경험 등을 묘사하도록 질문할 수 있다.

정신분석에서의 '자유연상'과 다른 점

꿈 형상에 대해 자유롭게 연상한다는 말이 나온 김에, 정신분석의 꿈 해석에서 사용하는 자유연상과 다른 점을 언급하고 넘어가고자 한다. 정신분석에서 꿈을 해석할 때 주로 사용하는 '자유연상'은 꿈 형상에 대해 꿈을 꾼 사람의 생각이나 정서와는 무관한 의미를 찾아 낼 수 있게 한다. 예를 들어 꿈에 원숭이를 보았다고 했을 때, 원숭이 와 관련된 자유연상이 어린 시절에 하던 말놀이 형식으로 이어지는 경우를 생각해 보자. 원숭이를 생각할 때 똥구멍이 빨갛다는 생각이 떠오르고, 빨간 것은 사과, 사과는 맛있어, 맛있는 것은 바나나, 바나 나는 길어, 긴 것은 기차, 기차는 빨라, 빠른 것은 비행기, 비행기는 높 아, 높은 것은 백두산 등이다. 이런 식의 자유연상에서는 원숭이로 시 작된 연상이 백두산까지 연결이 될 수 있다. 그리고 최종적으로 떠오 른 백두산에 나름대로 성적인 혹은 영적인 의미를 부여할 수 있다. 그 렇게 되면 원숭이는 성적으로 남성의 상징이라든가, 혹은 신령한 존 재를 가리키는 것으로 변하게 된다.

이에 비하여 문답식 꿈 해석 방법에서는 원숭이에 대해 꿈꾼 사람 이 현실에서 가지고 있는 일반적인 생각과 느낌, 그리고 원숭이와 얽 힌 경험들을 말하도록 한다. 예를 들어 '원숭이는 영리하고, 재주를 잘 부리고, 못생겼으며, 정서적으로는 징그럽기도 하고, 눈동자를 보 면 왠지 불쌍하다는 느낌이 든다'라고 원숭이에 대한 꿈꾼 사람의 개 인적 의미와 정서를 명료화한다. 여기서는 몇 단계 연상을 거치는 것 이 아니라, 꿈꾼 사람이 바로 꿈의 형상 자체에 대해 현실에서 부여하 는 의미와 정서, 관련된 경험 등이 구체화된다.

이때 주의할 것은 모든 질문에 대한 답은 형용사를 사용하여 간결하게 특징을 묘사하도록 하는 것이다. 왜냐하면 형용사는 꿈 형상의 상징적 특징을 잘 드러내기 때문이며, 또 설명이 길어지면 주제에서 이탈하여 시간을 허비할 수 있기 때문이다. 꿈에 나오는 인물이 전혀 알지 못하는 낯선 사람일 경우, 꿈에 나타난 그 사람의 모습과 행동과 특징을 근거로 질문한다. '만일 현실에 그런 사람이 있다고 상상한다면 어떤 종류의 사람일까?' 하고 물어본다.

이 모든 과정에서 질문자는 꿈을 꾼 사람이 꿈에 나오는 인물과 사물을 묘사하고 설명하기 위해 사용하는 용어들을 메모해 두면 좋다. 이때, 꿈꾼 사람의 표현을 수정하거나 다른 말을 첨가하지 말고 '그가 사용한 표현 그대로' 메모한다. 이는 꿈 해석을 위해 아주 중요한 자료가 되기 때문이다.

Question 5

꿈에 나타난 그대로의 인물과 사물, 그리고 사건의 의미와 정서, 특징에 대해 질문한다.

이 질문은 꿈에 나타난 그대로의 형상과 사건들이 가지고 있는 특징과 그 형상에 대해 꿈꾼 사람이 가지고 있는 생각과 정서를 알아보기 위함이다. 인물과 사물이 꿈에서는 어떻게 나타났으며, 무엇을 하고 있었는지, 표정과 태도 혹은 행동이 어떤 특징을 지니고 있었는지 질문한다. 또 꿈에서 어떤 사건이 벌어졌다면 그것과 관계된 의미와 정서들을 탐색하기 위한 질문을 한다.

구체적으로 다음과 같이 질문할 수 있다.

"꿈에서 그 사람은 어떤 모습이었으며, 어떠한 행동을 하고 있었는가?"

"꿈에서 그 사람이나 사물, 사건이 불러일으킨 정서는 어떤 것이었나?"

"꿈에서 본 사람이나 일어난 사건의 특징은 무엇인가?"

"나는 어떤 위치에서 어떤 역할을 했으며, 그러한 나의 모습은 어떤 느낌을 주는가?"

예를 들어 꿈에서 돼지를 보았다고 할 때, 그 돼지는 어떤 모습이었으며, 그런 돼지를 어떻게 설명을 하는지, 그리고 그 돼지가 꿈에서 불러일으킨 정서는 무엇인지를 묻는다. 그 돼지가 현실에 있다면 어떻게 생각할 것이며, 어떤 느낌을 갖게 될 것인지도 물어본다. 이렇게 하여 그 돼지에 대해 꿈에서의 생각과 느낌, 그리고 현실이라면 할 수 있는 생각과 느낌을 비교하여 봄으로써, 꿈을 현실과 연결시키기 위한 기초 작업을 한다.

꿈이 길고 여러 인물이 등장하고 여러 사건이 벌어지는 경우에는, 꿈에 나타난 인물과 사물과 사건에 대해 하나씩 질문을 할 필요가 있다. 위에 열거한 질문을 한꺼번에 다 하지 말고, 꿈 이야기를 따라가면서 질문자가 그때그때 필요한 질문을 하나씩 하도록 한다. 하나의 형상의 의미가 밝혀지면서, 나머지 형상들의 의미가 동시에 드러나는 경우도 상당히 흔하다.

Question 4, **Question 5**와 관련하여 한 마디 덧붙이고 싶은 것이 있다. 비록 여기에서는 두 가지로 나누어 설명했으나, 실제로 꿈을 해석하는 과정에서는 두 질문을 곧바로 연결시켜 할 수 있다는 점이다. 꿈이 긴 경우에는 그렇게 곧바로 연결시켜 질문을 하는 것이 더 편리할 수도 있다.

꿈을 현실과 연결시키기 위한 질문들

앞에서 설명한 **Question 1**에서 **Question 5**까지는 꿈에 대한 것을 분명히 하고, 꿈에 나타난 형상이 현실에서 꿈 꾼 사람에게는 어떤 의미를 가지며 어떤 정서를 불러일으키는지 구체화하기 위한 것들이다. 이제부터 질문할 것들은 꿈의 내용을 현실과 연결시켜 꿈의 의미를 밝히기 위한 질문들이다.

**꿈에 나타난 인물과 사물, 그리고 일어난 사건이 현실의 어떤 정황과
어떻게 연결이 되는지에 대해 질문한다.**

이 질문의 목적은 꿈의 내용을 현실의 삶과 연결시키기 위한 것이
다. 이를 위해서 앞의 질문들을 통해 드러난 꿈 형상들과 사건이 지닌
의미, 정서, 그리고 특징들과 일치하는 삶의 사건이나 심리 상태를 탐
색한다. 꿈에 나타난 인물과 사물, 일어난 사건은 현실에서 어떤 것을
생각나게 하는가? 이 질문을 통해 떠올린 현실의 대상들이 꿈에 본
형상의 특징과 부합하는지, 아울러 관련된 정서도 부합하는지를 살
펴본다.

생각난 현실의 대상과 꿈 형상이 일치하지 않을 때는 꿈에 본 형상
의 특징과 정서경험을 좀 더 섬세하게 묘사해 보고, 그 내용들과 부합
하는 현실의 인물이나 인간관계, 사건이나 경험 등을 다시 떠올려 보
도록 한다. 이때 현실의 삶이란 외형적인 것일 수도 있고, 꿈꾼 사람
의 마음속에 자리 잡고 있는 내면의 한 모습일 수도 있다. 이렇게 떠
올린 현실의 모습이 꿈에 반영된 그 현실의 정황인지를 확인하기 위
해, 어떻게 그렇게 연결이 된다고 생각을 하는지 질문하면서 자연스
럽게 다음 단계의 질문으로 넘어간다. 필자(김정희)의 꿈을 예로 살펴
보자.

나는 피아노 레슨을 하는 사람이다. 아이 한 명이 피아노를 치고 있다. 내가 '도레미파솔라시도'를 또렷하게 치면서 시범을 보인다. 그러면서 다섯째 손가락도 희미하지 않게 잘 치는 모습을 보여주려 한다. 그런데 피아노 건반 위에 은박지가 덮여 있다. 내가 시범을 보이면서 생각해 보니, 애는 그것을 할 수준이 아니라 '도레도레'를 칠 수 있는 수준이다. 그래서 다시 그 아이한테 도레도레를 가르친다.

이 꿈은 내가 유료상담을 시작하고 얼마 되지 않았을 때에 꾼 꿈이다. 이 꿈에 나오는 '피아노 레슨'과 '은박지'가 현실에서 무엇과 연결이 되는지를 살펴보자. 우선 나에게 '피아노 레슨'은 '내가 결혼하기 전에 돈을 벌었던 수단이었고, 그에 대한 정서는 떳떳치 못함'이었다. 왜냐하면 난 피아노를 전공한 사람이 아니었기 때문이다. 현실에서 돈을 벌지만, 떳떳치 못한 느낌을 주는 것은 그 당시 유료상담을 하는 것과 연결이 된다. 상담심리학을 전공했고 상담을 할 수 있는 자격증이 있었고, 기관에서 내담자를 만나 상담을 한 경험이 많은데도 내담자로부터 직접 돈을 받는 유료상담을 처음 시작했을 때 왠지 떳떳치 못한 느낌이었다. 나 자신에 대해 부적절한 느낌과 무관하지 않은 정서반응이라고 생각한다.

그 다음 '은박지'는 내가 '오븐을 사용해서 음식을 할 때 팬을 닦기 쉽게 하려고 팬 위에 깔아서 사용하는 것, 그러면 팬에 음식이 직접

닿지 않으니 설거지를 쉽게 하도록 하는 것, 그러다 요리하는 중에 은 박지가 찢어지면 더 귀찮은 것'이다. 그것에 대한 정서는 '쉽게 하고 싶어 한다'는 마음과 '더 귀찮을 수도 있다'는 것이다.

현실에서 이것과 연결이 되는 사건은 한 내담자와 상담을 하면서 느꼈던 나의 마음이다. 상담 장면에서 내담자가 스스로 자기 감정을 느끼면서 표현하도록 도와주지 못하고, 내가 말로 설명을 해주면서도 '이건 아닌데……' 하던 마음이 떠오른다. 즉 직접 내담자가 정서를 체험하도록 돕지 못하고 내가 설명해주었을 때의 그 느낌과 연결이 된다. 그러면서 나는 도에서 높은 도까지 손가락도 능숙하게 바꾸어가며 또렷이 잘 치고 있음을 과시하고 싶어 했던 꿈속의 정서와, 상담 장면에서 내담자의 심리적 기제와 역동을 능숙하게 설명하며 내 능력을 과시하고 있던 순간이 생각난다. 그러다가 '아, 이게 아니야!' 하면서 다시 '도레'까지만 치는 내담자에게로 집중했던 것이 생생하게 느껴졌다.

결론적으로 꿈에 나타난 피아노 형상, 은박지 형상, 도레미파를 치던 형상들이 이러한 탐색 과정을 거쳐서 현실의 상담 장면, 상담자로서 나의 태도, 그에 대한 정서 등을 나타낸 것을 알게 되었다. 이 꿈을 해석하면서 나는 상담자로서 나의 태도를 되돌아볼 수 있는 소중한 시간을 가질 수 있었다.

앞의 질문에서 떠올린 현실의 경험이 과연 꿈이 말하는 그 상황인지 검증할 수 있는 질문과 여전히 이해되지 않은 미진한 부분은 어떤 것인지를 질문한다.

이 질문을 하는 목적은 꿈의 의미를 구체적으로 해석하고 그 해석이 적절한지 검증하기 위함이다. 꿈꾼 사람이 묘사한 대로 꿈의 형상들이 드러내는 특징과 정서와 부합하는 현실의 어떤 것이 선정되면, 그것을 통해서 꿈의 의미를 하나씩 해석해 간다. 꿈에서 묘사된 인물이면 인물, 사건이면 사건의 특징과 현실에서 택한 인물과 사건의 특징이 어떻게 연결이 되어 이해되는지, 어떤 연유로 그렇게 연결하게 되었는지 등을 탐색한다.

이때 작은 것이라고 해서 무시하지 않는다. 사소한 것이라도 그 나름대로 의미가 있기 때문에 그 의미도 같이 해석하도록 한다. 작은 것까지 세세하게 해석될 때 꿈꾼 사람은 물론이거니와, 함께 꿈 해석 작업에 참여하는 집단원 모두 꿈이 얼마나 섬세하게 우리의 마음을 표현하는지에 대해 경이로움을 느끼게 된다.

꿈을 해석함에 있어서 형상의 의미와 형상과 연관된 정서와 그리고 꿈을 꾸었을 때 느꼈던 정서가 중요한 역할을 한다고 했다. 그런데 그 이유는 꿈에서 경험했거나 꿈의 형상에 내포된 정서가 현실의 사건이나 인물과 관련된 바로 그 정서를 나타내기 때문이다. 바로 이런 이유로 정서는 꿈이 적절하게 해석되었는지를 알아 볼 수 있는 중요한 요소로 작용한다.

구체적인 꿈 해석 사례를 들어 설명하도록 하자. 다음은 장성한 딸을 둔 한 어머니의 꿈이다.

나는 시골집의 방에 와 있다. 아는 사람이 와서 내 자전거를 빌려달라고 하자 나는 빌려가라고 허락한다. 그런데 밖에서 들려오는 소리가 자전거의 앞바퀴 타이어가 펑크 났다고 한다. 내가 문을 열고 보니, 핑크색의 미국산 자전거의 앞바퀴 타이어가 크게 펑크가 나서 탈 수 없는 상태가 되어 있다. 나는 그것을 보면서 '아니 내가 어떻게 저런 자전거를 타고 여기까지 왔지! 내가 저런 상태에서 자전거를 탔다면, 타이어만 아니라 바퀴도 문제가 생기지 않았을까' 하면서 마음이 심란한 상태가 된다.

이 꿈을 해석하는 과정에서 펑크 난 자전거를 두고 염려하는 마음은 딸에 대해 염려하는 어머니의 마음인 것을 알았다. 우선 꿈에 나오는 핑크색 자전거에 대한 그 어머니의 마음은 자부심을 갖도록 하는 것이다. 핑크색은 어려서 미국에 있을 때 딸이 매우 좋아하던 색이었다. 그리고 자전거는 어머니가 학창시절에 신나게 즐겨 타던 기구였다. 현실에서 딸이 바로 그런 역할을 한다고 했다. 비록 딸이 큰 역할은 하지 않더라도 미국산 핑크색 자전거처럼 어디 내놓아도 인정받는 그런 자랑스러운 딸로 여기는 어머니의 마음과 부합하고 있다.

다음으로 타이어가 펑크 나서 심란한 상태가 된 것은 최근 이 딸의 음주 습관을 두고 심란해 하는 어머니의 마음을 그대로 보여준다. 안 그러던 딸이 술도 자주 마시고, 술 마신 날은 세수도 하지 않고 잠을 자는 것을 보면서 걱정을 했다. 그런 딸의 최근 모습이 펑크 난 자전거의 앞바퀴 같은 모습으로 그에게 비춰진 것을 알았다. 그런 딸을 생각할 때마다 그는 참으로 심란해지면서 난감한 심정이 되는데, 꿈에서 펑크 난 자전거 바퀴를 보았을 때 느꼈던 바로 그 심정이었다.

거기서 더 나아가 꿈에서 그는 단순히 타이어만 펑크 난 것이 아니라, 바퀴 휠 자체도 고장이 난 것은 아닐까 하고 염려하는 마음을 가졌다. 이 역시 현실에서 딸의 건강을 염려하는 그의 마음과 일치한다. 앞에 언급한 그런 딸의 음주 습관으로 건강까지 문제가 되는 것은 아닐까 염려했던 것이 꿈에 그대로 반영된 것이다.

이 꿈 해석의 사례를 통해 구체적으로 정서가 어떻게 현실의 사건과 연결이 되는지를 알아보았다. 이런 면에서 본다면 '정서'야말로 꿈의 해석을 완성하면서 그 의미가 적절한 것인지를 결정하는 핵심 요소가 된다는 사실을 알 수 있다.

앞에서 해석한 꿈의 의미를 꿈꾼 사람이 정리하여 설명하도록 하고, 그런 꿈의 해석이 어떻게 자기 이해로 연결이 되는지에 대해서 질문한다.

이 질문은 앞에서 이루어진 꿈 해석을 통해 꿈꾼 사람은 자신의 어떤 부분과 만나게 되었고, 스스로 꿈을 어떻게 이해하는지를 알아보기 위한 것이다. 이를 위해 다음과 같은 구체적인 질문을 할 수 있다.

"전체적으로 꿈의 의미를 어떻게 설명할 수 있는가?"

"처음 가졌던 이 꿈에 대한 생각과 비교해 보면 어떤 마음이 드는가?"

"꿈 해석을 통해 얻게 된 자기이해는 어떤 것인가?"

여기서 자기이해는 꿈의 의미와 관련하여 두 가지로 나누어 생각해본다. 하나는 꿈꾼 사람 자신의 내면에 있는 생각이나 정서에 대한 것이요, 다른 하나는 꿈꾼 사람이 다른 사람이나 경험한 사건에 대해 가지고 있는 생각과 정서 등이다. 마지막으로 이러한 자기이해는 자신의 행동이나 태도에 어떤 영향을 주는지에 대해 질문을 한다.

위에서 예로 든 타이어가 펑크 난 자전거의 꿈을 가지고 설명하도록 하자. 처음 꿈 이야기를 털어놓았을 때에는 도무지 이해할 수 없다, 아무 생각도 안 난다고 했다. 엉망으로 펑크 난 자전거 타이어를 보면서 참으로 난처한 마음이고 걱정이 된다고 했다. 꿈의 형상을 탐색하는 과정에서 미국산 핑크색 자전거는 딸의 형상인 것을 알면서, 딸에 대한 자신의 마음을 다시금 정리하고 확인하는 계기가 되었다고 했다.

그렇다면 하필 왜 이 시점에서 이 꿈을 꾸었는가? 이 꿈을 꾸기 전날 딸에게 소개팅이 들어왔고, 과년한 딸이 하루라도 빨리 결혼하기를 바라는 마음을 가진 그로서는 잘되기를 바라는 마음이었다. 잘되기를 바라는 마음이 있기에, 한편 딸이 보이는 못마땅한 것들로 인해 잘되지 않으면 어쩌나 하는 걱정도 들었다.

결국 이 꿈은 딸의 결혼 문제가 불거져 나오면서 최근 딸에 대해 그가 가지고 있던 마음이 드러났다. 최근에 들어와 딸에 대해 못마땅하게 여기는 부분만 부각시키면서 딸에 대해 부정적인 마음이 크게 자리 잡고 있었다. 그러나 이 꿈에서 미국산 핑크 자전거의 형상으로 표현된 딸에 대한 그의 속마음은 긍정적인 것임이 드러났다. 더 이상 부정적인 면만 생각하면서 염려하고 잔소리를 할 것이 아니라, 딸을 믿고 기다려주는 것이 필요하다는 것을 깨달았다.

이상 꿈 해석을 위해 던지는 질문들에 대해 알아보았다. 간략하게 정리하자면 ①무엇에 관한 꿈인 것 같은지 가볍게 생각해보고, ②꿈에서 가장 크게 느낀 감정과 현실에서 그와 유사한 감정을 느낀 사건이나 경험이 있는지 대략적으로 살펴보고, ③꿈의 시작 장면과 관련하여 장소에 대해 의미를 탐색하고, ④꿈 형상에 대해 현실에서 꿈꾼 사람이 가지고 있는 생각과 정서를 탐색하고, ⑤꿈에 나타난 형상의 특징과 꿈속에서 느낀 정서 등을 그대로 묘사하게 하고, ⑥꿈 형상이 현실의 특정 상황과 어떻게 연결이 되는지 탐색하고, ⑦떠올린 현실의 경험이 과연 꿈이 말하는 그 정황인지 검증하고, ⑧해석한 꿈의 의미를 꿈꾼 사람이 정리하여 설명하도록 하고, 꿈 해석을 통해 어떠한 자기이해로 연결이 되는지에 대해서 질문을 한다.

이 질문들을 보면서 혹자는 "이렇게나 많은 질문을 어떻게 다 할 수 있느냐"하고 압도될 수도 있을 것이다. 그러나 실제로 이 방법을 따라 질문을 하다 보면, 생각만큼 많은 것이 아니고 또 그리 어려운 질문도 아닌 것을 알게 된다.

꿈꾼 사람의 반응에 따라 질문도 적절하게 변화되는 것이고, 어떤 한 질문에 꿈꾼 사람은 벌써 그보다 훨씬 앞으로 나아가 자기 통찰로 이어져서 줄줄 이야기하는 경우도 많다. 그러나 잘 풀리지 않는 꿈은 차근차근 인내를 가지고 앞에서 소개한 순서를 따라가다 보면, 생각하지도 않은 통찰을 얻게 된다. 이렇게 해서 한번 실마리가 풀려나가면 하나하나의 형상마다 많은 에너지를 쏟지 않아도 쉽게 그 의미를 이해하게 된다.

꿈 해석을 위한 질문을 할 때
피해야 할 사항들

비록 앞장에서 제시된 질문을 이용해서 자신의 꿈을 혼자서 해석하는 것이 쉬운 일은 아니라 할지라도, 도와주는 사람이 없는 경우에는 혼자서 꿈 해석 훈련을 할 수 있다. 이때는 꿈형상에 대해 자신이 가지고 있는 생각과 느낌을 차분히 말로 표현하면서, 꿈 일지에 기록하도록 한다.

이때 주의해야 할 점은 철저히 자신의 주관적인 견해를 표현해야지, 형상에 대한 다른 사람들의 입장이나 이해를 자신의 것인 양 생각해서는 꿈 해석이 제대로 이루어지지 않는다는 것이다.

다른 사람의 도움을 받아 꿈 해석을 하는 경우에는 꿈을 꾼 사람보다 질문을 하는 도우미가 특히 주의해야 한다. 질문하는 과정에서 피해야 할 주의사항에 대해 구체적으로 살펴보자.

● 꿈꾼 사람이 해야 할 표현을
   도우미가 대신하지 않는다

질문을 통해 꿈에 나오는 형상들에 의미를 부여하고, 그 특징을 묘사하고 관련된 연상을 할 때, 꿈꾼 사람이 자신의 생각을 자기의 고유한 언어로 표현하도록 하는 것이 가장 효과적이고 적절하다. 꿈 해석을 도와주는 도우미가 가장 쉽게 빠질 수 있는 유혹은 꿈꾼 사람이 꿈의 형상에 대해 적절한 표현을 찾기 위해 애를 쓰거나 찾지 못해 주저할 때, 자신이 가지고 있는 표현을 말해준다든가, 꿈꾼 사람의 표현이 자기가 원하는 것이 아닐 경우 자신이 원하는 것으로 고치려는 태도이다.[23] 이는 꿈꾼 사람을 도와주거나 꿈 해석을 분명하게 하겠다는 충동에서 하는 행동인데, 오히려 꿈 해석을 방해하고 왜곡하는 결과로 이어지니까 삼가야 한다. 꿈꾼 사람의 설명이나 묘사가 거칠거나 세련되지 못하다 하더라도, 그것을 그대로 존중하고 받아들이며 그 표현을 근거로 꿈의 의미를 탐색한다.

그렇다고 도우미가 이 과정에서 전혀 개입하지 말아야 하는 것은 아니다. 꿈을 꾼 사람이 꿈의 형상과 관련해 자신의 생각이나 정서를 표현하지 못하고 전전긍긍하면서 시간이 흘러가는 경우, 도우미는 꿈 형상에 대한 자신의 표현을 예로 제시할 수 있다.

이와 관련하여 드레이니 박사의 꿈 해석 예를 들어보자. 꿈꾼 사람이 꿈에서 돛 대신 커다란 십자가를 단 배를 보았다고 말했다. 상담자가 "십자가가 당신에게 무엇이죠?"라고 물었고, 꿈꾼 사람은 잠시 생각하다가 "십자가는 상징이죠"라고 대답을 하고는 더 이상 다른 설명을 하지 못하고 있었다. 이에 상담자는 십자가에 대해서 전혀 알지 못하는 사람처럼 "그렇다면, 그것이 행운의 상징인가요?"라고 조심스럽게 물었다. 그러자 꿈꾼 사람은 즉각적으로 반응하기를 "그건 아닙니다. 십자가는 고통과 죽음을 의미합니다"라고 대답했다. 이것을 계기로 꿈꾼 사람은 십자가와 관련된 자신의 감정과 생각을 말할 수 있었으며, 꿈의 의미를 이해할 수 있었다.[24]

도우미가 꿈꾼 사람을 대신해서 의미를 표현하면, 꿈 주인은 그 표현을 받아들이고 자신의 이해를 정확하게 나타낼 말을 더 이상 찾으려고 하지 않게 된다. 설혹 도우미가 꿈꾼 사람이 원하는 정확한 표현을 찾아서 알려주었다고 하더라도 그것으로 인해 기뻐하거나 만족할 것이 아니다. 오히려 그 반대로 도우미가 그렇게 함으로써 꿈꾼 사람이 스스로 좀 더 탐색할 수 있는 기회뿐만 아니라, 적절한 표현을 발견했을 때 누리게 될 자기만족과 뿌듯함을 빼앗는다는 사실을 명심해야 한다.[25]

● 꿈의 형상과 관련해서 꿈꾼 사람이 요구하는 정보를 제공하지 않는다

꿈의 형상이 불러일으키는 사건이나 경험 등을 설명하는 과정에서 꿈을 꾼 사람은 기억하지 못하는 사실에 대해 도우미에게 도움을 요청하거나, 탐색하지 않은 형상에 대해 자신의 견해를 이미 알고 있는 것으로 가정하고 넘어가려 할 때가 있다. 예를 들어, 꿈을 꾼 사람이 꿈의 형상과 관련하여 영화의 한 장면을 떠올리면서 "비무장 지대를 경비하는 남한과 북한 군사들을 소재로 한 영화의 한 장면이 연상됩니다. 그런데 그 영화 제목이 무엇이죠?"라고 질문할 수 있다. 이때 도우미가 대답을 하지 않고 지켜보는 것은, 꿈꾼 사람이 그 장면과 관련된 정서를 느끼면서 스스로 그 제목을 떠올리도록 시간을 주는 것이 된다.

그렇게 하여 꿈꾼 사람이 "아, 생각납니다. 〈공동경비구역〉입니다. 바로 그 영화의 한 장면과 같은 것이었습니다. 그 영화를 보셨으니, 내가 무슨 말을 하려는지 이해하시겠죠?"라는 말을 하고, 그 장면을 아는 것으로 하고 넘어가려고 할 수 있다. 여기서 다시 한 번 도우미는 자신은 이 땅에서 일어난 것에 대해서 전혀 모르는 사람인 것을 꿈꾼 사람에게 상기시키면서 그 장면을 묘사하도록 요청한다. 꿈꾼 사람이 자신의 말로 그 장면을 설명하게 되면 스스로 무슨 생각을 하고 있는지 분명해지게 된다. 도우미가 자신의 생각을 표현하는 것 다음으로 쉽게 저지를 수 있는 실수가 꿈꾼 사람의 이런 요청에 응하는 것임을 알고 주의해야 한다.

꿈 형상에 대해 꿈을 꾼 사람 스스로 설명하도록 하는 것이 얼마나 중요한지를 보여주는 좋은 예가 있다. 췌장이 제거된 꿈을 꾼 내담자가 꿈 해석을 도와주는 정신과 의사에게 "췌장은 어떤 역할을 합니까?"라고 물었다. 늘 하던 대로 질문에 답을 하려고 하던 의사는 자신은 신체에 관해 아무것도 모르는 사람인 것처럼 가정해야 한다는 사실을 떠올리고 되물었다.

"췌장이 어떤 역할을 한다고 생각하나요?"

내담자가 "무슨 역할을 하는지 도무지 모르겠는데요"라고 대답하자, 의사는 "그렇다면 췌장이 심장이나 폐하고는 어떻게 다르다고 생각하죠?" 하고 물었다. 내담자는 "그것은 몸에서 없어서는 안 될 요긴한 장기이지만, 내가 그것을 가지고 있는지 거의 알지 못하는 거지요"라고 대답했다. 그러고 나서는 그가 최근에 읽은 연구 결과가 기억난다고 하면서 말하기를 "하루에 한두 잔 정도의 커피조차도 췌장암 발생률이 현저히 상승하는 것과 연관이 있으며, 췌장암의 경우 발견이 되면 이미 너무 늦었다"고 했다.[26]

꿈을 꾼 사람의 설명을 들은 정신과 의사는 그의 표현을 사용하여 질문을 했다.

"당신의 삶에서 없어서는 안 될 요긴한 것이기는 하지만 가지고 있는 줄을 알지 못하며, 소량의 커피로 인해 암적 요소로 변해버리고 당신이 그것을 발견했을 때 너무 늦어버린 그런 것이 있나요?"

내담자는 고개를 끄덕이며 말하기를, "자신의 감정을 알아차리고 그 감정을 자기 아내에게 전달하는 능력"이라고 했다. 그는 자신의 감정 작용에 대해 잘 알지 못하고 있으며, 그의 일상적 사고 습관에 의해 정서발달이 저지당했고, 심지어 감정에 관한 한 거세당했다고까지 할 수 있으며, 현재로서는 그것을 어떻게 해보기에는 너무 늦었다고 말했다. 이렇게 하여 내담자는 췌장으로 나타난 꿈의 메시지를 분명히 이해할 수 있었다. 만일 의사가 췌장의 역할을 의학적으로 설명해주었더라면, 내담자는 자신의 감정 작용에 대한 통찰을 결코 얻지 못했을 것이다.[27]

● 원하는 답을 유도하는 질문을 하지 않고,
 꿈 주인의 감정을 대신해서 말해주지 않는다

꿈 해석을 위한 질문을 할 때 가장 중요한 것은 꿈을 꾼 사람의 개인적인 생각과 정서 등을 본인이 스스럼없이 표현하도록 돕는 것이다. 꿈에 나타난 형상에는 꿈꾼 사람의 주관적인 의미와 정서가 상징적으로 드러나 있기 때문에, 꿈꾼 사람만이 그것을 가장 잘 표현할 수 있다는 점을 항상 기억하고 있어야 한다. 그런데도 도우미들은 꿈의 형상에 대해 자신이 가진 의미와 감정을 꿈꾼 사람이 말하도록 유도하거나 동의하도록 하려는 실수를 종종 저지른다.

꿈꾼 사람을 유도하는 질문이란 꿈의 형상에 대해 꿈꾼 사람의 생각을 알아보기 위해 개방형 질문을 하거나 그것을 묘사하도록 요청하는 대신, 도우미 자신이 가지고 있는 답을 이끌어 내거나 그쪽 방향으로 끌고 가기 위해 의도적으로 물어보는 것이다. 예를 들어 한 여자의 꿈에 터벅머리를 한 여인이 나타났고, 이 여인이 상징하는 의미를 탐색하는 과정에서 도우미가 "터벅머리를 한 여인은 당신 내면의 어떤 모습을 연상시킨다고 생각하느냐?"라고 질문을 하는 것이다. 이 질문은 꿈에 나타난 터벅머리 여인은 꿈꾼 사람의 어떤 모습을 상징하는 것이라고 단정을 하고, 꿈꾼 사람에게 그 방향으로 생각하도록 유도하고 있다.

꿈꾼 사람이 꿈에서 느낀 정서 역시 스스로 표현하도록 하고, 도우미가 짐작하거나 느낀 정서를 꿈꾼 사람의 정서인 양 단정하지 않도록 해야 한다. 예를 들어 어떤 사람이 꿈에서 옷을 벗은 채로 거리를 다니는 꿈을 꾸었다고 했다. 도우미가 "그렇다면 꿈에서 창피하고 안절부절못하고 되게 당황하셨겠네요?"라고 나름대로 그럴 듯하게 질문을 했다. 이에 대해 꿈꾼 사람은 "아니오. 거리의 사람들은 전혀 나에게 신경을 쓰지 않아서 나는 참 이상하다는 생각만 했던 것 같아요."라고 대답했다.

이 예에서 상담자의 실수는 꿈꾼 사람이 언급하지 않은 정서 표현을 사용한 것이다. 도우미는 꿈 주인이 안절부절못했으리라고 단정을 하는 대신, 먼저 "꿈에서 그런 모습으로 다닐 때 어떠했느냐?"하고 그에게 물어보아야 했다. 그러면 꿈 주인은 자신의 감정을 자신의 말로 표현했을 것이고, 그것을 근거로 꿈과 현실의 상황을 연결시키는 작업을 더 쉽게 할 수 있었을 것이다.

● 꿈의 내용에서 벗어난 논의를 하지 않는다

말하기 좋아하는 사람의 꿈을 해석하는 경우, 하나의 꿈으로 시작된 이야기가 중도에 계속해서 가지를 치고 나가, 해석하려는 꿈과 전혀 관계없는 데로 발전하기 쉽다. 엄밀히 말하자면, 꿈을 꾼 사람이 하는 이야기는 어떤 것이라도 꿈 해석에 조금이라도 도움이 된다고 할 수 있다. 그러나 효율적이고 합리적인 꿈 해석을 위해서는 이야기가 산만하게 퍼지지 않도록 특별히 주의해야 한다. 이를 위해서 도우미는 꿈을 꾼 사람이 꺼내는 설명이나 이야기가 해석하고자 하는 꿈과의 관련성이 어느 정도인지를 판단할 수 있는 감각을 키워야 한다. 그리고 이야기가 꿈의 정서와 내용에서 벗어나게 될 때에는 꿈꾼 사람에게 꿈의 이야기에 초점을 맞추도록 도와주어야 한다.

그렇다고 꿈의 내용과 관련된 질문에 대해 직접적으로 관계된 답만을 기계적으로 하도록 하는 것 역시 꿈 해석을 방해한다. 적절한 꿈 해석을 위해서는 꿈에서 일어난 사건을 연상시키는 현실의 사건이나 경험을 떠올려야 하는데, 경우에 따라서 여러 가지 유사한 사건이 한꺼번에 떠오를 수도 있다. 꿈에서 경험한 정서와 유사한 정서를 현실에서 경험한 경우도 마찬가지다. 이런 경우에는 어느 정도 여유를 가지고 현실에서 경험한 사건과 정서를 말하도록 하는 것은 꿈을 이해하기 위해서뿐만 아니라, 꿈꾼 사람을 이해하는 데 아주 중요하다. 그렇지만 현실의 경험담으로 논의가 산만해지지 않도록 주의해야 한다. 또한 이야기를 통해 꿈의 내용이나 정서와 관련이 있는 부분이 집중적으로 부각되도록 이끌어 가야 한다.

● 대답하기 어려운 질문이나
  여러 가지 질문을 한번에 하지 않는다

      꿈 해석을 위한 질문을 할 때에는 가능한 꿈을 꾼 사람이 쉽게 대답할 수 있는 질문을 해야 한다. 전문적이고 추상적인 용어는 가급적 피하고 일상용어를 사용하여, 꿈 내용과 꿈꾼 사람과 관련된 실제적이고 구체적인 질문을 한다. 한 문장 속에 두 개 이상의 질문이 포함되어 있는 복합적인 질문을 하지 않도록 하고, 질문의 내용이 복잡하지 않도록 몇 가지 단순한 형식으로 나누어 질문을 하는 것이 좋다.

  하나의 질문을 한 다음에는 여유를 가지고 설명을 하도록 하고, 또 다른 질문을 해야 한다. 충분히 설명할 만한 시간도 주지 않은 채 곧이어 다른 질문을 하지 않도록 주의한다. 질문에 대한 설명이 미흡하다고 느낄 경우에는, 이 부분을 분명히 하기 위해 보충 질문을 하게 된다. 이때 도우미가 원하는 설명을 듣기 위해서가 아니라, 꿈꾼 사람의 설명을 더 잘 이해하고 구체화하기 위해서 질문해야 한다.

질문하는 방법과 태도와 관련하여 주의할 것은 꿈꾼 사람이 추궁이나 심문을 당하는 느낌을 받지 않도록 질문하는 것이다. 꿈꾼 사람이 자신이 진정으로 알고 싶고, 나누고 싶은 주제를 가지고 가까운 친구와 대화를 한다는 기분을 느낄 수 있도록 자연스럽게 질문하는 것이 중요하다.

질문할 때에는 가능한 한 '왜'로 시작되는 질문을 하지 않도록 한다. '왜'로 시작되는 질문은 자칫 추궁하는 듯이 들릴 수 있다. 그래서 꿈의 의미를 탐색하는데 도움을 주는 대신, 오히려 꿈꾼 사람을 난처하게 만들 수 있기 때문이다. 예를 들어 "꿈에서 돌아가신 할아버지가 왜 나타났다고 생각하세요?" 또는 "꿈에서 다른 사람들은 모두 다 달아났는데, 왜 당신만 그 자리에 있었을까요?"라고 묻게 되면 꿈꾼 사람은 어리둥절하게 될 가능성이 높다. 꿈꾼 사람은 이것을 알기 위해 도움을 요청하고 있는데 이런 질문을 한다는 것은 모순이다.

그러므로 질문을 할 때는 '어떻게'나 '어떤 것 같았을까?'라는 형식의 질문을 한다. 예를 들어 "꿈에서 돌아가신 할아버지가 나타났을 때 어떤 모습이었나요?", "그 할아버지를 보았을 때 어떤 느낌이었나요?", "꿈에서 다른 사람은 다 도망을 가고, 혼자 남아 있는 상황은 현실의 어떤 경험이 생각나도록 하세요?"라고 묻는다.

이 질문과 관련하여 주의해야 할 또 한 가지는 꿈꾼 사람이 기억하지 못하는 내용에 대해서 파고 들어가지 않도록 하는 것이다. 꿈꾼 사람이 기억하고 있는 것만으로도 충분히 해석이 되기 때문에 그것을 중심으로 질문하도록 한다. 물론 꿈에 분명하게 나타나지 않은 부분에 대해서 질문을 할 수도 있다. 그러나 꿈꾼 사람이 모른다고 하거나 기억이 나질 않는다고 할 경우, 그대로 존중하고 도우미의 궁금증을 해소하기 위해 집요하게 질문하지 않도록 주의한다.

● 꿈 형상에 도우미의 생각을 투사하여 꿈의 의미나 꿈꾼 사람을 이해하지 않는다

꿈의 형상은 다양한 의미를 지닌 상징 언어라고 했다. 다양한 의미를 지닌 상징 언어라는 꿈의 특성은 한편, 누구든지 원하는 의미를 꿈에 부여하여 원하는 대로 해석해버릴 가능성의 여지가 있다는 것이기도 하다. 꿈 해석에 서툰 상담자는 내담자의 꿈이나 꿈의 형상에 자신의 생각을 임의적으로 투사하여, 내담자가 가지고 있는 심리적 문제의 원인을 설명하려고 한다. 이런 식으로 꿈을 이용하는 것은 꿈의 의미와 역할을 왜곡하는 일일 뿐만 아니라, 꿈꾼 사람을 존중하지 않는 태도이다.

이렇게 꿈의 형상에 도우미의 생각을 부여하여 소설을 쓰듯이 꿈의 의미를 해석하는 것을 경계해야 한다. 이와 같은 해석에서는 해석자의 주관적인 견해에 가려져 전체적인 꿈의 맥락과 꿈에 대한 꿈 주인의 생각과 정서, 삶의 정황은 배제될 가능성이 높아진다. 이렇게 이루어진 꿈 해석은 꿈 주인에게 진정한 의미의 유익함을 주지 못한다.

꿈은 저마다 전하고자 하는 고유한 메시지와 꿈꾼 사람의 자기 이해를 포함하고 있다. 이를 위해서 먼저 꿈에 나타난 모든 형상의 의미를 꿈꾼 사람의 개인적인 입장에서, 그리고 꿈의 전체적인 맥락 안에서 이해하도록 해야 한다. 꿈에 나타난 하나의 형상에 도우미가 주관적으로 의미를 부여하여 전체 꿈을 해석하는 우를 범하지 말아야 한다. 또한 꿈 주인이 각각의 형상에 대한 생각을 말하도록 하고, 이를 취합하여 전체적인 의미를 파악하도록 도와야 한다. 이렇게 할 때, 꿈 주인은 해석된 꿈을 근거로 꿈이 보여주는 자신의 모습을 이해할 수 있게 된다.

● 꿈 주인이 떠올린 사건이나
설명과 무관한 자료를 사용하여 꿈을 해석하지 않는다

이것은 앞에서 설명한 것과 같은 선상에 있는 것이다. 그러나 여기서는 상담자가 알고 있는 전문적인 지식을 이용하여 꿈을 해석해버리고 싶은 유혹에 빠지지 않도록 해야 한다는 것을 강조하고자 한다. 예를 들어 융 학파의 꿈 해석에서는 꿈의 형상이 신화에 나오는 것과 유사할 경우에, 그것을 집단 무의식의 표현으로 받아들여 신화적으로 해석하는 것을 볼 수 있다. 비록 신화와 연계한 꿈 해석이 가능하다고 하더라도, 이런 해석은 꿈꾼 사람의 개인적인 경험과 꿈의 형상에 대한 의미와 정서 등을 충분히 탐색한 다음에 비교하는 차원에서 이루어지는 것이 바람직하다.

예를 들어 설명해 보자. 융이 한 내담자가 거북이에 관해 꾼 꿈을 그의 제자들과 논의하면서, 그들에게 거북이의 특성이 무엇인지를 물었다. 제자들이 거북이는 풍요의 상징이요, 모성의 상징이라는 대답을 했다. 그러자 융은 그것은 너무 평범한 것이어서 다른 파충류나 동물들과 아무런 차이가 없는 것이라고 했다. 그러면서 그는 거북이에 대한 자신의 설명을 들려주었다. 그는 거북이에게서 발견할 수 있는 분명한 특징들을 가지고 설명했다. 즉 자신을 보호하기 위해 등껍데기로 무장한 동물이며, 무감각한 동물이며, 아주 오래 사는 동물이며, 아주 신비로운 신화적인 동물이라고 했다. 계속해서 거북이가 가지고 있는 지혜와 장수에 대한 신화적인 의미를 논의한 다음, 결론적으로 융은 거북이는 상반되는 것의 결합과 초월적 기능에 대한 상징이라고 했다.[28]

그런데 문제는 거북이에 대한 이러한 특징들이 융에게는 명백하다고 하더라도, 모든 사람들이 거북이에 대해 이와 같은 생각을 한다고 할 수 없다는 데 있다. 사람들 가운데는 거북이라고 하면 '느려서 답답한 동물,' '느긋한 행동이 여유롭게 느껴진다,' '자기를 보호할 줄 아는 동물', '느리지만 꾸준히 자기 길을 가는 동물' 등으로 설명한다. 이런 경우 각자의 고유한 생각을 무시해버리고 전문가의 견해를 반영한다면 꿈은 왜곡될 수 있다.

신화적이거나 인류학적 혹은 종교학적 전문 지식에 의존하지 않고, 꿈을 꾼 사람의 개인적인 경험과 이해를 근거로 신화적 형상이 등장하는 꿈도 얼마든지 적절하게 해석할 수 있다는 것을 보여주는 좋은 사례가 있다. 일밖에 모르는 외과의사인 하워드가 꾼 꿈이다.

나는 파도가 몰아치는 바닷가에서 커다란 물고기를 낚는 꿈을 꾸었다. 너무나 큰 놈이 걸려 좀처럼 끌어올릴 수 없었다. 낚싯줄을 다 풀어 더 이상 풀 수 없게 되었을 때, 나는 낚싯줄이 닳아 줄다리기가 조금 더 계속된다면 줄이 끊어지게 되리라는 것을 알게 되었다. 나는 팽팽한 낚싯줄을 조금이라고 느슨하게 하기 위해 물고기가 있는 바닷가 쪽으로 빨리 움직이기 시작했다. 나는 아주 평온하고 상쾌한 해변에 도달했으며, 갑자기 낚싯줄을 마음대로 조종하게 되었다. 내가 물고기를 서서히 끌어 올렸을 때 놀랍게도 커다란 거북이가 딸려 올라왔다.[29]

잠에서 깨어난 하워드는 자신이 과도하게 일을 해왔으며, 그 결과 모든 에너지가 고갈되기 일보 직전에 이른 것을 알게 되었다. 이 꿈을 해석하는 과정에서 거북이는 현실에서 무엇이며, 거북이에 대한 인상은 어떤 것이냐는 질문을 받았을 때 그는 말했다. 거북이는 우호적이고, 평화로운 작은 동물이고, 어떻게 살아야 하는지를 알고 있으며, 항상 자기 집을 지고 다니며, 햇볕을 쪼이면서 소일을 하는 아주 느리게 움직이는 동물이라고 했다. 한편, 꿈에서 본 거북이에 대해서는 아주 크고, 천천히 움직이고, 해변으로 끌려올라 왔을 때에도 평정을 잃지 않았다고 했다. 이 말을 하고 난 다음, 그는 즉각적으로 꿈의 형상을 자신의 지쳐빠진 모습과 연결시켜 말했다. 이제는 여유를 가지고 느긋하게 살아가겠노라고. 그는 꿈에 본 거북이의 삶에 대한 태도에 충격을 받은 나머지, 자신을 충전하고 과도하게 일에 매달리는 자신의 습성을 되돌아보기 위해 즉시 휴가를 떠났다.[30]

하워드가 꾼 꿈을 융이 이해한 거북이의 신화적인 의미를 가지고 해석했다면 어떤 결과가 벌어졌을까? 거북이를 무감각하고 무장을 하고 초월적 기능을 하는 상징이라고 이해한 융의 설명을 이 꿈에 적용했다면 과연 그 해석이 도움이 되고, 적절한 것이 되었을까?

결론적으로 말해, 신화적인 지식에 근거해서 꿈을 해석하기 전에 먼저 꿈꾼 사람이 꿈 형상에 대해 충분히 자신의 견해를 피력하도록 해야 한다. 그런 다음 또 다른 차원에서 꿈을 해석하려고 할 때, 전문적인 지식을 이용하는 것이 도움이 될 것이다.

● 꿈을 현실과 성급하게 연결시키지 말 것이며,
　꿈을 해석해주지 않는다

　　　　　　꿈 해석을 도와주는 사람들이 쉽게 저지르는 실수 가운데 하나는 꿈의 형상에 대해 꿈꾼 사람이 충분히 묘사하고 설명하기도 전에, 곧바로 그것을 현실의 삶과 연결시키려고 하는 것이다. 예를 들어 꿈꾼 사람이 도망을 다니다가 절벽이 나타났는데, 그냥 푹 뛰어내리는 내용의 꿈을 꾸었다고 했을 때, 상담자가 "절박한 상황에서 앞뒤 가릴 겨를도 없이 위험한 선택을 했네요. 이런 모습은 현실에서 어떤 것을 떠올리게 하나요?"라고 묻는 것이다. 이는 꿈의 형상을 현실과 연결시키는 작업을 하기 위해서는 꿈 주인이 제공하는 충분한 자료가 필요하다는 사실을 간과하는 데서 벌어지는 현상이다.
　　꿈을 현실의 사건이나 경험과 연결시키는 작업은 실제로 그렇게 간단한 일이 아니다. 앞의 예의 경우, 꿈을 성급히 현실과 연결하려 하기 전에 먼저 꿈꾼 사람이 현실에서 '쫓기는 상황', '절벽', '절벽에서 뛰어내림'에 대해 부여하는 의미와 정서를 탐색하도록 한 다음, 특정한 그 상황에 대해 가지고 있는 그 사람의 개인적인 생각과 정서를 충분히 표현하도록 해야 한다. 그런 다음, 그가 묘사하고 설명한 자료를 근거로 꿈의 내용과 부합하는 현실 사건이나 경험이 무엇인지 질문을 하여 스스로 현실의 상황과 연결하도록 도와주어야 한다.

마지막으로, 꿈 해석을 도와주는 사람들은 내담자의 꿈을 해석해주지 말아야 한다. 여기서 제시하는 꿈 해석 방법의 특징은 꿈꾼 사람이 전문가의 도움을 받아 꿈 형상의 의미와 정서를 탐색하고, 그것을 현실과 연결시키는 작업을 하는 것이다. 마지막으로 이 모든 것을 이용하여 해석을 완성하는 사람은 꿈을 꾼 사람이기에, 꿈 주인이 스스로 꿈을 해석하도록 도와주어야 한다.

장시간 꿈 해석을 위한 작업을 하고 난 다음에도 꿈꾼 사람이 꿈의 의미에 대한 통찰을 얻지 못하면, 도우미에게 꿈의 의미가 무엇인지 말해달라고 요구하게 된다. 이런 경우에라도 도우미는 꿈을 꾼 사람이 좀 더 꿈의 의미를 탐색하도록 도와야 한다. 그리고 어쩔 수 없이 자신이 이해한 꿈의 의미를 말해 주어야 할 때에라도 단정적으로 말하지 말고, 한두 개의 가능한 의미를 가설로 제안하여 꿈꾼 사람이 스스로 꿈의 의미를 확증하도록 한다. 이런 제안은 더 이상 선택의 여지가 없다고 판단할 때 최후의 수단으로 이루어져야 한다.[31]

이상 문답식 꿈 해석이 어떤 과정으로 이루어지는지 알아보았다. 다음에는 이 방법을 이용한 꿈 해석의 구체적인 사례를 살펴보자.

19 아래의 설명은 다음 책의 내용을 저자가 요약하고 정리한 것이다. Ullman, M., & Zimmerman, N. (1979). 110-111.

20 Freud, S. (1968). Trans. by J. Riviere. A General Introduction to Psychoanalysis. New York: Washington Square Press. 106.

21 Boss, M. (1977). I Dreamt Last Night. New York: Gardner Press. 168.

22 여기서 소개하는 문답식 꿈 해석은 게일 드레이니(Gayle Delaney) 박사가 개발하여 '꿈 인터뷰'(Dream Interview)라는 이름으로 보급하는 것을 저자들이 다른 여러 가지 꿈 해석 이론과 절충하여 새롭게 정리하여 사용하는 것임을 밝힌다. Delaney, G. (1993). 195-240. / Delaney, G. (1996). 45-111.

23 Delaney, G. (1993). 213.

24 Delaney, G. (1993). 213-14.

25 Delaney, G. (1993). 214.

26 Delaney, G. (1993). 214-215.

27 Delaney, G. (1993). 215.

28 Jung, C. (1984). Dream Analysis. Princeton: Princeton University Press. 647.

29 Delaney, G. (1993). 219.

30 Delaney, G. (1993). 219-220.

31 Delaney, G. (1993). 220.

항상 새로운 것을 창조하는
꿈의 신비 속으로!

Part 3

개 인 적 꿈 해 석 의
실 제 사 례

앞에서 우리는 문답식 꿈 해석 방법에 대해 알아보았다.
이번에는 그 구체적인 사례를 통해서
실제로 꿈 해석이 어떻게 이루어지는지 살펴보기로 한다.
여기서는 꿈 도우미와 꿈꾼 사람이 이 방법에 따라
꿈을 해석한 사례를 소개하기로 한다.
먼저 철저히 매뉴얼의 질문 순서대로 한 사례와
그렇지 않고 핵심적인 질문을 한 사례를 함께 소개한다.
제1장의 사례는 '유부녀를 유혹하는 찌질한 중늙은이'로
필자(김정희)가 꾼 꿈이다.
제2장은 '널브러져 있는 시체'가 나오는 꿈으로
필자(김정희)에게 상담을 받던 사람의 꿈이다.
제3장은 '빼앗긴 내 아들'이라는 꿈으로 역시
필자(김정희)에게 상담을 받던 내담자가 상담 중에 보고해서 다룬 꿈이다.
제4장은 '낡은 타우너를 몰고 가는 나'라는 꿈으로
필자들이 인도한 꿈 집단에 참석했던 집단원의 꿈이다.
제5장은 '나무 위에서 노는 아이들'이라는 꿈으로
필자들이 함께 상담 훈련을 받을 때 필자(김정희)가 꾼 꿈이다.
제6장은 '똥을 싼 아들 앞에 엎어져 있는 어머니'라는 꿈으로
필자(김정희)의 친구가 꾸었다고 들려준 꿈이다.
이 사례에 나오는 꿈들은 꿈을 꾼 사람의 내면이
어떻게 드러나는지 자세히 보여준다.

유 부 녀 를 유 혹 하 는
찌 질 한 중 늙 은 이

다음은 필자(김정희)가 최근에 꾼 꿈이다. 앞에서 설명한 대로 차례로 질문을 해나가면서 꿈을 해석하도록 한다.

　　내가 길을 걸어가고 있다. 다른 사람들도 많이들 걸어가고 있다. 약간 등산로 같기도 하고 산책길 같기도 하다. 나는 앞에 가는 남편 곁으로 가려고 좀 빨리 걸으려 하는데, 옆에 있던 빨간 조끼를 입은 키도 작고 인상도 찌푸리고 있는 60대 중반의 찌질한 중늙은이가 나보고 사귀자고 한다. 나는 사귈 마음이 티끌만큼도 없다. 기가 막히는 건 내가 자기랑 사귀어야 한다는 거다. 그 사람은 처음부터 결혼을 하지 않아 싱글인지, 상처를 하여 혼자인지 모르겠으나 나는 엄연히 남편이 있다. 그런데도 그는 사귀는 것이 절대로 맞는 것인데, 왜 자기 말을 듣지 않느냐고 인상을 쓰면서 내가 큰 잘못을 하고 있는 것처럼 주장한다. 나는 대꾸할 가치도 없다고 생각하고, 앞으로 빨리 걸으면서 '나는 남편이 있는 사람이다'라는 메시지를 주기 위해 큰 소리로 "여보!"라고 남편을 부르면서 앞으로 가버린다.

아침에 일어나서 남편에게 이 꿈 이야기를 하면서 깔깔 웃다가, 갑자기 무슨 꿈인지 궁금해져서 꿈 해석을 같이 해보았다. 답변 내용만을 간단하게 요약해서 정리한다.

남편 꿈의 의미가 무엇인지 혹은 어떤 내용에 관한 것이라고 생각하는가? (**Question 1**)
아내 무슨 의미인지 도무지 짐작이 되질 않고, 아무 생각도 나지 않는다.

남편 꿈에서 가장 크게 느낀 감정은 어떤 것인가? (**Question 2**)
아내 불쾌한 감정이 느껴지지는 않았으나, 말도 안 되는 주장을 해대는 바람에 엄청 답답했고, 말을 섞고 싶지도 않은 심정이었다.

남편 꿈의 시작 장면과 관련하여 장소, 그곳의 분위기, 그곳의 느낌은 어떠했는가? 그 장소에 대해 꿈꾼 사람은 현실에서 어떤 일반적

인 의미를 부여하는가? (**Question 3**)

아내 보통 사람들이 가볍게 산책하는 길로 낯설지도 익숙하지도 않은 그런 길이다. 그러나 여유롭게 편히 다니면서 대화를 많이 하는 길이다.

남편 꿈에 등장하는 각각의 인물과 사물, 그리고 일어난 사건에 대해 꿈꾼 사람이 현실에서 가지고 있는 일반적인 의미와 느낌은 어떤 것인가? (**Question 4**)

아내 우선 꿈에 나타난 중늙이에 대해 현실에서 가지고 있는 인상은 일단, 비호감을 갖는다. 왠지 고집이 셀 것 같고, 말이 통하지 않고, 수구적으로 자기주장만 하는 사람이라는 느낌이다. 이런 사람이 만일 현실에서 내가 유부녀인지 알면서도 60대인 내게 사귀자고 한다면 나로서는 말도 안 되는 일이고, 생각해 볼 하등의 가치도 없는 것이다. 뿐만 아니라 이렇게 찌질한 사람이 들이댄다면 불쾌하기 짝이 없을 것 같고 질색할 노릇이다.

꿈에서는 나타나지 않았으나, 함께 가는 것으로 가정된 남편은 현실에서 내가 믿고 의지하는 존재로 무엇이든지 대화를 하면서 거의 대부분 같이 붙어 다닌다.

남편 꿈에 나타난 대로의 인물과 사물, 그리고 사건의 의미와 정서, 특징은 무엇인가? (**Question 5**)

아내 꿈에서 가장 큰 사건은 그 찌질한 중늙은이가 자기와 사귀자고 치근덕거리는 일이다. 그러나 내 입장에서는 유부녀가 다른 남자랑 사귀는 것은 비도덕적인 것이고, 뿐만 아니라 내가 싱글이라 하더라도 내가 싫다 하면 접어야 하는 것이 맞는 것이다. 그런데 그 중늙은이는 절대로 사귀는 것이 맞는 것이라고 주장하면서 설득하려했다. 나는 그 시점에서 내가 옳다고 설명할 가치도 느끼지 못했다. 오직 강력한 증명만이 필요했다. 그래서 그 주변을 걸어가고 있는 많은 사람들이 다 들릴 정도로 큰 소리로 "여보!"를 외치며 앞으로 가버린다.

남편 꿈에 나타난 인물과 일어난 사건이 현실의 어떤 정황과 어떻게 연결이 되는가? (**Question 6**)

아내 꿈속에서 중늙은이는 내가 알고 있는 사람 같았고, 이전에도 내게 사귀어야 한다고 몇 번 요구한 것 같다. 그러나 여전히 좀 낯선 느낌이다. 가장 선명하게 기억되는 것은 인상 쓰는 표정과 그가 입은 빨간 조끼이다. 빨간 조끼에 대해 생각해 보니 가볍고 따뜻해서 남편이 겨울이면 실내에서 늘 애용하는 옷이다. 그리고 보니 꿈속 그 중늙은이가 남편임에 틀림이 없다는 생각이 든다. 우선 키가 작은 것이 남편을 연상시킨다. 그리고 중늙은이가 인상 쓰는 표정을 가만히 떠올려보니, 자기 말이 맞는데 왜 그걸 모르느냐고 답답해하면서 남편이 현실에서 강하게 자기주장을 할 때 짓는 표정과 똑같다. 자기는 싱글이기 때문에 나와 사귀는 것이 맞는데, 내가 받아들이지 않으니 정말 답답해서 미칠 지경이라는 표정이다.

한편, 꿈속의 중늙은이 역시 답답해 죽겠다는 심정이다. 자기와 사귀는 것이 맞는데 왜 거부하느냐에 대해 그렇게 느낀다. 현실에서 남편은 한번 자기주장을 하고 거기에 대해 내가 동의하지 않으면, 끝까지 자기주장이 맞으니 꼭 동의를 해야 한다고 말한다. 이것이 꿈에서 중늙은이가 자기와 사귀는 것이 맞다고 주장하는 것과 똑같다.

그러고 보니 이 꿈을 꾸기 이삼일 전에도 사소한 의견 차이가 있었는데, 남편은 자기가 옳다고 주장하고 나는 그것이 틀렸다는 것을 증명하기 위해 온갖 예를 들면서 설전을 벌였다. 그러다가 언제나처럼 더 이상 남편을 설득할 수 없어 속으로 답답한 심정을 간직한 채 대화를 끝낸 일이 있었다. 이 꿈은 바로 그때의 내 심정을 보여주는 것이다.

남편 앞의 질문에서 떠올린 현실의 경험이 과연 꿈이 말하는 그 상황인지 검증할 수 있는 질문과, 여전히 이해되지 않은 미진한 부분은 어떤 것이 있는가? (**Question 7**)

아내 꿈속 중늙은이는 현실의 내 남편이 보이는 한 부분이다. 내가 제일 싫어하는 자기주장이 강하고 고집이 센 부분이다. 나로서는 너무나 객관적이고 보편적인 이야기를 하는데, 자기 생각과 다르면 전체적으로 바라보지 못하는 건지 보려고 하질 않는 건지 모르겠다. 그러나 굳건하고 굳건한 자기 틀 속에서 조금도 나와 보려고 하지 않고, 그것이 세상의 전부인 것처럼 강하게 주장하곤 한다.

꿈속 중늙은이가 좀 낯설게 느껴진 것은, 예전에는 남편의 그런 부분이 크게 느껴지지 않았다. 그러더니 근래 들어 부쩍 거부감이 들면서 원래 그런 사람이었나, 아니면 내가 변해서 그리 느끼는지 생각해 본 적이 있기 때문인 것 같다.

남편 앞에서 해석한 꿈의 의미를 꿈꾼 사람이 정리하여 설명하도록 하고, 이런 꿈의 해석이 어떻게 자기 이해로 연결이 되는가? (Question 8)

아내 이 꿈을 꾸고 나서 꿈에 나오는 찌질한 중늙은이가 남편이라고는 전혀 생각할 수 없었다. 왜냐하면 남편이 나한테 연애를 하자고 할 까닭이 없다고 생각했기 때문이다. 또 나는 현실에서 남편을 그런 찌질한 중늙은이로 여자들한테 치근거리는 사람이 아닌 것을 알기 때문이다. 그러나 해석하는 가운데 실마리가 풀리자, 꿈의 찌질한 중늙은이가 남편을 상징한다는 사실은 너무 분명해졌다. 그리고 내가 한편으로 남편을 그렇게까지 생각하고 있다는 사실을 깨달았다. 이걸 통해 남편을 향한 내 마음의 숨겨졌던 면을 새롭게 이해하게 되었다.

대화를 통해 꿈을 해석하면서 나는 화가 나면서 억울한 심정이 올라오는 것을 느낀다. 그동안 무엇이든지 자기주장이 옳다고 고집을 부리면서 우겨대는 남편으로부터 내가 이유 없이 엄청 당한 느낌을 받아왔던 것이다. 그러면서 참아왔던 정서들이 올라온다는 것을 알 수 있었다. 남편의 모습을 이렇게 구체적으로 생각해 본 적이 없었는데, 이 꿈을 통해 남편에 대해 화가 나고 억울한 내 마음을 그대로 만날 수 있었다.

물론 남편에게는 이런 모습만 있는 것은 아니다. 꿈에서 표현된 것은 어디까지나 자기주장을 하면서 고집을 부리는, 그래서 내가 싫어하는 남편의 단면을 보여준다. 그렇지만 꿈에서 나는 남편이 있고 그 남편에게 도움을 요청하고 있는데, 현실에서 실제로 남편은 내가 많이 의지하고 무엇이든지 대화를 하면서 지내는 가장 가까운 동료와 같은 느낌이다. 아울러 내가 감당할 수 없는 일을 당했을 때 남편은 항상 든든하게 의지할 수 있는 존재의 역할을 하는 좋은 면이 있다.

꿈 해석을 끝내고 우리 두 사람은 서로를 보면서 웃었다. 아내는 평생을 같이 살아온 남편을 그렇게 치근거리는 찌질한 중늙은이라고 생각해 보지 않았다. 그러나 꿈 해석을 통해 남편이 자기주장만 하면서 고집을 부릴 때 느꼈던 자기의 답답함이 어느 정도인지를 더 세세하게 느낄 수 있었다. 물론 그것은 남편의 단점에 대해 느끼는 마음이긴 하지만, 꿈을 통해 적나라하게 표현이 되었던 것이다. 그렇다 보니, 하고 싶은 말을 대신해주었다는 후련한 마음이 들었다.

널 브 러 져 있 는 시 체

다음의 꿈은 저자(김정희)에게 개인 상담을
받고 있는 30대의 전문직 여성이 새해 첫 번째 상담에서 보고한 꿈이
다. 이 꿈은 앞의 **Question 3, 4, 5**에 초점을 맞추어 몇 번 대화한 것만
으로 간단하게 해석이 된 꿈이다.

새해 첫날부터 이상한 꿈을 꾸었다. 너무 기분이 좋지
않고 불안하다. 사람들이 많이 죽는 꿈이다. 얼굴도, 이름도 모르는
사람들이 죽어서 잔뜩 너부러져 있다. 내가 사람을 죽인 건지, 어떻게
죽은 건지는 모르겠다. 무슨 사건이 일어난 것도 같고. 죽은 시체들이
바닥에 너부러져 있는데, 어떤 사람이 한 사람의 목을 꽉 조르고 있

다. 그 장면에 내가 서 있다가 놀라서 잠이 깼다.

상담자 언뜻 생각해서 무슨 꿈인 것 같아요?

내담자 모르겠어요. 꿈이 하도 불길해서 계속 생각해봤는데 전혀 모르겠어요.

상담자 꿈 전체 장면에서 가장 크게 느껴진 감정은 어떤 거예요?

내담자 징그럽고 끔찍하고 무섭고 섬뜩하고 위협적인 거요. 꿈속에서는 되게 무서웠어요. 죽은 사람이 한둘도 아니고 많으니까, 죽은 사람 잔뜩 보고 놀라서 깼어요.

상담자 …… 현실에서 요 근래에 그렇게 징그럽고 끔찍한 일을 경험했던 게 있어요?

내담자 별 다른 일이 없었는데 연말에 직장에서 바빴고, 별일이 없었는데…….

상담자 그래요. 꿈에서 시체가 너부러져 있다 그랬는데 어디인 것 같았어요?

내담자 …… 열린 공간이구 ……넓고 어두운 것도 같고. 사람들이 비명소리를 지르는 것도 같고, 섬뜩섬뜩했어요.

상담자 죽은 사람들이라……, 영희 씨에게는 '죽은 사람'은 어떤 의미일까, 뭐가 생각나나요?

내담자 시체. 냉동실. 얼굴 보면 섬뜩. 냉동실에 가서 밤에 시체를 본 적도 있어요. 직업이 그러니까…….

상담자 열려 있고, 넓고 어두운 곳에서 섬뜩하고 비명을 지르는 것도 같고. 현실에서 그런 느낌을 주는 곳이 있다면 어딜까…….

내담자 모르겠어요. 무지 끔찍하고 불길한 꿈 같아 깨서도 불안했어요.

상담자 한 사람이 목을 조른다 했지요?

내담자 당하는 사람은 모르겠고, 조르는 사람의 손에 힘이 강하게 들어갔어요. 이야기하다 보니 나인지 다른 사람인지 모르겠네요. 나 같기도 하고…… 그걸 보면서도 도와줄 생각도 전혀 없고 무서웠어요. 목 졸리는 사람이 불쌍하다는 느낌이 전혀 없었어요.

상담자 현실이라면 어땠을까?

내담자 도망갔지요. 어디 가서 숨든지…….

상담자 아, 도망하고 싶구나. '사람들이 죽어 너부러져 있는 곳' 하면 무엇이 생각돼요?

내담자 쓰레기장이요. 그 자리에서 내가 없어지고 싶다. 다른 건 아무것도 없고, 징그럽고 어떡해야 할지 모르겠고.

상담자 쓰레기장, 그 쓰레기장 같은 곳이 현실에서 어디일까? 쓰레기장의 느낌을 그대로 느껴봐요.

내담자 으으. 너무 싫어요. 내가 그 자리에 없었으면 좋겠어요. 그 자리에서 사라질 수 있으면 정말 좋겠어요. 아! 이야기하다 보니 그 시체들이 환자들 같아요. 연말에 사람들이 병원에 밀려 와서 너무 바빴고, 스트레스를 너무 많이 받았어요. 대부분 나이 많은 할머니, 할아버지 고객들인데 시간개념 없고 말을 해도 자기들 고집대로 하려 하고 아무리 설명해도 빨리 해달라고 하고 막무가내인 분들이 많아요. 그리고 오는 분들마다 '죽겠다'고 해요. '나이가 됐으니 죽을 때도 됐지' 이런 말 많이 해요. 근자에는 할머니, 할아버지들이 점점 싫어져요. 고객들이 줄어들 조짐도 없어요. 점점 많아지는 것 같아요. 날씨가 추운데도 어쩜 그렇게 꾸역꾸역 오시는지…… 사람들이 가득 앉아서 기다리고 있는 게 지금 생각하면 시체들이 너부러져 있는 것처럼 끔찍하고 너무 싫어요. 도망치고 싶어요.

상담자 아, 그렇구나. 직장이었구나. 근데 목을 조르는 사람이 손에 힘을 꽉 줬다는 것은 뭘까요?

내담자 아, 그거요. 고객 중에 요새 거의 매일 오는 할아버지 한 분이 있는데, 무섭고 막무가내고 한번은 사무실 바닥에 가래침도 내뱉었어요.

상담자 가래침을 내뱉었을 때 어떤 마음이었나요?
내담자 아, 그러고 보니 목을 조르고 싶은 그런 심정…… 맞아요. 아, 정말………

상담자 그렇게 가래침 뱉고…… 그럴 때를 한번 생각해봐요. 영희 씨의 심정이 꿈에서 본 것처럼 그렇게 손에 힘을 꽉 주어 조르고 싶을 만큼…….
내담자 화가 많이 나지만 고객이니까 화를 낼 수도 없고, 나이도 많으시고…….

상담자 영희 씨가 직장에서 엄청 스트레스를 받는구나.
내담자 정말 지겨워요.

꿈의 의미를 이해하게 되자, 내담자는 직장에서 받는 스트레스가 어느 정도인지 새삼스럽게 느끼면서 스스로 놀라는 표정이었다. 또 자기를 힘들게 하는 고객에 대한 자신의 반감이 그 사람의 목을 조를 정도까지인 줄 몰랐으나, 꿈을 통해 그런 자신의 마음을 이해하고 받아들이면서 한결 마음이 편해졌다고 했다. 계속해서 내담자는 직장과 관련된 힘든 점, 진로와 관련된 이야기 등을 주제로 상담을 했다. 무엇보다 새해 첫날에 꾼 꿈이어서 올해는 뭔가 나쁜 일이 일어날 것 같은 불안하고 불길한 예감을 수일 동안 가지고 있었는데, 그런 꿈이 아니어서 홀가분하다는 말을 하고 상담을 마쳤다.

빼앗긴 내 아들

이 꿈은 필자(김정희)에게 개인적으로 상담을 받는 30대 후반의 기혼여성이 상담 중에 보고한 꿈이다. 내담자는 이와 유사한 꿈을 여러 차례 꾸었다고 한다.

꿈에 남편이 어떤 여자랑 스킨십을 하고 있다. 너무 사랑스럽다는 듯이 둘이서 얼굴을 서로 부비고 있다. 내가 둘이서 '바람을 피우는구나!' 싶어서 그 여자를 쥐어뜯었다. 그래도 속이 안 풀린다. 내가 남편도 때리고 그 여자도 때리지만, 꿈속이라 그런지 속 시원하게 때려지지도 않는다. 내가 이혼을 하겠다고 했더니 그 여자의 친정 엄마가 와서는 그러면 자기 딸이랑 내 남편을 결혼시킨다고 한다. 기가 막히다.

　장면이 바뀌어서 내가 그 자리를 떠나려는데, 내 아들을 거기다 두고 오는 상황이다. 자기네들이 내 아들을 데려다 키운다고 한다. 돌아오는데 너무 속상해서 다시 남편에게로 가서 그 둘을 쥐어뜯는다. 복장이 터진다. 그 사랑스러운 내 아들을 두고 오는데, 가슴이 너무 너무 아프다. 다시 돌아가서 아들을 끌어안고 뽀뽀를 하고 얼굴을 부비고 돌아온다. 깨어서도 기분이 나쁘고 몸도 피곤하다.

꿈 이야기를 끝내자마자, 내담자가 먼저 꿈과 관련된 자기의 정서를 꺼내면서 자연스럽게 꿈 해석으로 이어졌다.

내담자 꿈을 꾸고 나서 내가 남편에게 갖는 분노와 억울함이 이다지도 깊은가…… 싶었어요. 남편이 바람 안 핀다는 믿음은 있어요. 근데 꿈에서 깨고 나면 기분이 너무 나빠요.

상담자 남편과 관련된 꿈이라고 생각하는군요.
내담자 네, 그런 것 같아요.

상담자 가장 크게 느껴진 정서는 뭐예요?
내담자 억울함이지요. 아무리 쥐어뜯어도 둘이서 붙어 있고 아들까지 뺏길 판이니까. 내가 쥐어 뜯어도 그들은 담담해 하더라구요. 분하고 원통하지요. 이런 꿈 꿨다고 남편한테 이야기하면 결백한 자기를 꿈에서 나쁜 사람 만든다고 그래요.

상담자 꿈이 시작된 장소는 어떤 곳이에요?

내담자 대로변은 아닌 실외였어요. 골목인지 길가인지 그렇게 환하지는 않은 곳인데, 둘이서 키스하고 얼굴을 부비고 있었지요.

상담자 그 여자는 어떤 여자였어요?

내담자 젊고 머리도 길고, 못생기진 않고 세련된 느낌이었고 30대 초반 같았어요.

상담자 현실에서 보통 남녀의 스킨십을 ○○ 씨는 어떻게 생각하세요?

내담자 가볍다면 괜찮지만, 농도가 짙으면 민망하겠지요.

상담자 꿈속에서 남편이 그럴 때?

내담자 내 존재 자체를 무시하는 느낌, 완전히 무시당하는 느낌이었어요. 내가 때려도 그냥 털어버리고 다시 자기들끼리 좋아서 붙어 있고……. 다시 분해서 쫓아가서 쥐어뜯어도 여전히 붙어 있고. 원통, 비통하고 갈기갈기 찢고 싶을 정도로 분했어요. 힘껏 때려도 꿈이니까 잘 안 되더라구요.

상담자 친정엄마는 ○○ 씨에게 어떤 의미인가요?

내담자 마음의 고향이지요. 나를 가장 사랑해주고 나의 모든 걸 받아주는 존재지요.

상담자 꿈속 그 여자의 친정엄마는 어떤 사람이었어요?

내담자 그 친정엄마도 자식을 바른 길로 인도는 못했으나, 그 상황을 이해하는 것 같았어요. 이왕 이렇게 된 거 내가 이혼을 하면 자기 딸이랑 내 남편이랑 둘이 결혼시켜주겠다고, 딸 입장에서 그러더라구요. 오히려 야단을 쳐야 되는 상황인데 결혼시킨다니 기가 막히지요.

상담자 아들은 ○○ 씨에게 어떤 의미예요?

내담자 그날 잠자기 전에 우리 아들 어릴 때, 한창 귀여운 서너 살 때의 비디오를 보고 잤어요. 그래서 그런 꿈을 꿨나 봐요. 그 비디오를 보면서 우리 아들을 끌어안으며 저렇게 예뻤다고 그러면서 봤지요. 그 시절로 돌아간다면 더 잘 키울 수 있는데…… 하는 생각도 했구요. 얘는 생각만 해도 웃음이 나오는 그런 아들이에요. 지금도 너무 예쁜 짓만 하구요. 어릴 땐 정말 귀여웠어요. 꿈속에서 헤어지고 오면서 내가 다시 찾아가서 안고 뽀뽀하고 얼굴 부비고 그러고 나서 돌아왔어요. 내가 다시 데려올 수 있을 것 같지는 않았어요. 그쪽에서 키우게 될 것 같았어요. 뺏긴 거지요. 어머! 내가 남편한테 뭘 빼앗겼다고 생각하나?

상담자 뭘 빼앗긴 거 같으세요?

내담자 꿈이지요. (눈물) 결혼 전엔 꿈도 많았고, 하고 싶은 것도 많았어요. 결혼해서 공부도 더 하고 해서 지금 이 일을 하고 있지만, 난 아직도 하고 싶은 것이 많거든요. 그런데 남편이 경제 문제를 이렇게 만들어버렸으니 내가 어떻게 할 수가 없지요. 집도 없어졌고, 내가 아끼던 악기도 팔아먹고, 좁아터진 월셋집에서 이렇게 살면서 아들도 고생시키고, 많이 좌절하고 원망도 많이 했어요. 꿈처럼 소중하고 사랑스러운 우리 아들을 빼앗겼다는 건, 하고 싶은 것, 이루고 싶은 것 모두 다 박탈된 지금 상태인 것 같아요. (울음)

상담자 남편이 실외에서 도회지 느낌이 나는 세련된 젊은 여자와 붙어 있는 건, 그러니까……

내담자 그건 남편이 즐기는 일이지요. 스키 타고 사이클 타고 여기저기 야외로 고급스러운 취미 생활을 즐기는 거지요. 그 여자의 친정엄마는 우리 남편 모임의 리더 격인 사람 같아요. 이리저리로 끌고 다니고 휴일에도 불러내고. 그 나이에 사생활도 문제가 많은 사람이에요.

상담자 전체적으로 정리를 해볼까요?

내담자 남편과 젊은 여자가 둘이 붙어 있는 건 남편의 고급스런 취미생활, 그거랑 관련된 경제 문제구요. 아무리 때려도 붙어서 나를 완전히 무시하는 건 내가 아무리 남편한테 그러지 말라고, 나도 아침부터 저녁까지 일하고 애 키우고 가사일하고 너무 힘들다고, 나는 하고 싶은 것도 다 못하고 살지 않느냐고 해도 아랑곳하지 않는 남편에게서 느끼는 분한 느낌이에요. 아들을 빼앗기고 가슴이 너무 아프게 돌아서서 오는 건 이젠 잃어버린 꿈들을 다시 찾을 수 없을 것 같은, 다 포기해버린 내 마음인 것 같아요.

상담자 ○○ 씨한텐 처녀 때의 꿈을 이루지 못하는 것이 그 예쁜 아들을 빼앗긴 것과 같은 일이네요. 그 예쁜 어린 아들을 빼앗긴다고 생각하니 ○○ 씨가 애통해하는 마음이 더 잘 이해가 돼요. 내 가슴도 너무 아프네요.

내담자 네. 저도 남편의 취미생활과 경제 문제에 대해 이렇게까지 애통하게 생각하고 있을 줄은 정말 몰랐어요. 그러고 보면 꿈을 빼앗기고 살아가는 나 자신이 너무 힘들고 불쌍해요.

이 꿈을 해석해가는 과정에서 내담자는 꿈까지 접고 힘들게 살아가는 자신의 마음을 만나 흠뻑 울고 위로하는 시간을 가질 수 있었다. 또한 이런 힘든 상황에서도 열심히 살고 있는 자신을 대견해 하는 시간도 보냈다. 필자도 꿈속에서 이토록 격렬하게 원통해 하는 내담자의 마음이 너무나 생생하게 느껴졌다. 시간이 흘렀으나, 이 글을 쓰는 지금도 그 아픔이 또 느껴진다.

낡 은 타 우 너 를 몰 고 가 는 나

이 꿈 역시 필자(이정희)에게 상담을 받던 내 담자가 상담을 받던 중에 꾸었다고 보고한 꿈이다. 특별히 궁금한 꿈으로, 그 의미를 알고 싶다고 해서 같이 해석하기로 했다.

나는 서울을 가야 한다. 서울에 도착하기 전에 여주를 들러서 일을 보고 가야 한다. 시간이 1시간 반밖에 없다. 그런데 아무리 이리저리 다녀 봐도 모르겠고, 앞뒤로 건물이 꽉꽉 막혀 있어서 차를 움직일 수가 없다. 일도 못 봤고 시간만 낭비한다. 도저히 안 되겠다 싶어서 여주에서 일보는 걸 포기하고 서울로 가야겠다고 생각한다. 그런데 내가 지금 운전하고 있는 타우너를 끌고 어떻게 서울로 가

나 걱정이 된다. 너무 창피할 것 같다. 그렇지만 남편 차, 카렌스는 좀 나으니까 그걸 운전해서 가면 낫겠다는 생각을 한다.

상담자 무슨 의미인 것 같나요?

내담자 딱히 생각나는 것은 없어요. 내 모습에 대해 창피하게 여기는 꿈 정도로만…….

상담자 꿈을 꾸고 나서 느낀 마음은 어땠어요?

내담자 조바심이 나고, 난감하다는 마음이었어요.

상담자 꿈속에서 ○○ 씨가 주로 있었던 장소가 어디인가요?

내담자 길에서 운전을 하고 있었으니 자동차 안에 있었지요.

상담자 자동차는 ○○ 씨에게 현실에서 어떤 의미를 가지고 있나요?

내담자 편리한 이동 수단이에요. 주로 다닐 때 자동차를 이용하니까요.

상담자 현실에서 서울은 ○○ 씨에게 어떤 곳인가요?

내담자 학교가 있는 곳, 내가 거기로 대학원 다녔던 곳, 내가 좋아하는 전공을 했던 곳이에요. 그렇지만 열등감, 부족감도 느끼고 위축

되기도 했어요.

상담자 여주는 ○○ 씨에게 어떤 의미예요?

내담자 그냥 별 의미 없는 곳인데 …… 우리 집에서 한 20분 거리에 있고…… 거기 유명메이커 아울렛이 있어서 나이키나 아디다스 같은 것, 신발 같은 것 가끔 사러가는 곳이구요. 꿈속처럼 그렇게 건물이 꽉꽉 막히지 않은 곳인데…… 꿈속에선 차를 꼼짝달싹 못하겠고 마음은 바쁘고 답답하고 길이 없고…… 초조하고…… 시간은 다 흘러가고 그랬어요.

상담자 학교 다니던 서울에 대해서 좀 더 이야기해줄래요?

내담자 학교 수업 끝나고, 되게 기분 좋고 행복하다는 생각을 하면서 집에 온 적이 많았어요. 근데 지난번에도 말씀드렸듯이, 내가 지적으로는 부족한 것 같아서 힘들었기도 했지만요.

상담자 여주에서 아울렛으로 쇼핑갈 때는 어때요?

내담자 기분 좋지요. 정신없이 살다가 가끔 가서 쇼핑하면 기분 좋지요. 내가 사고 싶은 것 사니까.

상담자 ○○ 씨에게 타우너는 어떤 의미인가요?

내담자 타우너는 오래전에 쓰던 낡은 차예요. 히터도 안 나오고,

농사지으러 막 끌고 다니면서 그냥 막 쓰던 진짜 고물차예요. 끌고 다니기 창피한……

상담자 그러면 카렌스는?

내담자 그건 좀 괜찮은 차예요. 새로 샀던 차구. 그래도 그건 아직도 괜찮아요. 끌고 다니기 창피한 차는 아니지요.

상담자 꿈에서 서울로 가는 중이었는데, 서울 혹은 학교로 간다는 것이 현재의 삶에서 뭐가 떠오르게 하나요?

내담자 아, 제가 치료사로 일주일에 한번씩 가서 일을 했거든요. 사실 지금 하는 일보다 치료사 일을 더 하고 싶어요. 근데 현실적으로 당장 지금 일을 그만 둘 수 없어서 계속 고민하고 있는 중이구요.

상담자 꿈속 여주처럼 건물들 땜에 꼼짝달싹 못하겠고, 마음은 바쁘고 답답하고 길이 없고…… 초조하고 시간은 다 흘러가는 것 같은 게 현실에선 뭘까요?

내담자 지금 하는 일이요. 언제까지 이렇게 해야 할까…… 나이는 자꾸 먹는데…… 가슴이 막막하고 답답하지요. 내가 정말 하고 싶은 일은 전공을 살려서 치료사로 일하는 거예요. 정말 그런 것 같아요. 그런데 내가 처한 현실은 앞뒤로 높은 빌딩으로 꽉꽉 막혀 있는 느낌…… 도저히 여기에선 길을 찾을 수 없잖아요. 꿈에서 일단 찻길이 없구…… 말을 하고 보니 정말 그렇네.

상담자 그럼 타우너는 뭘 생각나게 해요?

내담자 그게 바로 나 같아요. 사실 내가 치료사로 아주 부족한 것 같은 마음이고 늘 하찮게 느껴져요. 대학원 동료들보다 실력도 좀 딸리는 것 같고. 그래서 공부를 잘했던 친구들 보면 창피하지요. 나 스스로 치료사로는 형편없는 느낌…….

상담자 카렌스는요?

내담자 지난 1년 동안 파트타임 치료사로 일했던 곳에서 송별회를 해줬던데요. 도움을 받은 사람한테서 눈물 그렁그렁하면서 고맙고 많이 좋아졌다는 소리도 들었어요. 그 소리를 들으면서 내가 완전히 못하는 건 아니구나 하는 생각도 했어요. 사실 많이 좋아진 친구들을 보면서 자신감도 좀 생겼구요.

상담자 에고~ ○○ 씨는 자신을 그 낡은 타우너로 생각하고 있었구나. 그런 마음으로 1년을 일하면서 얼마나 힘들었을까…… 정말 그렇게 생각해요?

내담자 (눈물을 흘린다) 아니지요……. 근데 마음속 깊은 곳에선 그런 느낌이었던 것 같아요.

상담자 그러니까 ○○ 씨는 지금 하고 있는 일이나 현실의 삶이 가슴 답답하고 길이 안 보이는 느낌이고 궁극적으론 서울로 가야 하는 것처럼 치료사가 되고 싶은데, 시간은 자꾸 흘러가서 초조한 마음이구요. 치료사 일을 해야겠다고 결심하려 하면 실력이 부족한, 아니 부족한 정도가 아니라 형편없는 것 같아서 걱정되고 불안하고 그런 마음이네요.

내담자 맞아요. 진짜 너무 신기해요. 꿈이 이렇게 내 마음을 나보다 더 잘 표현할 줄은 정말 몰랐어요. 앞으로는 혼자서도 열심히 꿈 해석을 하도록 해야겠어요.

이 꿈을 해석하고 나서 내담자는 자신이 하고 싶은 것을 해야겠다는 결심을 할 수 있었다. 또 더 이상 자신이 지적으로 부족하다는 생각을 하지 않게 되었고, 거기에서 벗어나 더 열심히 자기 일을 할 수 있었다.

나 무 위 에 서 노 는 아 이 들

이 꿈은 필자(김정희)가 꾼 꿈이다. 남편과 나
는 서로 질문과 대답을 주고받으면서 이 꿈을 해석할 수 있었다.

넓따란 흙바닥, 논이었던 자리 같은 곳을 남편과 같이
걸어간다. 여기저기 사람들도 자기들의 길을 간다. 거기에 보니 나무
가 한 그루 있는데, 내 머리 높이 정도의 나뭇가지에서 아이들이 시소
같은 것을 타고 있다. 한쪽 나뭇가지에 아이들 너덧 명이 쪼르륵 앉아
서 나뭇가지를 탄 채, 위아래로 흔들흔들(휘청휘청) 하고 있다.
맨 끝에 다른 아이들이랑은 좀 떨어져 앉아 있는 여자아이를 보니,
까만 치마에 흰색 남방을 입었는데 옷에 불이 붙었다. 내가 그 아이에

게 "네 옷에 불이 붙었어!"라고 알려준다. 내가 도와주려 한다. 남편이 그 소리를 듣고 가다가 멈추어 서서 일이 해결될 때까지 기다린다. 나는 책 같은 것을 휘둘러서 그 아이의 불을 꺼주려 했는데, 어떤 아이가 옆에서 말하길 "그 아이, 불 다 껐어요!" 한다. 그 소리를 듣고 나는 안도를 한다.

이 꿈은 꿈을 꾼 사람이 현재 경험하는 여러 가지 심정들을 그대로 보여주는 재미있는 꿈이다. 꿈에 나오는 형상의 의미를 하나하나 살펴보도록 하자. 다음은 꿈을 꾼 사람이 생각하는 꿈 형상에 대한 의미다.

논바닥, 농사가 끝난 자리 '열심히 일하고 난 곳, 한바탕 뭔가가 벌어졌던 곳, 이제는 끝난 곳, 그러나 한편 벼를 잘라낸 밑동이 남아 있는, 정겹기도 한 곳'이다. 현실에서는 필자가 한때 일도 하고 사람들과 즐겁게 함께했던 곳을 의미한다.

남편과 함께 걸어간다 이것은 두 가지의 의미를 상징한다. 하나는 서로 같은 것을 추구하며 같은 길을 간다는 것이고, 또 하나는 우리 두 사람은 두 발로 땅을 짚으며 걸어간다는 것, 즉 현실 감각을 느끼며 산다는 것이다. 여기저기 몇몇 사람들도 마찬가지다.

땅에 발을 딛지 않고 높은 나뭇가지에서 노는 아이들 필자가 교제하는 한 무리의 친구들로, 나름대로는 자신들의 심리적 문제가 많이 해결되어 수준이 높다고 스스로 생각하는 사람들이다. 꿈에서 나무에 있다는 것은 그들의 발은 현실 세계에 닿아 있지 않다는 것을 의미한다. 필자는 그들을 아이들로 여긴다는 것을 꿈을 통해 알게 되었다. 높은 나뭇가지에서 논다는 것은 그들이 나름대로 위에서 논다고 생각하지만, 필자의 속마음은 그야말로 '놀고 있네!' 하는 심정이다. 그리고 필자는 그들이 현실감이 대단히 부족하고, 뜬구름을 잡는 것과 같은 비현실적 사고방식을 가진 무리로 여기고 있다.

맨 끝에 다른 애들과는 떨어진 거리에 있는 아이 꿈을 꿀 즈음에 그 무리 중에서 좀 따돌림을 받던 사람이다.

그 아이의 옷에 불이 붙어 위급하게 느껴진 것 그 사람의 가정생활이 위태하게 보였기 때문에, 몇 달 전부터 이따금 그 사람의 가정이 혹시 깨지지 않을까 염려하며 '어떻게 도와주어야 하나' 이것저것 궁리하던 차였다.

책 같은 것으로 불을 꺼주려 했다는 것 책은 객관적이고 인지적이고 이성적인 것의 중요성을 의미한다. 이것은 필자가 그 친구에게 이야기해주고 싶은 마음인데, 현실에서의 필자 심정이 책으로 나타난 것 같다. 그 친구에게 특히 그런 면이 부족하다고 느꼈기 때문이다.

남편이 길 가다 멈추어 서서 기다려주는 것 필자가 그 친구들에 관해 남편에게 구시렁구시렁 이야기할 때 "뭐 그런 것 같고 그러냐!"고 비난하지 않고, 충분히 필자가 이야기하도록 지켜봐준다고 현실에서 느꼈던 적이 있었다. 그 심정이 이런 모습으로 표현된 것 같다. 그런데 그 아이를 도와주려 했으나 이미 불이 꺼졌다는 것은, 가정이 깨질까봐 염려했던 친구에게 이혼하지 않을 일(임신)이 생겼다는 것을 알고 '휴, 이제 이혼까지 생각하지는 않겠구나!' 하면서 안도했던 것을 의미한다.

필자가 이 꿈을 꿀 당시에는 한 사람의 참여자로 계속해서 집단 상담에 참여해 오고 있었다. 그러면서 이 모임에 참여하던 친구들과 자주 어울려 지내던 때였다. 이 꿈을 통해 드러난 사실은 필자는 친구들을 자기보다 심리적으로 상당히 어리게 여기고 있었다는 것, 공중에서 노는 비현실적인 사람들로 생각하고 있었다는 것, 불이 붙은 친구를 진심으로 걱정하며 어떻게든 도와주고 싶어 했던 것, 우리 부부는 뭔가 잘하고 있는 것으로 여기고 우쭐대는 심정이었던 것이다. 필자가 일상에서 느끼고 있던 것보다 훨씬 더 생생하게 그 정서를 만날 수 있었고, 그에 대한 통찰을 얻을 수 있었다.

똥을 싼 아들 앞에
엎어져 있는 어머니

다음 꿈은 필자(김정희)의 친구가 꾼 꿈이다. 이 친구와 어느 날 만나 대화를 하던 중, 자기가 이런 꿈을 꾸었다고 하면서 들려주었다.

나는 아들의 옷을 잘 입혀 주고 방에 들어와 있다. 아들은 6, 7살 정도의 나이인 것 같다. 그런데 갑자기 밖에서 빨리 나와 보라는 소리가 들려 나는 급히 밖으로 나온다. 아들은 기저귀를 차고 있으면서 신문지 같은 것 위에 똥을 싸고 있는데, 똥이 기저귀 사이를 빠져 나오고 있다. 아들은 돌이 채 지난 어린아이가 되어 있다. 나는 그런 아들을 빨리 화장실로 데려가서 씻어주어야겠다는 생각을 한다. 그러나 나는 그런 아들 앞에 엎드려 누워 있으면서 아무것도 하지 못한다. 빨리 씻어주어야 되는데 하는 마음뿐, 도무지 몸을 움직일 수 없다.

이 꿈을 들려주면서 친구는 말하기를, 아들은 이미 서른이 넘었는데 어떻게 이런 꿈을 꿀 수 있느냐고 했다. 그러면서 덧붙이기를, 가만히 생각을 해 보니 이전에도 아들이 갓난아이로 나오는 꿈을 몇 번 꾸었다고 했다. 이에 필자는 친구를 상대로 꿈과 관련된 질문을 하기 시작했다.

필자 무슨 의미인 것 같아? (**Question 1**)
친구 나로서는 도무지 무슨 의미인지, 의미가 있기는 한지 이해할 수 없지.

필자 얼마든지 그렇게 생각할 수 있지. 그건 그렇다 치고, 꿈을 꾸고 났을 때 어떤 마음이 들었어? (**Question 2**)
친구 의아한 마음이었고, 참 무기력하다는 마음이었어. 한편 아들이 아이가 되어 똥을 싸고 나는 그 앞에서 무기력하게 엎어져 있는 것은 무슨 불길한 일이 일어나는 것은 아닐까 하는 불안이 잠시 일어났으나, 그건 아닐 거야 하면서 떨쳐버렸지. 설마 그런 꿈은 아니겠지?

필자 나도 그건 아닐 거라고 생각을 하는데⋯⋯, 어찌 되었건 꿈에서 이 일이 벌어진 곳은 어디였나? (**Question 3**)

친구 처음에는 집 밖에 있다가 집으로 들어와 나는 방안에 들어가 있었고, 아들 역시 밖에 있다가 집으로 들어와 거실에 있었던 것 같은데⋯⋯.

필자 그렇구나. 집은 현실에서 어떤 의미를 가지고 있지?

친구 내가 일을 하고 들어와서 편안하게 쉬는 곳이지.

필자 그렇다면 집에 대한 느낌은 어떤 거야? (**Question 3**)

친구 그야 편한 거지. 다른 사람들 눈치 볼 것 없이 내가 편한 대로 행동할 수 있는 곳.

필자 그러면 아들은 어떤 존재야? 그냥 일반적으로 아들이라고 하면 어떻게 설명할까? (**Question 4**)

친구 아들이라고 하면 든든한 존재, 나중에 나이가 들었을 때 의존할 수 있는 존재지. 물론 최근에는 그렇게 할 수 없다는 것을 알기는 했지만⋯⋯⋯.

필자 든든한 존재라⋯⋯. 그렇다면 꿈에 나타난 아들은 어떻게 보였나? (**Question 5**)

친구 밖에서 내가 챙겨준 아들은 7살 정도로, 더 이상 갓난아이한 테 들이는 그런 신경을 안 써도 되는 나이였지. 그런데 기저귀를 채웠는데, 똥을 싼 아들은 너무 한심하다는 마음이 들었어. 꿈에서도 내가 제대로 활동할 수 있도록 다 챙겨주었는데……, 참 답답하고 한심한 노릇이야.

필자 그런 아들이 기저귀를 차고, 기저귀 사이를 똥이 삐져나오도 록 싼 행위는? (**Question 5**)

친구 너무 어처구니없고 한심하다고 느꼈어. 우리말로 '똥오줌 못 가리는 어린아이'라는 말이 떠오르는데, 바로 그런 모습을 보인 거야. 아니, 분명히 내가 다 챙겨주었는데 어떻게 저런 모습이 되어 저런 일 을 저지르고 있지? 하는 의아한 마음이었어.

필자 그러면 꿈에서 아들이 한 그런 행동을 연상시키는 일로 현실 에서 일어난 것은 무엇이 있지? (**Question 6**)

친구 현실에서 아들이 그런 일을 할 리는 없어서 이해가 되지 않 는다는 거였지. 그렇지만 1살 정도 되어 기저귀 차고 똥을 싸는 것, 그건 똥오줌 못 가린다는 말로 철이 없는 사람들에게 사용하는 것인 데………, 그렇다면 내가 아들이 여전히 자기 구실을 못하는 것을 두 고 그렇게 생각한다는 것인가? 그러고 보니 그런 면이 있다는 것을 알겠네.

필자 그래? 구체적으로 어떤 면이지? (**Question 7**)

친구 몇 년 전에 아들이 사업을 한다면서 말아 먹은 일이 있었어. 그때 우리가 엄청 말렸지만, 말을 듣지 않았지. 우리는 절대로 성공하지 못한다고 했는데, 아들은 끝내 고집을 피우고 사업을 시작했지. 결과적으로 우리 예상이 맞았어. 아들의 그런 모습을 보면서 속도 많이 상했지. 어른이 되었으니 그래도 자기 몸을 건사할 줄로 알고 있었는데, 현실에서는 아직도 똥오줌 가리지 못하는 어린아이에 지나지 않는구나 하면서 실망했지. 그런데 아들놈은 농담인지 진짜인지 모르겠으나, 얼마 전에도 사업을 해 볼까 하는 말을 했거든. 그럴 때면 내 마음은 무력감에 빠지고 참담해지지. 그렇게 실패하고도 아직 정신을 차리지 못했구나 하는 마음이 들어.

필자 그러면 처음 장면에서 아들은 7세 정도였고, 그런 아들을 잘 건사했다는 것은 무슨 의미일까? (**Question 7**)

친구 아, 그건 나로서는 그래도 아들이 어느 정도 자기를 건사할 수 있도록 해서 밖에 내보냈다는 의미지. 물론 어른이 다되었다고 생각하진 않지만, 그래도 똥오줌을 가릴 수는 있으리라고 생각했지.

필자 그러면 그런 아들을 보면서 도와주어야 하는데 하면서도, 아무것도 하지 못하고 엎어져 있는 자신의 모습이 의미하는 것은 어떤 것이지? (**Question 7**)

친구 아들에게 더 이상 아무런 도움을 주지 못하는 내 모습이라는 생각이야. 뭐 달리 내가 경제적으로 도와줄 능력도 안 되고, 아들도 내가 무슨 말을 한다고 들을 놈도 아니고. 이런 아들을 향한 나의 무력감이 그렇게 표현되었다는 생각이야.

필자 그러면 결론적으로 이 꿈의 의미를 정리하면 어떻게 될까? (**Question 8**)

친구 아직도 내게는 아들이 여전히 돌봐야 할 어린아이라고 여기는 마음이 있다는 것을 알았어. 이제 성인이 되었으니……. 실제로 지금은 취직해서 회사를 잘 다니고 있는데, 더 이상 아들에 대해 신경을 쓰지 말아야겠다고 다짐하지만 마음대로 되질 않네. 이런 게 부모 마음이겠지. 그런데도 노력을 해야겠지. 결국 나는 나의 삶을 살고, 아들은 자기의 삶을 살아야 하는 것이니 말이야.

처음 대화를 시작할 때 친구는 참 어처구니없는 꿈이라는 생각이었고, 한편 아들에게 불길한 일이 일어나는 것은 아닐까 하는 불안한 마음도 있었다. 그러나 대화를 통해 꿈의 의미가 하나하나 드러나게 되면서 처음의 생각과 불안은 없어졌다. 그리고 꿈이 이렇게나 분명하게 자신의 마음을 드러내고 있는지를 알고 신기함을 금하지 못했다.

Part 4

혼자서 하는
문답식 꿈 해석 사례

앞에서 문답식 꿈 해석을 위해서는 도우미가 필요하다고 하면서,
한편 혼자서도 앞에서 설명한 순서를 따라 자기가 꾼 꿈을 해석하는 것이
가능하다는 말을 했다. 이때는 자기가 질문을 하고 자기가 답을 하는 형식으로
이루어지는데, 앞에 나오는 질문 순서를 따르는 것이 도움이 된다.
단순히 말로만 해서는 잘되지 않는다. 그렇기 때문에 반드시 질문 순서를 적은
질문지를 만들어, 각각의 질문에 대한 답을 적으면서 진행할 필요가 있다.

여기 나오는 사례에는 필자들이 혼자서 해석을 한 사례도 있으며,
꿈 집단 상담에서 과제로 자기가 꾼 꿈을
혼자 해석해 오라고 해서 구성원들이 스스로 해석한 사례도 있다.
제1장에서는 '식탁의 불판 위에 올려져 있는 참개구리와 비단개구리'라는
꿈을 집단에 참석한 구성원이 혼자서 해석한 내용을 살펴본다.
제2장에서는 '널찍한 동산에 위치한 나의 집'이라는
필자(김정희)의 꿈을 혼자서 해석한 사례를 살펴본다.
제3장에서는 필자(이호형)가 꾼 '쓰러져 있다 일어선
울버린을 닮은 동물'이라는 꿈의 사례를 소개한다.
제4장에서는 '나를 향해 등 뒤에서 날아오는 뾰족한 칼'이라는 꿈을
구성원이 혼자서 해석한 사례를 소개한다.
제5장에서는 '박물관 앞에서 동냥질하는 노신사'라는 꿈으로
이 역시 집단 상담의 구성원 가운데 한 사람이 혼자서 해석한 것이다.
마지막으로 제6장에서는 필자(이호형)가 꾼
'풍선처럼 빵빵해진 내 얼굴'이라는 꿈을 해석한 사례를 소개한다.

식탁의 불판 위에 올려진
참개구리와 비단개구리

이 꿈은 집단 상담에 참여한 구성원이 꾼 꿈으로 우리가 각자 꾼 꿈을 문답식 해석법에 따라 해석하라는 과제를 내어주자, 자신이 꾼 꿈을 스스로 해석해서 구성원들에게 발표한 것이다.

나는 직장 상사가 세를 놓은 집에 살다 이사를 했는데, 계약금을 돌려받지 못했다. 직장 상사의 형인가와 함께 식당에서 식사를 하면서 돈을 돌려받는 문제를 논의하고 있었다. 만일 돈을 돌려주지 않으면 소송을 제기할 것이라고 하고, 요즈음은 법원에서도 약자들 편을 들어주는 경향이 있어서 소송에서 이길 수 있을 것이라고 한다.

　이렇게 대화를 하는 어느 순간, 내 옆에는 같은 식탁에서 식사를 하
는 낯선 사람 둘이 화로에 올려놓은 고기를 굽는 데서 음식을 먹는데,
내가 그곳을 보니 거기에는 참개구리 한 마리와 색이 검게 된 비단개
구리 두 마리가 있다. 나는 '아, 저 개구리도 먹을 수 있는 것이구나!'
라고 한다.

질문 이 꿈의 의미는? (**Question 1**)

대답 무슨 의미인지 전혀　생각이 나질 않는다. 내가 돈 받을 일이
있는 것도 아니고, 더 이상 직장에 다니는 것도 아닌데 도대체 무슨
의미인지 궁금함.

질문 꿈을 꾸고 난 뒤의 느낌은? (**Question 2**)

대답 비단개구리를 먹는 것은 의아한 느낌. 직장 상사한테 돈을 받
으려고 하는 데서는 화도 나고 억울한 느낌이 듦.

질문 이 일이 벌어진 곳과 그곳에 대한 느낌? (**Question 3**)

대답 식당에서 일어났고, 식당은 주로 밥을 먹는 곳이고 가끔 사업
관계로 사람들을 만나 사업에 관한 일을 하는 곳.

질문 일반적으로 직장 상사와 직장 상사의 형에 대한 현실적인 생

각은? (**Question 4**)

대답 직장상사라고 하면 뭔가 권위를 내세우면서 말이 통하지 않고, 자기 마음대로 하려는 사람. 상사의 형이라고 하면 그래도 상사와는 달리 더 여유롭고 도와주려는 사람.

질문 현실에서 보증금을 돌려받지 못한 경우의 의미와 정서는? (**Question 4**)

대답 아주 억울한 일이고 화가 남.

질문 옆 식탁에서 식사를 하는 두 사람에 대해 현실에서 부여하는 의미는? (**Question 4**)

대답 그냥 옆에 앉아 식사를 하는 모르는 사람 정도. 나와는 거의 무관한 사람.

질문 현실에서 참개구리와 검은 비단개구리는 내게 어떤 의미지? (**Question 4**)

대답 참개구리는 친근감을 주는 파충류로 우리의 것이라는 생각. 비단개구리는 뭔가 기이하고 징그러운 느낌을 주는 파충류.

질문 현실에서 참개구리와 검은 비단개구리를 구워 먹는다는 것은 내게 어떤 의미지? (**Question 4**)

대답 참개구리는 맛있겠다 하는 생각. 왜냐하면 어려서 논에서 참개구리를 잡아 뒷다리를 구워먹은 적이 있는데 맛이 있었음. 그러나 비단개구리는 너무 징그럽기 때문에 구워 먹는다면 역겨울 것 같음. 그걸 먹는 사람은 아주 징그러운 사람, 구역질나도록 하는 사람.

질문 꿈에 나타난 대로 직장 상사와 그 형에 대한 생각과 느낌? (**Question 5**)

대답 꿈에 나타난 직장 상사는 무엇이든지 자기 마음대로 하는 고집불통. 당연히 돌려주어야 할 보증금을 돌려주지 않으니 사기꾼 같은 사람. 그 형은 그런대로 합리적이고 말이 통하는 사람으로 내 말을 들어주는 사람. 특별히 현실에서 과거 나의 직장상사는 내가 아주 경멸하는 정신병자. 어느 상황에 가면 도무지 대화가 되질 않고, 무조건 자기주장만 옳다고 고집부리는 사람. 나뿐만 아니라 모든 직원들을 상대로 그런 식으로 행동하는 아주 유아적인 과대망상증 환자. 자기 세계에 갇혀 살아가는 사람.

질문 꿈에 나타난 대로 참개구리와 검은 비단개구리와 그것을 먹는 사람들은? (**Question 5**)

대답 참개구리는 불쌍한 생각이 든다. 어려서는 먹을 것이 없어서 먹었으나 지금은 먹지 않음.

그것을 먹는 사람은 인정이 없는 사람, 야만적인 사람, 그런데 꿈에서는 검은 비단개구리는 불쌍한 생각보다도 역겹고 징그러운 생각이 들고, 그런 혐오스런 음식을 먹는 사람은 그야말로 짐승 같은 사람.

질문 전세금을 돌려주지 않은 직장 상사와 형의 의미와 이런 정서를 떠올리는 현실적 상황은 어떤 것일까? (**Question 6**)

대답 아주 억울한 일을 당한 심정이고, 그런 억울함을 일으키도록 한 사람인데…… 나아가 완전히 자기주장만을 일삼고 정신병자처럼 그런 식으로 행동하는 사람으로 내가 최근에 만난 사람이란 사업차 만났던 파트너이다. 그렇지만 그 형과 대화를 하면서 충분히 내 입장을 설명하면서 어느 정도 억울함을 덜어 놓은 상황. 이런 상황은 아무래도 내 아내라는 생각이다. 내가 어처구니없는 일을 당했을 때 차분히 내 말을 들어주는 것이 같은 모습임.

질문 구체적으로 어떻게 연결이 되는지? (**Question 7**)

대답 꿈에서 등장하는 직장 상사는 현실에서 사업관계로 만난 파트너가 불러일으키는 그런 혐오감을 불러일으키는 그 심리를 보여주는 사람임. 우선 보증금을 주지 않는다는 것은 현실에서 내가 받아야 할 권리를 사업 파트너가 인정하지 않고 무시해버리는 행위로 사람을 억울하게 만든 일임. 이에 더하여 일방적으로 곡해하면서 나를 아주 이상한 과대망상증에 걸린 사람으로 몰아붙였음. 그런데 이런 모습이 지금 생각해 보니, 직장 상사가 보증금을 돌려주지 않은 것으로 묘사되고, 결국 현실에서 그 파트너가 내게 보인 모습이다. 나를 억울하게 만들어 놓고도 오히려 내가 문제가 있다고 하는 사람.

여기까지 말하자 갑자기 꿈에 본 검은 비단개구리의 형상이 주는 외모의 특징은 현실의 사업 파트너의 용모의 특징과 비슷하다는 생각이 든다. 그 사람의 형은 현실에서 내 배우자가 맞다. 그런 억울한 일을 당한 나의 말을 잘 들어주고 위로를 해준 사람.

질문 그러면 옆 식탁에 앉아 검은 비단개구리를 먹는 사람은 현실에서 어떤 정황과 연결이 되나? (**Question 6**)

대답 나는 그 옆에서 지켜보는 사람으로 나옴. 그렇게 혐오스런 검은 비단개구리를 먹는 사람은 그야말로 내가 혐오하는 사람을 의미하는데, 현실에서 그런 사람은 역시 사업 파트너라는 생각이 듦. 꿈에서 비단개구리를 먹는 것을 보면서 든 생각은 저 사람이 저런 사람일 줄 몰랐다는 그런 생각이 들었는데, 현실에서 사건이 일어나기까지 그런 사람인 줄 몰랐다는 내 마음과 일치함.

질문 옆에 앉아 있는 참개구리는, 그것은 먹히지 않고 조신하게 앉아 있었는데? (**Question 6**)

대답 참개구리는 그런데 모양이 보기 좋았고 또 팔팔했으나, 비단개구리는 멍청한 색으로 변해 있었음. 고기 굽는 철판에 앉아 있는 참개구리와 비단개구리? 당연히 있어야 할 곳이 아니고 그런 식으로 개구리를 먹는 것도 아니다. 식탁에서 식사를 한다는 것은 두 사람이 사업 관계로 대화를 하는 것을 의미하는데, 현실에서 내가 사업을 위해 파트너를 만나 대화를 한 것을 의미함.

질문 구체적으로 현실의 어떤 면이 그렇게 연결이 되나?
(**Question 7**)

대답 우선 참개구리는 현실에서 뭔가 더 의젓하고 점잖게 행동을 하는 나를 보여준다는 생각임. 현실에서 상대방이 아무 근거 없이 모욕적으로 나를 몰아붙였으나, 나는 아주 점잖게 대응을 했음. 이런 내 모습은 참개구리가 잘 보여줌. 참개구리는 친숙한 동물, 뭔가 향수를 불러일으키는 동물로 어린 시절의 나를 떠올리게 함. 그렇게 펄펄 뛰는 불판, 상대방이 야멸차게 나를 몰아세우는 상황에서도 흥분하지 않고 의연히 앉아 있는 참개구리는 내가 파트너에게 보여준 그런 의연한 모습이다.

그런데 비단개구리는, 특히 검은 비단개구리는 징그러운 동물임. 먹을 수도 없을 뿐만 아니라, 피부에 돌기도 있고 해서 역겨운 느낌을 불러일으킨다. 죽은 듯이 있는 검은 비단개구리에 대한 내 정서는 파트너에게서 받은 느낌과 같다는 생각. 그런데 두 마리가 나타난 것은 무엇일까? 둘은 한 개보다 더 많고 더 강한 것을 나타낸다. 그렇다면 그만큼 그 사람을 향한 내 정서가 강한 것을 의미하는데, 실제로 아주 강했음.

질문 꿈의 의미를 정리하면? (**Question 8**)

대답 앞의 두 꿈은 결국 한 사건을 통해 드러난 내 마음을 표현함. 첫 번째 꿈은 사업 파트너로부터 어처구니없는 모욕을 당해 억울해하는 내 마음을 배우자에게 이야기하면서 위로를 받은 것을 의미함. 그리고 개구리의 꿈은 내가 어처구니없이 짐승같이 여기는 사업 파트너에게 모욕을 당하는 상황에서도 의연함을 잃지 않고 잘 처신한 내 모습과, 또 검은 비단개구리와 그것을 먹는 어처구니없는 야만적인 사업 파트너에 대한 내 혐오감을 드러냄.

처음 꿈을 꾸고 해석을 시작했을 때에는 막막한 마음이 들었다. 과연 이것이 무슨 의미일까, 이런 식으로 해석을 한다고 그 의미가 밝혀지는 것일까 하는 의아심도 있었다. 그렇지만 하나씩 질문에 따라 묻고 답을 하는 과정에서 내 마음이 보이기 시작했다. 그리고 특별히 내가 사업 파트너로부터 일방적으로 당한 그 사건이 현실에서는 이 정도로 혐오스럽고 모욕적이라고 느끼지는 않았는데도 꿈에서는 훨씬 더 강하게 느꼈다. 이를 통해 내가 현실에서는 내 감정을 크게 억압했다는 사실을 알 수 있었다.

널찍한 동산에 위치한 나의 집

필자들은 꿈을 꾸었다고 해서 매번 꿈 해석을 함께하지 않는다. 바쁘거나 무슨 일이 생겨 시간이 없으면 컴퓨터에 꿈을 기록한다. 그리고 앞에서 설명한 순서대로 질문에 답해 가면서 혼자 해석을 하기도 한다. 일단 익숙해지면 혼자서도 충분히 꿈 해석이 가능하다는 사실을 알고 있다. 다음의 꿈은 필자(김정희)가 혼자서 해석한 꿈의 내용이다.

널찍한 동산 안에 정자가 있고, 정자 곁에 내가 서 있다. 나는 이곳에 방금 도착했다. 정자의 마룻바닥에 앉아 계신 시아버지와 시어머니는 이미 오래전에 와서 앉아 계신듯하다. 우리는 이런저런 이야기를 나눴고, 이제부터 이곳이 우리 집이라는 것을 알게 된다. 약간 의아하지만 기쁘고 신기하여 다시 한 번 주위를 둘러보니, 오르막 내리막이 있는 넓은 동산에 나무들도 제법 우거져 있으며 하늘도 파랗고 공기도 신선하다. 와! 내가 이곳으로 이사를 왔구나! 이게 우리 집이라니! 흐뭇하고 행복한 마음에서 깬다.

지금까지 꿈을 꾸면서 흐뭇하고 행복한 마음을 경험한 적은 몇 번 되지 않는다. 그 마음 그대로 즐기면서 꿈 해석 작업을 진행했다.

질문 무슨 의미일까? (**Question 1**)
대답 현실에서 집에 대한 불만을 잔뜩 가지고 살아가는 데 집에 대한 내 욕구를 대리 충족시켜주는 꿈인가? 아니면 무슨 좋은 일이라도 생겨 좋은 집으로 이사간다는 것을 보여주는 예지몽인가?

질문 느낀 정서는? (**Question 2**)
대답 흐뭇하고 행복한 느낌.

질문 현실에서 동산은 어떤 의미인가? (**Question 3**)
대답 동심으로 돌아가도록 하는 곳. 그곳에 올라가면 기분이 좋아지고 어린아이처럼 즐겁게 뛰도록 만드는 곳.

질문 현실에서 정자는 내게 어떤 의미를 지니고 있지? (Question 3)

대답 여행을 하다 정자를 만나면 그곳에 잠시 앉아 쉬면서 주변을 둘러본다. 방금 온 길을 훑어보고 잠시 구경할 길을 바라본다. 앞으로 갈 길을 조망해 보는 장소이다.

질문 일반적으로 시아버지와 시어머니라고 할 때 어떻게 설명하나? (Question 4)

대답 내게 시부모님은 좋은 분으로 기억된다. 보통 며느리들은 시부모들을 부담되고 피하고 싶은 분들이라고 한다. 그러나 나는 내 시아버님을 '바지 입은 천사'라고 표현한 적이 있다. 과수원에서 일을 하시면서 흥얼흥얼 노래를 부르며 사과나무를 돌보던 아버님. 과수원 일, 교회 일 등으로 참 바쁘게 사셨던 아버님, 어머님 두 분은 다 올곧고 과묵하나 속정이 따뜻한 분들이었다. 어떻게 하면 폐를 끼치지 않을까 하는 마음으로 자식들을 대했던 분들.

질문 집은 내게 어떤 의미인가? (Question 4)

대답 내가 가지고 있는 모든 것, 가장 큰 재산, 가족 다음으로 중요한 것.

질문 꿈에 나타난 정자와 시부모님과 집은 어떻게 느껴졌는가? (Question 5)

대답 경관이 좋은 곳에 자리 잡고 있고, 잘 가꿔진 동산에 있어서 사람을 기분 좋게 하는 곳.

평소에 내가 알고 있던 그 모습으로 대화를 하면서 즐거운 시간을 보냄. 꿈에 나오는 그런 집을 가지고 있다면 더 이상 바랄 것이 없을 것 같은 그런 집. 그런 집에서 정자에 앉아서 시부모님과 대화를 나눌 수 있다면 더 이상 바랄 것이 없을 것 같음. 그렇지만 현실은 그와 너무나 거리가 먼 집에서 살고 있음.

질문 꿈에서 의미를 부여한 동산과 그 안에 있는 정자와 시부모님을 연상시키는 현실의 상황은? 내 삶과 내 마음의 어떤 면과 연결이 되나? (**Question 6**)

대답 정자는 현실에서 구체적으로 내가 일을 하던 학생상담센터를 연상시킨다. 학생상담센터는 열심히 살아온 학생들이 잠시 쉬면서 자신이 처한 주변을 둘러보고, 어린 시절을 포함해서 지나온 시간들을 훑어보고 진도 등 미래를 생각해 보는 곳이다. 주변보다 높은 곳에서 잠시 쉬면서 현재와 과거, 그리고 미래를 조망해 보는 곳.

질문 그러면 동산과 시부모님은 구체적으로 어떻게 설명이 되나? (**Question 7**)

대답 널찍한 동산, 오르막 내리막이 있고 제법 우거진 숲을 가진 동산으로 내게 친숙한 곳은 파트타임 일을 하고 있는 학교 캠퍼스이다. 나는 출근길에 하늘과 캠퍼스를 둘러보며 깊은 호흡을 하곤 한다. 특히 봄과 가을엔 매주 꽃과 단풍을 만나는 교정을 보는 재미가 쏠쏠하니 좋은 게, 바로 꿈에서 동산을 보고 느낀 정서 그대로이다.

꿈에서 시부모님은 현실에서는 상담센터의 두 선생님을 연상시킨다. 이 두 분은 내가 처음 상담을 배워 실습하는 과정에서 늘 뵈었던 부모님 같은 존재이시다.

시아버님은 나를 분석해주었던 이 선생님을 보여준다. 그 분께 느낀 정서가 시아버님께 느꼈던 정서와 비슷한데, 착 달라붙진 않으나 멀리서 나를 보살펴준다는 느낌, 날 진짜 위해 주신다는 느낌이다.

시어머니는 강 선생님을 연상시키는데, 두 분 모두 항상 바쁘게 움직이던 모습이 같은 느낌을 불러일으킨다. 센터를 꾸려 나가기 위해 작은 것 하나하나를 정성껏 챙기시는 분으로, 마치 시어머니가 그렇게 아들만 6명을 키우고 살림을 하셨던 모습이다.

꿈에서 두 분은 나보다 먼저 정자에 와 계셨는데, 실제로 현실에서도 상담센터에 나보다 먼저 와 계셨다.

질문 결론적으로 이 꿈을 정리하면서 얻는 통찰은? (Question 8)

대답 이 꿈을 통해 처음 학생상담센터에서 일을 하기 시작했을 때, 그리고 그 뒤로 내가 누렸던 행복과 기쁨을 새롭게 경험할 수 있었다.

나도 이제는 이 넓은 동산에 정자가 있는 집의 한 식구가 되었다는 것이 생소하긴 했으나, 크게 기뻐했던 나를 다시 느낄 수 있었다. 그 당시에는 잘해야 한다는 압박감과 제대로 못하면 어찌하나 하는 불안한 마음에서 잘 느낄 수 없었다.

그러나 이 꿈을 통해서 상담센터에서 일을 하게 된 것이 내게는 큰 기쁨이고 행복이었던 것을 새삼 느낄 수 있었다.

쓰 러 져 있 다 일 어 선
울 버 린 을 닮 은 동 물

　　　　　필자(이호형)는 2001년 이래로 '감정 일기'라
고 부르는 일기를 계속해서 써오고 있다. 그 내용은 주로 필자가 낮에
활동하는 동안 겪었던 감정 변화와 밤에 꾼 꿈을 기록한 것으로 이루
어져 있다. 꿈은 주로 혼자서 해석하여 그 의미를 기록한다. 그리고
낮 동안 일어났던 정서의 변화는 우선 그 사건이 일어난 과정과 경험
했던 정서에 대해 기록한다. 더 나아가 그 정서와 연관된 과거의 사건
을 탐색하여 과거의 감정을 해소하는 작업을 기록한다. 여기서 소개
하는 꿈은 필자가 꾼 꿈이고, 필자 혼자서 해석한 내용이다.

나는 야산에 난 오솔길을 걷고 있는데, 앞에 보니 이상한 동물이 쓰러져 있다. 덩치는 멧돼지만 하고 색깔도 멧돼지 비슷하나 실제 모습은 울버린을 닮아 있다. 쓰러진 그 동물은 잠시 후 스스로 일어난다.

다음 장면에서 공원 같은 곳에 사람들이 여럿 있고, 그런 동물들이 여러 마리 있으며, 사람들은 그 동물들과 함께 사진을 찍고 있다.

필자는 15년 이상 꿈을 꾸고 나면 해석해오고 있으나, 여전히 꿈을 해석하는 일은 쉽지 않다. 이 꿈은 2017년에 꾼 꿈인데, 꾸고 나서 막상 해석을 하려니 참 막막하다는 느낌이 들었다. 이럴 때 옆에서 해석을 도와주는 사람이 이런저런 질문을 하면 크게 도움이 되지만, 매번 그렇게 할 수 없어 이 꿈은 필자 혼자서 해석을 했다.

질문 무슨 의미일까? (**Question 1**)
대답 도무지 감을 잡을 수 없는 꿈이다.

질문 꿈을 통해 느낀 정서나 꿈을 꾸고 나서 느낀 감정은?
(**Question 2**)
대답 호기심과 더불어 걱정스러운 마음, 마지막에는 안도하면서 신기해 하는 마음.

질문 오솔길에 대해 현실에 부여하는 의미? (**Question 3**)

대답 시골에서 흔히 볼 수 있는 길로 포장이 되지 않은 들판에 난 길. 학교에 갈 때나 농사를 지으러 논밭으로 갈 때 이용하던 길이다. 어린 시절을 떠올리는 길. 어려서 자주 다니던 길이었다. 혼자 그런 길을 가면 두려운 마음도 들지만, 한편 마음의 편안함을 느끼는 곳이다.

질문 공원은 무슨 의미일까? (**Question 3**)

대답 공원이라 하면 사람들이 산책을 하거나 앉아서 여유를 즐기는 곳.

질문 멧돼지와 비슷하지만, 실제로는 울버린을 닮은 동물을 어떻게 설명할까? (**Question 4**)

대답 멧돼지는 사납고 거칠고 저돌적이나, 무리를 지어 생활을 한다. 반면, 울버린은 텔레비전에서나 볼 수 있는 동물로, 깊은 산에서 혼자 행동하고 강인한 생명력을 지니고 있다. 그리고 무엇이든지 잘 먹는 동물로, 거의 천적이 없다.

질문 꿈에 나타난 울버린을 닮은 동물은 어떻게 설명할까? (**Question 5**)

대답 울버린은 멧돼지만큼 덩치가 크지는 않다. 그런데 꿈에서 본 동물은 현실에서는 존재하지 않는 생소하고 아주 독특한 동물. 덩치는 크지만 무섭지는 않았다. 다쳐서 그렇다고 생각되기는 했으나, 쓰러져 있으니 불쌍한 마음이 들었음. 한편, 궁금증과 호기심을 불러일으킴. 그러다 스스로 털고 일어난 모습을 보면서 안도를 함. 사람을 해칠 것 같지는 않았음. 공원에서 사람들과 어울려 사진을 찍는 것을 보면 친숙한 구석이 있는 동물임.

질문 꿈에서 나타난 대로 오솔길에서 쓰러졌다 일어선 울버린의 특징과 연결지을 수 있는 현실의 상황은 어떤 걸까? 내 삶의 모습이나 마음의 특징은? 호젓한 오솔길에서 덩치 큰 야생동물로, 어울려 생활하는 것이 아니라 혼자 단독으로 생활하고 쓰러졌으나 혼자 일어선 동물은? (**Question 6**)

대답 오솔길이라면 어린 시절 혼자 주로 다녔던 길이라는 생각이 떠오르는데, 그런 길은 내 삶의 여정과 어울린다는 생각이다. 비록 나는 정규적인 학교생활과 사회생활을 했으나, 다른 사람들과 어울려 살아오지 않았다. 초등학교부터 대학교까지의 모든 동창들과도, 전혀 연락을 하지 않는다. 그리고 군대에서 함께 생활했던 동기들과도, 직장생활을 함께했던 동료들과도 그렇다. 그저 오로지 내가 추구하는 것을 앞뒤 돌아보지 않고 추구한다. 아무런 도움도 받지 않은 채, 거칠고 험한 세상을 헤쳐 나온 이런 내 삶의 모습이 울버린의 삶과 연결이 된다.

그렇다면 길에서 쓰러졌다 일어난 멧돼지를 연상시키는 울버린은 무엇을 생각나게 하는가? 생소하나 거칠고 독특한 모습을 지닌 울버린은 나를 평가하는 주위 사람들의 평가를 연상시킨다. 심지어 나에 대한 고가평가에서 상급자는 나에게 '독특한 사고관을 가진 사람으로 동료들과의 관계를 개선해야 한다'고 했을 정도임. 사실 나로서는 내가 결코 독특한 사람이라고 생각하지는 않았다. 그렇기 때문에 처음 그런 평가를 들었을 때 아주 생소하게 느껴졌음. 쓰러졌다는 것이 내가 직장에서 해직된 것을 의미한다면, 일어섰다는 것은 법원으로부터 명예를 회복해 그런 대로 경제적인 보상을 받고 일어선 것을 의미한다.

질문 그런 동물들이 공원에서 사람들과 어울려 사진도 찍고 하는 것은? (**Question 7**)

대답 처음 고생을 할 때에는 나와 비슷한 처지에 놓인 사람이 몇몇 뿐이라고 생각했다. 그러나 나중에 보니 우리 사회의 다양한 분야에서 억울한 일을 당한 사람들이 많다는 사실을 알았다. 그런데 그들도 나와 비슷한 삶을 살았으나, 이제는 여가를 즐기면서 밖으로 나와 사람들과 더불어 살아간다는 것을 의미한다. 사실 나는 그 동안 실직한 상태에서는 어딜 가더라도 다른 사람들과 자연스럽게 어울릴 수 없었다. 언제나 위축되고, '실패자'란 명찰을 붙인 채 눈치를 보았다. 그러나 이제는 더 이상 그런 모습으로 살아가지 않는다. 다른 사람들과 자연스럽게 어울리면서 살고 있는 내 모습이다.

질문 이 꿈을 통해 새롭게 알게 된 것은 무엇인가? (**Question 8**)

대답 전체적으로 이 꿈은 과거에 내가 어떤 모습으로 살아오다 어려움을 겪었는지, 그리고 지금은 어떤 상태로 살아가는지를 보여주는 것이다. 이 꿈을 해석하면서 멧돼지 비슷하지만 울버린을 닮은 동물로 표현된 내 모습은, 지금까지 분명히 인식할 수 없었던 나를 그대로 보여준 것을 알 수 있었다. 어렵고 고통스러운 시간들이 다 지나갔다는 사실에 안도를 하고, 변화된 모습으로 살아가는 내가 뿌듯하게 여겨진다.

필자는 동물이 나오는 꿈을 가끔 꾼다. 앞에서 소개한 커다란 붕어가 변해서 코뿔소가 되는 꿈이 좋은 예이다. 필자의 경험에 비추어 보면, 꿈에 나타난 동물들은 주로 자기가 가지고 있는 성격이나 삶의 방식의 한 면을 보여주고 있었다. 반드시 그런 것은 아니지만, 동물이 나오는 꿈을 꾸었다면 일단 이렇게 접근을 하는 것도 해석에 도움이 될 것이다.

나를 향해 등 뒤에서
날아오는 뾰족한 칼

이 꿈 역시 필자들이 인도한 꿈 집단 상담에 참여했던 구성원 중 한 사람이 꾼 꿈이다. 우리는 각자 꾼 꿈을 집단에서 배운 문답식 해석법을 사용해서 해석해 오라는 과제를 내주었다. 다음은 구성원들이 과제에 따라 꿈을 꾸고 혼자 해석한 내용이다.

걸어가고 있는데, 뒤에 누군가 있는 것 같아서 돌아보니 어떤 사람이 나를 쳐다보고 있다. 그 사람이 나를 해칠 것 같은 생각이 든다. 아니나 다를까, 나를 향해 작지만 뾰족한 칼을 아주 빠른 속도로 던진다. 나는 "악!" 소리를 내면서 잠에서 깨어났다.

이 꿈의 주인은 이런 내용의 꿈을 가끔 반복적으로 꾼다고 했다. 반복적으로 꾸는 꿈은 해석할 필요가 있다는 말을 듣고, 혼자서 해석해 보기로 했다고 한다.

질문 무슨 의미인 것 같나? (**Question 1**)
대답 누군가 나를 해치는 의미인 것 같다.

질문 어떤 정서를 느꼈나? (**Question 2**)
대답 놀라고 두렵고 무서움.

질문 걸어가고 있는 길에 대해 현실에서 부여하는 의미는?
(**Question 3**)
대답 길은 학교를 가고, 직장을 다니고, 또 생활을 위해 거쳐 가야 하는 공간으로 많은 사람들이 함께 이용하는 곳.

질문 현실에서 낯선 사람을 어떻게 생각하나? (**Question 4**)
대답 낯선 사람은 조심하고 경계해야 하는 인물로, 만난 적도 없고 알지 못하는 사람.

질문 그런 사람이 뒤에 서 있다면? (**Question 4**)
대답 아무래도 신경을 쓰게 됨. 행여나 나를 해하지 않을까 하는 불안한 마음을 불러일으킴.

질문 작지만 뾰족한 칼은 현실에서 어떤 의미를 부여하나? (**Question 4**)

대답 그런 칼은 흔히 볼 수 있는 칼이 아니다. 그런 칼은 조심해서 다루어야 하는 도구. 자칫하면 사람들을 다치게 할 수 있는 것.

질문 꿈에 나오는 대로, 뒤에 있는 낯선 사람과 그 사람이 빠른 속도로 던진 작지만 뾰족한 칼의 의미는? (**Question 5**)

대답 아무런 관계가 없는 낯선 사람, 비록 길이지만 나와 그 사람만 있는 곳에서 그런 칼을 던진다면 이는 참으로 끔찍한 일이다. 그런 칼을 맞는다면 큰 부상을 입게 됨. 비록 죽을 것 같지는 않으나 엄청난 상처를 입게 됨. 그런데 그런 칼을 나한테 던지다니, 참으로 끔찍한 일이기에 놀라서 잠에서 깨어남.

질문 꿈에서 일어난 사건이 보여준 의미를 현실에서 연결시킬 수 있는 사건이나 내 마음의 모습은 무엇일까? (**Question 6**)

대답 현실에서 실제로 일어날 수는 있으나, 한 번도 일어나지 않았고, 또 일어나게 되리라는 불안한 마음으로 길을 다니지 않고 있음. 그래도 길을 걸어 다니면서, 아니면 내 뒤에서 누군가 나를 뾰족한 칼을 던져 해칠 것 같은 그런 상황을 떠올린다면……. 그래서 내 마음이

칼에 맞은 것 같은 고통을 느끼는 것이라면……. 아, 내가 평소에 사회생활을 하면서 누군가 나 자신의 사소한 약점을 이용하여 나를 해치지 않을까 하는 생각이 가볍게 스치고 지나갔으나, '설마 그렇게 하겠어?' 하는 마음으로 그냥 흘려버렸지. 이런 내 마음과 연결이 됨.

질문 좀 더 구체적으로 이런 내 마음이 어떻게 꿈으로 표현되었는가? (**Question 7**)

대답 나는 나 자신에 대해 열등감이 있다. 그리고 그 열등감은 내가 사소한 약점이라고 여기는 것에서 온다. 그렇지만 스스로 그건 약점이라고 인정하지 않으면서 애써 감추려고 한다. 그런데 꿈에서 내가 생각했던 것 이상으로 크게 신경을 쓰고 있는 것으로 드러남. 뒤에서 나를 공격한다는 것은 내가 감춰 놓은 나의 약점을 드러내는 행위이다. 누군가 내가 잘 알지 못하는 낯선 사람인 무관한 사람이 그 약점을 들쳐 내기만 하면 나는 치명적인 상처를 입을 것 같은 그런 마음인 것이 드러났음. 이로 보건대, 나의 약점에 대해 엄청나게 불안해하면서 신경을 곤두세우고 살아가고 있음을 알게 됨.

질문 이 꿈을 해석하면서 새롭게 알게 된 나의 새로운 모습은? (**Question 8**)

대답 이 꿈을 꾸고 해석하기 전까지 나의 약점에 대해 이렇게까지 불안해하고 신경을 쓰는지 몰랐다. 그러나 꿈을 해석하면서 드러난 내 마음을 통해, 있는 그대로의 나를 알게 되었다. 그래서 나의 약점에 대해 숨기려고 하지만 말고, 스스로 인정하고 받아들여야겠다고 생각함. 사실 내가 생각한 나의 사소한 약점들은 사람이라면 누구든지 있는 것이다. 그리고 이 약점을 인정하고 드러내면 모두들 이해해 주는 것인데도, 그것이 알려지면 치명상을 입을 것같이 과대평가한 것을 알았음. 앞으로는 나를 있는 그대로 받아들이면서 편하게 살아야겠다고 스스로에게 다짐함.

이 꿈을 해석하고 나서 꿈 주인은 이전보다 더 적극적으로 자신을 드러내면서 살아갈 수 있게 되었다고 했다. 또한 이전까지는 반복적으로 꾸던 이런 내용의 꿈을 지금까지 꾸지 않아서 좋다고 스스로 뿌듯해 했다.

이 예에서 볼 수 있듯이, 꿈이란 주로 꿈 주인이 깨어 있는 동안 의식하지 못하거나 소홀히 여기는 자신의 내면세계를 보여주는 것이다. 이 때문에 꿈을 해석하는 과정에서 보고 싶지 않거나 인정하고 싶지 않은 내용이 자연스럽게 드러난다. 이런 상황에서 꿈 주인은 꿈과 꿈이 드러내는 자신의 약점을 회피하거나 외면하지 말고, 직면하는 것이 필요하다. 그렇게 하는 것이야말로 꿈 해석을 통해서 얻을 수 있는 큰 선물이다.

박 물 관   앞 에 서
동 냥 질 하 는   노 신 사

여기 소개하는 꿈 사례는 꿈 집단에 참여한, 한 집단원의 꿈이다. 이 꿈의 주인은 전문직에 종사하고 있으며, 세 자녀를 두었다. 이 꿈 주인은 우리가 함께 공부한 문답식 해석법에 따라 꿈 형상의 의미와 꿈에서 느낀 정서, 그것들과 연결되는 현실 정황 등을 하나씩 탐색해서 기록하면서 의미를 해석했다. 다음 내용은 자신의 꿈과 그 의미 해석 과정을 그 사람이 최종적으로 정리한 것이다.

나는 '국립중앙박물관'이라는 곳을 가고 있었다. 가는 길에는 사람들이 그리 많지는 않았다. 하지만 여기저기 사람들이 있었다. 박물관으로 들어가는 입구의 뜰(별로 잘 정돈되지는 않았음)로 들어가는 곳에 할아버지와 아저씨의 중간 나이쯤 되어 보이는 노신사가 앉아 있었다. 그는 그릇을 놓고 동냥을 하고 있었는데, 사람들이 가끔 지나가면서 무언가를 넣어주고 있었다.

나는 '웬 이런 곳에 저런 사람이 있어?' 하면서 약간은 못마땅한 마음으로 지나치고 있었다. 그런데 이 노신사가 자기 자녀의 전시회인지, 독주회인지를 여는 기금 마련을 위해 동냥하는 것이라고 누군가가 가르쳐주었다.

나는 어떻게 해서 박물관을 들어가게 되었다. 그 안에서 관람을 한 것은 아니었다. 돌아서 나오려다 보니, 현관에는 신발들이 사방에 어지럽게 널려 있었다. 마치 대형 대중음식점에서 나올 때 흩어져 있는 신발들처럼 정말 많은 신발들이 있었다. 그런데 그중에서 내 신발은 없었다. 난감해하며 그냥 맨발로 박물관 뜰을 나서는데, 발이 마치 지압 돌 위를 걸어가는 것처럼 따갑고 쓰렸다. 그러는 중에 대학 친구들이 들어오기에, 내가 지금 몹시 발이 아프다고 말했다. 그 친구들은 두세 명 정도였는데, 나를 부추겨 다시 박물관으로 들어가게 했다.

다시 들어가 보니 웬 박물관 1층의 한쪽은 아주 안락한 의자들이 놓여 있는 카페였다. 그리고 나머지 그 반쪽에는 주스나 아이스크림을 파는 밝은 파스텔 톤의 카페가 있었다. 나는 얼른 그 친구들 보고 저기 가서 양쪽 어느 곳이든 앉아서 쉬며 차라도 한잔 하자고 말했다. 그랬더니 그 친구들이 별로 반가워하지 않고 그냥 갔으면 하는 표정을 지었다. 그 얼굴을 보면서 '어떻게 하지? 나도 가야 하나?' 하는 생각을 했다. 그러면서도 한편으로는 좀 쉬고 싶은 마음을 가지고 어정쩡해하다가 잠에서 깨어났다.

박물관 무엇인지 오래되고 귀중한 것을 전시하는 역사적인 곳이다. 여행지마다 박물관을 들르지만, 꼭 가고 싶어서라기보다는 어쩐지 가야 할 것 같은 의무감에 간다.

국립중앙박물관 오래되고 권위 있는 곳이다. 아무나 오는 곳은 아니다. 또 아무 물건이나 있는 곳도 아니다. 즉 격조도 있고 품격을 갖추어야 전시되는 곳이다. 구경하는 사람도 아무나 다 오는 곳이 아니라, 문화나 역사에 관심이 많은 사람들이나 교양 있는 사람들이나 나처럼 꼭 가야 할 것 같아서 오는 특별한 사람들이 온다. 이런 것으로 미루어볼 때, 국립중앙박물관은 내가 속해 있는 곳을 의미하는 것 같다. 내 분야에 다양한 분과가 있으나, 그 분야에서는 내가 속한 분과가 가장 권위도 있고 오래되었다.

박물관 입구의 뜰이 잘 정돈되지 않은 것 내가 속해 있는 전문 분야가 하나의 모임으로 통합되어 있지 않아 어수선한 느낌이 든다. 이것이 꿈에서는 정돈되지 않은 입구로 표현된다.

동냥질하는 노신사 아저씨와 할아버지의 중간쯤 되는 나이이다. 자기 자녀들의 미래에 있을 전시회, 독주회를 위한 기금을 마련하기 위해 박물관 입구에서 동냥하는 모습을 보니 못마땅하다. 이 모습은 바로 나의 모습이다. 스스로 겉으로는 신사처럼 멀쩡하다는 생각을 하고 있으나, 마음 한편에는 불쌍한 처지를 한탄하고 있다. 내가 자녀 셋을 두고 있으나, 모두 내게 실망과 염려를 주고 있는 상태이다. 그래서 나는 셋이나 되는 아이들의 미래를 위해서 내가 전공한 분야에서 일을 하고 있다. 그러나 그 일을 하는 대가로 받는 급여는 매우 적어서, 동냥질로 받는 것처럼 푼돈으로 여겨진다.

널려 있는 신발들 내 전공 분야의 특수자격증을 힘들게 취득했다. 하지만 그 자격증은 나에게만 있는 것이 아니고, 마치 널려 있는 신발처럼 많은 사람들이 그 자격증을 가지고 있다.

내 신발은 없다 그 많은 자격증 소지자들은 다 실력도 있고 든든한 후원자나 보호자가 있어 보이는데, 나만 그런 사람이 없는 것 같다. 신발은 내게 발을 보호하기 위해 꼭 필요한 것이다. 내 분야에서 사회적으로 두각을 나타내는 사람들이 있고, 여기에 속한 사람들은 알게 모르게 그 라인을 따라 형성이 되어 있는 것 같다. 다른 사람들은 사회적으로 성취한 사람들이 든든한 후원자로, 보호자로 있다. 그런데 나는 그런 보호나 후원을 해줄 든든한 라인이 없다는 느낌이 내 신발만 없는 것으로 표현된 것 같다.

대학 친구들 가깝게 지내는 대학 친구들의 특징은 모두들 친밀하지만, 개성이 강하고 서로 간섭하거나 묶여 있지 않다. 각자의 개성을 서로 존중하는 친구들이다. 꿈에선 대학 친구들이지만, 현실에선 참되고 건강한 대학원 친구로 연상된다. 근래 매우 절친하게 지내는 두 세 명의 친구인 것 같다.

맨발로 박물관 뜰을 걷다 내가 속한 분야의 전문가가 되기 위해 힘들게 수년 간 공부하며 준비한 것을 의미한다.

앉아서 쉬고 싶은 심정 내 분야에서 현재의 내가 되기까지 힘든 시간들을 보냈기 때문에, 나는 이제 지쳐서 쉬고만 싶은 심정이다.

친구들의 '쉬지 않고 그냥 갔으면' 하는 표정 나는 이제 좀 쉬고 싶은데, 뒤늦은 공부를 위해 헌신한 배우자를 생각해서라도 이제는 내 몫을 해야 한다. 그런데 젊은 친구들은 박사과정으로 가야 한다면서, 하나둘 그곳으로 향한다. 그러니까 나는 쉬지도 못하고, 따라갈 수도 없어 난감한 심정이다.

안락의자 카페와 파스텔 톤 카페 내 전공 중에서도 세부 전공과 관련하여 안락의자는 중장년을 위한 영역, 파스텔 톤은 미혼의 젊은이들을 위한 영역을 의미하는 것 같다. 나는 공부를 더 계속하고 싶기보다는, 어느 쪽이든 나의 세부전공과 관련하여 일을 하고 싶은 심정이 더 크다.

이상을 종합하여 꿈의 전체적인 의미를 해석한 결과는 다음과 같다. 내가 내 분야에서 일을 하고 있지만, 내 나이의 다른 사람들과 비교할 때 수입 면에서 만족하지 못하고 있다. 그리고 그것은 마치 동냥하는 것과 유사한 심정이 될 때가 많다. 때로 그만두고 싶은 심정이 되기도 하지만, 아이 셋을 생각하면서 계속 일을 하는 측면도 있다. 그런데도 내가 내 분야에서 특수자격증을 소지하고 그 분과에 몸을 담게 된 것은 꽤 쓸 만하고 품격이 있는 일로 생각한다. 그것을 이루기 위해 친구들과 함께 짧지 않은 힘든 시간을 보내면서, 맨발로 지압 돌을 걷는 것처럼 힘들기도 했다.

그렇지만 막상 자격증을 손에 들고 보니, 그 속에도 젊고 참신하고 실력을 두루 갖춘 사람들이 나 말고도 너무 많다. 그래서 날이 갈수록 경쟁력이 없어지는 나 자신의 모습에 실망이 되기도 한다. 또 그럴듯한 지도자나 후원자가 없는 것이 외롭고 허전하기도 하다. 그러면서도 나는 한편으론, 나의 세부전공을 살려 중장년을 대상으로 혹은 미혼의 젊은이들을 대상으로 일을 하고 싶은 마음이 한구석에 있다. 경쟁력도 없을 것 같고, 이제는 가장의 책임을 져야 할 것을 뻔히 알면서 나도 박사과정을 해보겠다고 나설 수도 없고……. 그러나 과감하게 나서는 친구들을 보면서 완전히 포기하고 쉴 수도 없다. 그래서 어정정한 심정으로 지내고 있는 요즈음 내 모습이 꿈에 그대로 드러난 것 같다.

　이 꿈은 좀 길고 복잡한 듯 했다. 또 꿈을 해석한 사람은 문답식 해석이 보여주는 질문의 순서를 따라가지 않았으나, 나름대로 충실히 각각의 형상의 의미와 정서를 탐색했다. 이렇게 꿈꾼 사람이 직접 꿈 형상 하나하나의 의미를 찾아가는 과정을 통해 선명하게 전체의 의미가 살아났다. 사실, 꿈 해석을 꾸준히 하는 사람들은 누구나 경험할 수 있는 일이다. 꿈을 통해 꿈꾼 사람은 자신의 근래의 심정과 생각을 한 번 더 선명하게 경험하고, 자신을 이해할 수 있는 시간을 가질 수 있었다.

풍 선 처 럼 빵 빵 해 진 내 얼 굴

혼자서 꿈을 해석하는 마지막 사례는 필자(이호형)가 꾼 꿈이다. 여기서는 독자들의 훈련을 돕는다는 의미에서, 순서대로 묻고 질문하는 방법을 따라가도록 한다.

어느 순간 내 모습을 보니, 얼굴만 보이고 몸은 보이질 않는다. 그런데 얼굴은 완전히 빵빵한 풍선 같은 모습인데, 전체가 붉은 빛이고 완전히 빵빵한 상태이다. 나는 그 모습을 보면서 내 얼굴이 저렇게 생겼구나 하는 의아한 생각을 한다.

질문 어떤 의미라고 생각하나? (**Question 1**)

대답 뭔가 몸에 이상이 생길 것을 예고하는 꿈인가, 하는 마음이다.

질문 꿈에서 느낀 정서는? (**Question 2**)

대답 이상하고 의아한 마음이다.

질문 꿈에서 나는 어디에 있었고, 그 장소에 대한 현실적 의미는? (**Question 3**)

대답 방에 있었던 것 같다. 방은 내가 생활하는 공간이고, 개인의 사생활이 이루어지는 곳.

질문 얼굴은 현실에서 어떤 의미가 있나? (**Question 4**)

대답 얼굴은 말 그대로 나를 밖으로 드러내는 나의 가장 중요한 부분이다. 조금 동그랗게 보통 정도로 생겼다고 생각한다.

질문 꿈에서 몸조차도 가려질 정도로 얼굴이 빵빵해져 얼굴만 보이게 된 것은 어떤 의미이고, 그런 얼굴에 대한 나의 정서는 무엇인가? (**Question 5**)

대답 현실에서는 결코 일어날 수 없는 일이다. 우선 얼굴이 그렇게 동그란 풍선처럼 빵빵해지는 것은 불가능하다. 그리고 그렇게 빵빵해져 몸이 가려질 정도가 되는 것은 만화에서나 볼 수 있는 어처구니

없는 일이다. 너무 그렇게 빵빵하니 뭔가 이상한 느낌이다. 무슨 병이 난 것은 아닐까 하고 불안한 마음이 들 정도였다. 그런데도 꿈에서 나는 조금 의아한 마음으로 바라보고 있었다.

질문 현실에서 그렇게 얼굴이 빵빵해져 몸을 가릴 정도가 되는 상황은 어떤 것일까? (**Question 6**)

대답 실제로 그렇게 된다면 내 몸이 잔뜩 부풀어 올라 터질 지경이 되는데, 그것은 결국 내가 그 정도로 긴장하고 있는 의미가 아닐까? 우리가 입에 잔뜩 바람을 불어넣어 얼굴을 빵빵하게 하면, 몸에 힘이 들어가서 잔뜩 긴장을 하게 되는데……. 이런 상황은 뭔가 한 가지에 지나치게 신경을 써서 애를 쓰고, 용을 쓰고 있다는 것을 의미하기도 한다. 그렇다면 내가 지금 그토록 신경을 쓰는 것은 무엇일까? 물론 나는 어느 정도 신경을 쓰고 있다는 것은 알고 있으나, 이 정도로 신경쓴다고 느끼지는 않는데…….

질문 그러면 무엇이 현실에서 나를 이토록이나 신경을 곤두세우고, 온통 긴장하도록 하는 것일까? (**Question 7**)

대답 다름 아니라 경제적인 문제로 이토록 신경쓴다는 사실을 알게 되나, 그 정도는 아니라고 생각했다. 그렇지만 내가 하루하루 생활하는 것을 돌이켜 보니, 내 관심은 온통 내가 투자한 일에 가 있다는 것을 알 수 있다. 아침부터 컴퓨터 앞에 앉아서 일이 잘되는지 지켜보면서, 온통 걱정과 불안한 마음에 휩싸여 있다. 그래서 아무것도 하지 않은 채 그렇게 지내온 것을 알게 된다. 또 아들을 결혼시킬 자금도 마련해야 하는데, 그것도 여간 신경이 쓰이는 것이 아니다.

꿈에 본 풍선처럼 빵빵하고 붉어진 내 얼굴은 현재 돈 문제로 전혀 여유 없이 살아가는 내 심리 상태를 보여준다. 터질 것 같은 팽팽한 긴장 상태가 지속된 나머지, 배탈이 나게 된 것이다. 이렇게 되고 나서 내 몸을 가만히 느껴보니, 온통 긴장 상태에 있다는 사실을 느낄 수 있다.

질문 몸이 가릴 정도로 얼굴이 빵빵해졌다는 것은 구체적으로 무슨 의미일까? (Question 7)

대답 꿈이 얼마나 섬세하게 나의 상태를 그려주는지를 빵빵해진 얼굴로 인해 몸이 보이지 않을 정도가 되었다는 사실을 통해 알 수 있다. 이는 곧 내 몸이 빵빵해진 얼굴로 표현되는 정도의 엄청난 스트레스로 완전히 덮어 버릴 정도가 되었다는 것을 보여준다.

질문 이 꿈이 이루어진 장소가 갖는 의미는? (Question 7)

대답 방은 사적 공간으로 사생활이 이루어지는 장소이다. 한편, 그것은 내 내면의 세계를 의미하기도 한다. 아무도 없는 곳에서 혼자 자신을 본다는 것은 내면의 세계를 들여다 보는 일이다. 이는 내가 현실에 너무 관심을 가지고 집중한 나머지 내면에 일어나는 긴장으로 몸이 상하게 된다는 사실조차도 모르고 있었는데, 나의 심층 의식이 꿈이라는 도구를 이용하여 내게 알려준 것이다.

질문 이 꿈을 통해 알게 된 나의 마음은 어떤 것인가? (**Question 8**)

대답 지금까지 반복해서 깨닫는 일이지만, 내가 현실에서 느끼는 정서는 언제나 축소되어 작게 느낀다는 것이다. 이 꿈을 통해서 다시금 그런 사실을 알게 되었다. 내가 실제로 긴장하고 스트레스를 받아 몸에 이상이 생길 정도가 되었으나, 그 정도로 느끼지 못했다는 것이다. 이때 꿈은 내게 스트레스로 인해 몸이 고통받고 있다는 사실을 보여준 것이다. 이런 사실을 알고 긴장을 털어버리려고 의식적으로 노력해야겠다고 생각한다.

필자는 이 꿈을 꾸기까지 한동안 덥다는 이유로 산책은 고사하고 사소한 몸 풀기조차 하지 않았다. 그리고 온통 신경을 곤두세운 채, 종일 컴퓨터 앞에 앉아 긴장하면서 시간을 보냈다. 그렇게 얼마 동안 계속 긴장하면서 보내니까, 그 동안 문제가 없었던 신경성 위염이 다시 재발했다. 이 현상은 과거에 수도 없이 경험했던 내 몸의 증상이다.

과거에는 언제나 신경을 쓰면서 살아오느라 항상 위염을 안고 살았는데, 최근 몇 년 동안 마음이 편해지면서 거의 이 증상을 경험하지 않았다. 그렇기 때문에 전혀 긴장하지 않고 스트레스를 받지 않는다고 생각했다. 그러나 이 꿈을 꾸고 나서야 최근에 내가 이렇게까지 긴장하고 신경 쓰면서 살아왔다는 사실을 인식했다.

이 사실을 인식하자, 피곤이 한꺼번에 몰려왔다. 그래서 어제와 그저께는 오랜만에 잠을 아주 지나칠 정도로 많이 잤다.

이 꿈을 꾸고 나서 1주일이 지나도 위염이 호전되지 않아, 병원에 가서 위염에 관한 약을 처방 받아 복용하기 시작했다. 그리고 그 뒤, 3개월 동안 약을 복용하고서야 병을 치료할 수 있었다.

항상 새로운 것을 창조하는
꿈의 신비 속으로!

Part 5

꿈을 이용하는
집단 상담과 꿈 드라마

꿈을 해석하는 가장 보편적인 방법은 개인상담 과정에서 상담 전문가가
내담자의 꿈 해석을 도와주는 것이다. 이 방법이 보편적이기는 하지만,
꿈 해석의 효율성이나 그 꿈을 이용하는 면에서는 소수의 사람들이 모여
꿈을 이용한 집단 상담을 하는 것이 더 효과적일 수 있다.
꿈을 이용해서 집단을 이끌어 가는 방법에는 크게 두 가지가 있다.
하나는 집단 상담 형식으로 꿈 해석을 진행하는 것이고
다른 하나는 심리 드라마 형식으로 하는 것이다.

여기에서는 집단 상담 형식으로 진행되는 꿈 해석이
구체적으로 어떻게 이루어지는지, 그 사례를 통해 알아본다.
제1장에서는 집단으로 모여 꿈 해석을 하는 집단 상담을 할 때
주의해야 할 사안을 설명한다. 제2장에서는 집단원들의 반응을 통해
꿈을 해석하는 방법을 소개한다.
어느 특정인이 해석을 도와주는 것이 아니라, 집단원들이 각자 역할을 하면
꿈꾼 사람은 그들의 말을 듣고 스스로 해석한다.
제3장에서는 꿈을 이용하는 꿈 드라마의 준비와
어떻게 진행되는지에 대해 알아본다.
제4장에서는 꿈 드라마 공연을 중심으로
꿈의 의미 해석과 공연의 경험을 나누는 데 대해 설명한다.
제5장에서는 실제로 '늘어선 아파트 앞에 선 아이'라는 꿈 드라마를 통해
꿈 해석을 어떻게 하는지 설명한다.
마지막 제6장에서는 두 개의 꿈을 하나로 결합하여
'쇼핑을 위한 동경행 비행기 탑승'이라는 꿈 드라마를 공연하고,
그 경험을 나누는 것에 대해 설명한다.

집 단 으 로 하 는 문 답 식
꿈 해 석 작 업 에 서 주 의 해 야 할 점

이 장에서는 집단으로 하는 꿈 해석 작업을
소개한다. 기본적인 것은 개인적으로 하는 문답식 꿈 해석 방법과 같
다. 단지 질문을 한 사람만 하는 것이 아니라, 구성원들이 돌아가면서
한다는 점에서 다르다. 뿐만 아니라 여러 사람들이 참여할 때 주의해
야 할 것들이 있기에, 여기서는 주로 이에 대해 설명하고자 한다.

● 집단으로 하는 꿈 해석 작업의 유익한 점

여러 사람이 집단으로 모여 꿈을 해석하면, 그것은 꿈 해석의 차원을 넘어서 자연스럽게 집단 상담의 성격을 띠게 된다. 그 이유는 여러 사람이 함께한다는 것과, 꿈이 지니고 있는 개인적이며 무의식적 특성 때문이다. 특히 꿈에는 꿈꾼 사람의 심층적 사고와 정서가 그대로 드러나며, 꿈의 의미를 이해하는 과정은 바로 그런 꿈꾼 사람의 심리 상태를 탐색하는 과정이다. 이렇게 꿈이라는 보편적인 매개체를 통하여 곧바로 꿈꾼 사람과 구성원들의 내면세계에 대한 탐색이 이루어진다. 그리고 자신에 대해 새롭게 이해하는 점이 꿈을 이용한 집단 상담의 특징이면서 장점이다.

집단 상담에 처음 참석하는 사람들이나 자신의 내면세계를 드러내는 데 익숙하지 않은 사람들이 마음을 드러내는 것은 쉬운 일이 아니다. 자신의 마음을 제대로 알지 못해서일 수 있고, 자신의 모습을 직면하는 것이 두려워서 그럴 수도 있다. 그러나 이런 사람들조차도 자신의 꿈을 아무런 부담 없이 다른 사람들에게 들려주게 된다. 이렇게 구성원들은 꿈이라는 매개를 통해 자신을 쉽게 열고, 꿈이 보여주는 자신의 모습을 자연스럽게 받아들일 수 있는 것이 꿈 집단 상담의 특징이다.

바로 이런 특성으로 꿈을 꾼 사람이 자신의 꿈을 기억하고 이야기한다는 사실이 아주 중요하다. 왜냐하면 '꿈을 기억하고 있다'는 것은 그 자체로 이미 꿈이 드러내고자 하는 자신에 대한 정보를 '직면할 준비가 되어 있다'는 것을 의미하기 때문이다.[32] 실제로 집단 상담에 참석한 사람들 가운데는, 있는 그대로의 자신을 직면할 준비가 되어 있지 않다. 그래서 집단원들이 다양하게 반영해주는 자신을 직면하지 않으려고 하는 사람들이 의외로 많다. 그러나 꿈을 소재로 집단 상담을 하는 경우, 꿈꾼 사람은 꿈이 보여주는 자신을 받아들이는 것이 그렇게 곤혹스럽게 느껴지지 않는다. 이는 꿈이 다른 사람의 생각이 아니라, 바로 꿈꾼 사람이 스스로에게 보내는 메시지인 것을 쉽게 인정할 수 있기 때문이다.

꿈 집단 상담의 또 다른 장점은 정서 표현이 자연스럽게 이루어져서 상담의 효과를 쉽게 경험한다는 점이다. 상담의 효과란 심각한 심리적인 문제를 해결한다는 의미만이 아니라, 사소한 것이라도 자신이 소외시켰던 부분을 자신의 것으로 받아들여 통합한다는 의미도 포함한다. 이렇게 꿈을 해석하는 과정에서 정서를 탐색하고, 꿈에서 경험한 정서의 원인을 알아차리고 다시 경험하는 것은 바로 정신분석에서 말하는 교정적 정서 체험(corrective emotional experience)이 된다.[33]

심리 치료에서 중요한 요소 가운데 하나는 억압된 정서를 자신의 정서로 수용하고, 그것의 원인을 탐색하여 해소해주는 것이다. 정서를 억압하면서 살아온 사람들이 자신의 정서를 알아차리고 그것을 인정하고 표현하는 것은 여간 어려운 일이 아니다. 그러나 꿈은 정서 경험을 포함하는 사건이기 때문에, 꿈을 해석하는 과정에서 꿈에서 경험한 정서나 혹은 꿈의 형상이 내포하고 있는 정서를 경험하는 것이 한결 더 쉬워진다.

공포를 불러일으키는 악몽도 꿈 집단 상담에서 다루면 꿈꾼 사람은 큰 도움을 받게 된다. 특별히 집단이 지지하는 상황에서 그런 꿈을 꾸도록 하는 문제의 원인을 탐색하고, 자신의 내면에 있는 부정적인 경험을 직면할 수 있게 된다. 적절한 꿈 해석을 통해서 이런 일이 일어나면, 문제를 야기하는 주제를 생각하는 관점과 태도가 변하게 된다. 사안의 정도에 따라서 궁극적으로 해결되기까지 시간과 작업이 더 필요하겠으나, 집단에서의 꿈 해석 작업은 이런 문제의 해결을 위한 커다란 첫 걸음을 내딛게 해준다.[34]

● 집단에서 해석할
　꿈의 선택과 작업할 때 유의점

　　　　　꿈 집단을 시작할 때는 사전에 구성원과 접촉하여 집단에서 작업할 꿈을 선택한다. 리더는 꿈을 꾼 사람으로부터 작업할 꿈 내용의 기록을 전달받아 구성원의 숫자만큼 미리 준비하여 모임에 참석한다. 물론 집단원들이 함께 모여서 해석 작업할 꿈을 선택할 수도 있다. 그러나 모이기 전에 해석할 꿈을 이런 식으로 준비해 오면 시간을 절약할 수 있다.

집단에서 다룰 꿈을 선택할 때에는 꿈을 꾼 사람의 의사를 최대한 존중한다. 가급적이면 최근에 꾼 꿈으로, 꿈꾼 사람이 중요하다고 생각하는 꿈을 선택한다. 꿈꾼 사람이 중요하게 여기지 않는 꿈이라고 해서, 실제로 중요하지 않은 것은 아니다. 어쩌면 더 중요할 수도 있겠으나, 꿈꾼 사람의 의사를 존중하는 의미에서 그렇게 한다. 또 꿈을 해석할 때 오래된 것일수록 해석하기가 힘들어지기 때문에 최근의 꿈을 선택한다. 꿈은 거의 대부분의 경우, 현실의 특정한 상황을 반영하는 것이다. 이 때문에 현재로부터 멀어진 꿈일수록, 꿈이 반영하는 상황을 기억하는 것이 쉽지 않다. 그래서 꿈 해석이 어렵게 된다.

그러나 예외적인 경우가 있는데, 그것은 반복적으로 꾸는 꿈이다. 비록 어렸을 때 꾼 꿈이라 하더라도, 반복적으로 꾸는 꿈은 꿈꾼 사람의 중요한 정서 양식을 이해하는데 큰 도움이 된다. 이런 이유로 시간의 흐름과 관계없이 반복적으로 꾸는 꿈을 다루는 것은 중요하다. 특히 현재까지 반복적으로 꾸는 꿈이 있다면, 그것을 우선적으로 다룰 것을 권한다.

여러 사람이 모여 집단 상담 형식으로 꿈을 해석하는 작업을 할 때에는 비록 상담자가 주도적으로 모임을 이끌어 가더라도, 개인적 꿈 해석에서처럼 혼자서 질문을 주도한다는 말은 아니다. 그 반대로 상담자는 직접 질문하는 대신, 참여한 구성원들이 골고루 꿈 주인에게 꿈에 대해 질문을 하도록 이끌어야 한다. 한 사람이 집중적으로 질문하면, 나머지 사람들은 구경꾼 역할을 하게 될 가능성이 있다. 그러므로 집단원이 모두 참여하여 자신이 하고 싶은 질문을 하도록 해야 한다.

이때 경쟁적으로 질문하려는 태도를 지양해야 한다. 그리고 대답이 미진하다고 생각되는 부분이나, 제대로 이해가 되지 않는 부분에 대해서는 서로 다른 시각에서 질문하는 것이 좋다. 이러한 질문들은 꿈 꾼 사람이 꿈 형상에 관해 분명하게 생각할 수 있도록 도와준다.

집단에서 꿈을 다룰 때, 꿈의 의미를 알게 되는 것도 중요하다. 하지만 꿈꾼 사람에게 적절한 질문을 하는 방법을 배우고 훈련하는 것도 중요하다. 자신의 꿈을 혼자서 해석하거나, 일대일의 상황에서 다른 사람의 꿈 해석을 도와줄 때 활용할 수 있기 때문이다.

집 단 원 의   반 응 을   통 해
꿈 을   해 석 하 는   꿈   집 단 의   사 례

앞에서는 문답식 꿈 해석 방법에 따라 꿈 해석 작업을 하되, 집단의 구성원들이 돌아가면서 관련된 질문을 하여 꿈 꾼 사람이 꿈을 해석하도록 하는 방법의 특성과 주의해야 할 사안에 대해 설명했다. 여기서는 집단으로 모여 꿈을 해석하는 새로운 방법을 소개한다. 이 방법에서는 꿈 집단에 참석한 구성원들이 꿈 주인의 이야기를 듣고, 그 꿈이 자기 꿈인 것처럼 가정하고 각자 꿈을 해석한다. 꿈을 꾼 사람은 그 동안 모든 구성원들의 꿈에 대한 고유의 설명을 들으면서 자기 꿈에 대해 해석한다. 그리하여 나중에 자신의 꿈 해석을 구성원들에게 들려준다.

● 꿈 주인은 '현재 진행형'으로 꿈 이야기를 들려준다

집단에서 다루기로 한 꿈의 주인은 실제로 현실에서 그 사건이 일어나고 있는 것 같은 생동감을 가지고 집단원들에게 꿈 이야기를 현재형으로 들려준다. 꿈 이야기가 끝나면 리더는 미리 준비해 온 꿈 내용을 적은 용지를 구성원들에게 나누어준다. 그래서 구성원들이 자신의 느낌과 의미 등을 기록하고 그것을 참고하면서 말하도록 한다. 꿈 이야기를 듣고 구성원들은 꿈의 내용을 분명히 이해하기 위해 최소한의 질문을 할 수 있으나, 꿈 내용과 무관한 질문은 하지 않는다.

특히 꿈 내용을 꿈꾼 사람이 어떻게 이해하고 무엇을 연상하는지에 대해서는 절대 질문을 하지 않도록 한다. 이 방법에서는 구성원들이 꿈을 꾼 사람보다 먼저 꿈 형상에 대한 자신들의 의미를 말하는 것으로 집단이 운영되기 때문이다. 구체적으로 다음과 같은 질문은 구성원들이 그 꿈을 자신의 꿈으로 생각하는 데 도움이 된다.

질문 1 꿈에 나오는 인물들은 현실에 있는 사람들인가?

질문 2 꿈에 나오는 인물들과는 어떤 관계인가?

질문 3 꿈을 꾸고 났을 때 느꼈던 감정은 어떤 것인가?

질문 4 꿈에 무슨 특정한 색깔을 보았는가?

질문 5 꿈에서 꿈꾼 사람의 나이는 몇 살인가?

이 질문에 대해 꿈을 꾼 사람은 가능하면 '예'나 '아니오'로 답한다. 그리고 단답형으로 간단히 대답하도록 하고, 자신의 생각이나 꿈과 관련된 연상 등을 말하지 않도록 한다. 간혹 꿈꾼 사람은 꿈 이야기를 하는 중에 꿈의 의미에 대한 통찰을 얻어 꿈을 이해하는 경우가 있다. 그런데 이런 때라도 자신의 통찰에 관해 언급하지 않고, 혼자서 간직하는 것이 필요하다. 나중에 구성원들의 이야기를 다 듣고 나서, 그때 얻게 된 통찰과 더불어 자신의 이해를 말하도록 한다.

● 구성원들은 자신의 꿈이라고 생각하고
  꿈 형상에 대한 자신의 의미를 말한다

꿈의 내용과 관련하여 구성원들의 질문에 간단히 대답을 하고 나면, 꿈꾼 사람은 그때부터 더 이상 말을 하지 말아야 한다. 그리고 자신의 꿈을 구성원들이 각자의 입장에서 어떻게 이해하는지 주의 깊게 듣기만 한다. 이때, 구성원들이 하는 말 가운데서 자신에게 도움을 주는 것이 있다면 간단하게 메모를 한다.

한편, 구성원들이 꿈을 자신의 것으로 여기기 위해서 해야 할 일은 꿈꾼 사람의 입장에서 꿈의 형상을 생각하는 것이 아니다. 오히려 그 꿈을 내가 꾼 것으로 생각하고, 자신이 각 형상들에 부여하는 의미와 정서가 무엇인지를 탐색하는 일이다. 이는 곧 구성원들은 꿈의 연상을 통해서 꿈꾼 사람에게 무슨 도움을 주거나, 꿈꾼 사람을 대신해서 꿈을 해석해준다는 생각을 완전히 버려야 함을 의미한다.

구성원들은 꿈꾼 사람의 꿈을 듣고 또 꿈 기록을 보면서, 꿈의 형상과 사건에서 느껴지는 정서를 자신의 것으로 생각하여 느껴본다. 그런 다음, 그들은 꿈에 나오는 각각의 형상과 사건 등에 대해 자신의 개인적 의미를 탐색한다. 형상의 의미, 부합하는 사건이나 경험을 떠올리며 "이것이 만일 나의 꿈이라면 나에게는 이러이러한 의미를 지닌다"고 말한다. 이 과정에서 새롭게 느끼게 되는 정서가 있다면, 당연히 그 정서도 포함한다.

이 모든 것을 꿈꾼 사람을 의식하지 않고, 자신들만의 것으로 구성원끼리 서로 나누는 것이 특히 중요하다. 이는 꿈꾼 사람에게 구성원들의 견해로부터 자유롭게 하기 위함이다. 구성원들이 꿈꾼 사람을 향해 직접 말을 하게 될 때에는 그것을 받아들여야 하거나, 부인해야 하는 부담을 느끼게 된다. 그러나 구성원들끼리 서로 주고받는 말을 옆에서 엿듣는 것처럼 한다면, 꿈꾼 사람은 그런 부담에서 벗어나 자유롭게 의미 탐색을 할 수 있다.

구성원들은 다양한 방법으로 꿈과 관계된 자신의 생각을 표현할 수 있다. 이때 그것이 어떤 것이든지 꿈 주인의 상황에 곧바로 적용할 수 있는 것처럼 말하지 않도록 한다. 구성원들의 견해를 듣고 적용하는 것은 꿈꾼 사람의 고유권한으로 남겨 두어야 한다.

구성원들이 각자 꿈에 대한 견해를 말할 때, 다른 사람들은 왜 그런 생각을 하게 되었는가에 관심을 갖지 말아야 한다. 이는 초점이 꿈과 꿈꾼 사람으로부터 구성원에게로 옮겨지지 않도록 하기 위함이다. 구성원들은 각자 자신의 입장에서 자신들의 고유한 의견을 말하면 된다. 그래서 그 중의 하나라도 이야기를 듣는 꿈꾼 사람의 마음과 부합한다면, 꿈을 꾼 사람은 그것을 통해 중요한 통찰을 얻게 된다. 그리고 꿈을 이해하는 데 도움을 얻는다.[35]

자신의 꿈을 사용하여 구성원들이 그들의 정서와 의미를 주고받는 것을 듣고 있노라면, 꿈꾼 사람의 내면에서는 여러 가지 생각과 정서가 생긴다. 구성원들이 꿈과 관련된 정서를 말할 때에는 자신이 전혀 알아차리지 못했던 정서를 깨닫기도 하고, 그 정서를 직면하기도 한다. 또한 구성원이 꿈 형상과 관련시켜 말하는 상징적 의미가 자신의 생각을 정확히 표현해주는 것이라고 느낄 수도 있다. 설혹 구성원들이 말하는 형상에 대한 의미가 자신의 생각과 동일한 것이 아니라고 하더라도, 그것 역시 자신의 생각을 명료화하는데 도움이 된다. 결론적으로 말해, 구성원들이 꿈에 보여준 관심과 서로 나눈 꿈에 대한 정서와 의미 등은 모두 꿈꾼 사람이 꿈의 의미를 스스로 탐색하는 데 큰 도움을 준다.[36]

마지막으로, 꿈에 대해 구성원들이 자신의 생각으로 반응할 때에는 꿈에 나오는 내용 모두에 대해 다 반응할 필요는 없다. 각자 꿈의 한 장면이라도 자신이 의미를 부여하고, 정서를 표현할 수 있는 부분에 대해 반응하면 된다.

● 구성원들에게 반응하면서 꿈꾼 사람이 스스로 꿈의 의미를 해석한다

구성원들이 꿈에 대한 생각을 자유롭게 나누고 나면, 관심은 다시금 꿈을 꾼 사람에게 돌아온다. 그리고 꿈꾼 사람을 중심으로 집단이 진행되어 나간다. 꿈을 꾼 사람은 구성원들이 서로 나눈 이야기를 들으면서 느낀 감정, 특정한 꿈의 형상, 전체적인 꿈의 의미 등에서 알게 된 통찰 등을 언급한다.

그런 다음 꿈꾼 사람은 스스로 이해한 꿈의 의미를 설명한다. 이 작업을 하다 보면, 구성원들의 이야기를 듣는 것만으로도 꿈꾼 사람은 자신의 꿈이 무엇을 의미하는지 이해되는 경우가 많다. 구성원들의 생각이 직접적으로 통찰을 가져다주기도 하고, 미처 생각하지 못했던 방향으로 의미를 탐색하도록 자극하는 계기가 되기도 한다.

꿈꾼 사람이 꿈의 의미를 해석할 때에는 꿈의 각 형상이 지닌 의미가 현실의 어떤 사건이나 인간관계를 표현하는지 구체적으로 설명하도록 한다. 전체 의미를 다 해석하지 못하는 경우가 생기기도 하는데, 이때는 좀 더 작업을 하는 것이 필요하다. 이를 위해 꿈꾼 사람과 구성원들은 서로 대화를 하면서 분명하지 않은 부분에 대한 의미를 탐색해 나간다.

이때 주의해야 할 것은 꿈이 대화의 주제가 되고, 꿈꾼 사람이 대화의 주인공이 되도록 하는 것이다. 구성원들은 어디까지나 꿈꾼 사람이 자신의 꿈을 스스로 이해하도록 도와주는 역할을 하고 있다는 사실을 잊어서는 안 된다. 자신들이 이해한 꿈의 의미를 꿈꾼 사람이 받아들이도록 직접 혹은 간접적으로 요구하지 말아야 한다. 그리고 꿈을 꾼 사람이 언급하지 않고 넘어간 형상이나, 설명이 미진한 부분을 더 탐색한다. 그리하여 꿈의 내용 전체를 이해하도록 도와준다.

구성원들이 도우미의 역할을 제대로 감당하기 위해서는 무엇보다도 꿈꾼 사람에게 관심을 집중해야 한다. 그래서 그가 하는 말을 귀담아 잘 듣는 것이 중요하다. 물론 처음에 꿈꾼 사람이 꿈 이야기를 들려줄 때부터 이런 태도를 견지해야 한다. 이는 그가 하는 말을 정확하게 이해하기 위해서뿐만 아니라, 그가 사용하는 언어와 표현도 잘 기억하기 위함이다. 아울러 그의 표정과 태도, 그리고 음성의 변화나 목소리를 통해 묻어나오는 정서도 민감하게 알아차리는 것이 필요하다. 또한 이런 것들을 꿈이 기록된 용지에 간단하게 메모해 두는 것도 좋은 방법이다.

꿈에 대한 꿈꾼 사람의 해석을 듣고 나서 미진한 부분이 있다면, 구성원들은 꿈꾼 사람에게 질문을 한다. 꿈을 중심으로 꿈꾼 사람과 구성원들 간에 이루어지는 일련의 대화를 통해서, 꿈꾼 사람은 미처 이해하지 못했던 꿈의 형상에 대해 이해할 수 있게 된다. 이로 인해 궁극적으로는 꿈 전체가 전하고자하는 메시지를 일상적인 용어로 설명할 수 있게 된다. 물론 이 과정에서 리더는 꿈의 형상이 전체적으로 다루어지는지, 그리고 꿈꾼 사람이 모든 형상에 대해 이해하는지에 관심을 가지고 지켜보면서 구성원과 같은 입장에서 질문을 한다. 이렇게 하여 꿈에 대한 이해가 이루어지면, 꿈을 꾼 사람뿐만 아니라 구성원들 역시 꿈에 대한 작업이 완료되었다는 것을 알게 된다.

● 꿈의 해석이 가져온
　통찰과 자기 이해는 어떤 것인가

　　　　　개인 꿈 해석과 마찬가지로 집단 꿈 해석 작업 역시 단순히 꿈의 의미를 이해하는 것으로 끝나는 것이 아니라, 꿈꾼 사람의 자기 이해와 연결이 되어야 한다. 나아가 꿈과 꿈꾼 사람의 자기 이해가 구성원들에게 어떤 통찰이나 경험을 불러일으켰는지 서로 나누는 장이 된다. 이를 위해 먼저 꿈꾼 사람이 꿈 해석을 통해 어떻게 자신을 새롭게 보게 되었는지, 자신의 어떤 면과 만나게 되었는지를 구성원들에게 들려준다. 이때는 주로 꿈의 형상을 빌려 표현된 현실의 특정한 상황이나 인간관계 등과 관련하여 자신이 새롭게 알게 된 자기 정서와 이해 등을 구체적으로 말한다. 나아가 꿈이 상징하는 현실의 상황이 해결해야 할 필요가 있는 것이라면 그 상황이 어떻게 변하면 좋을지, 그런 변화는 어떻게 가능하다고 생각을 하는지, 그리고 구체적으로 그런 변화를 위해서 어떤 행동을 할 필요가 있는지에 대해서도 자신의 생각을 나눈다.

꿈꾼 사람의 자기 이해에 관한 설명이 끝나고 나면, 구성원들은 꿈해석과 꿈꾼 사람의 자기 이해를 듣고 어떤 생각을 하게 되었는지를 서로 나눈다. 가급적이면 구성원들은 자신들의 이야기를 장황하게 꺼내놓지 않도록 하여, 대화의 초점을 꿈꾼 사람에게서 옮겨 가지 않도록 주의한다.

꿈꾼 사람이 현실에서 해결해야 할 과제를 언급했다면, 이와 관련하여 구성원들은 어떻게 하라고 제안하는 것이 아니라 꿈의 연장선에서 간접적으로 언급하는 것이 좋다. 예를 들면 "그 꿈이 내 꿈이라면 어떻게 진행이 되어 어떤 방식으로 결말이 났을 것 같고, 그렇게 생각하는 이유는 이러저러하기 때문이다"라고 말을 하는 것이다.

구성원들이 자신들의 통찰과 경험에 대해 이야기를 서로 나누고 나면, 이제 다시금 꿈꾼 사람의 마무리 말을 듣는다. 꿈꾼 사람은 구성원들의 생각과 통찰을 듣고 느낀 것이나, 또 해결이 되지 않은 꿈꾼 사람의 문제에 대해 각자 자신의 입장에서 한 말을 듣고 어떤 느낌을 받았으며, 어떤 결심을 하게 되었는지를 간단하게 언급한다. 마지막으로 꿈을 함께 나눈 경험에 대한 자신의 느낌을 언급하는 것으로 마무리한다.

여기까지가 꿈을 이용한 집단 작업이 이루어지는 과정에 대한 설명이다. 꿈 집단에서도 꿈의 의미를 탐색하고 최종적으로 의미를 확정하는 것은 전적으로 꿈꾼 사람 몫이다. 구성원들은 도우미로서 그들의 한계를 넘어가지 않도록 조심한다.

● 집단원의 반응을 통해 꿈을 해석하는 꿈 집단 사례

꿈 이야기 나누기와 질문

아래의 꿈은 교육에 종사하는 40대 초반의 여성이 꿈 집단에서 다루기 위해 내놓은 꿈이다. 리더는 꿈을 복사해서 구성원들에게 돌려주고 난 후, 꿈꾼 사람의 이야기를 듣는 것으로 집단을 시작했다.

> 밖에선 무언가가 진행되고 있고, 나는 방에서 나가 그곳으로 가기 위해 옷을 입는다. 입고 보니 노랑, 주황의 한복(대학 때 우리 과의 교수가 강의 때 종종 입었던 옷을 연상시킴)을 입었는데, 저고리는 입지 않았고 치마랑 두루마기를 입은 것이다. 그런데 어깨는 다 드러나 있고 가느다란 끈만 어깨에 있다. 나는 그것을 파티복의 개념으로 생각한다(전에 TV에서 전도연이 대종상인가 탈 때 보니까 한복치마만 입은 것 같은 차림으로 나온 것을 본 적이 있고, 그때 상당히 충격적

이었음). 내 어깨를 보니 허옇고 튼실하고 실제의 내 어깨보다 넓고 두툼하다. 그런데 생각해 보니 다른 사람들은 그것을 파티복의 개념으로 이해하지 못할 것 같다. 한복 저고리도 없이 사람들 앞에 나타난다는 것은 이해받지 못할 행동 같다는 생각이 든다. 그러면서 차라리 아까 입었던 검은색 정장을 그대로 입고 있을 걸 그랬나 싶기도 하고, 저고리를 찾아야 하나, 하는 생각이 들기도 한다. 그러면서 마음이 바빠진다. 치마를 벗어 보니 속치마를 안 입었다고 하는데, 속치마 바람이다. 그리고 다리가 다 비친다. 저고리를 찾아서 입으려 하는데, 똑같은 천으로 된 옷을 아랍계인 듯한 외국 남자가 입고 있다. 둘러보니 여기 저기 그런 옷감의 옷을 많이 입고 있다. 그래서 '이게 공식적인 옷감인가 보다' 하는 생각도 스친다. 밖에는 나가 보아야 하는데 마음이 바쁘다.

꿈 이야기가 끝나자, 리더는 집단원들에게 꿈 내용과 관련하여 분명하지 않은 부분에 대해서 질문을 하도록 했다. 한 구성원이 "꿈속에서의 상황이 현재 자신의 모습인지, 그렇지 않으면 과거의 모습인지?"를 묻자, 꿈꾼 사람은 현재의 모습이라고 대답했다. 다른 구성원은 "꿈에서 말하는 밖은 방과 같은 공간에 속한 것인지, 아니면 다른 곳에 있는 것인지?"를 물었다. 꿈꾼 사람은 방을 나가면 바로 연결이 되는 밖이라고 했다.

집단원들의 꿈 이해

더 이상의 질문이 없자, 리더는 집단원들에게 "이 꿈이 만약 내가 꾼 꿈이라면 나에겐 어떤 의미일까?" 생각해 보라고 했다. 그리고 참석자들은 잠시 자신의 꿈이라고 생각하면서 의미를 탐색했다. 리더가 누구든지 말하고 싶은 대로, 탐색한 부분을 자신이 이해한 대로 꿈에 대해 말을 해보라고 했다. 그러자 참석자들은 마치 그것을 자기가 꾼 꿈인 것처럼 자유롭게 꿈에 대한 의견을 말하기 시작했다.

A 내게 한복은 명절 때나 가까운 친척의 결혼식 때만 입는 특별한 옷이다. 입으면 거추장스럽지만, 보통 때와는 달리 일상의 사소한 고민에서 일시적이나마 벗어나게 된다. 그리고 일어나는 일에 몰두하게 되고 긴장도 하게 된다. 그런데 저고리 없이 치마만 입고 사람들 앞에 나서려면 말도 못하게 수치스러울 것 같다. 현실에서 내게 그토록 수치스러운 일은…… 사실 나는 얼마 전까지만 해도, 어릴 때 부모를 잃고 고아원에서 자랐다는 것을 거의 모든 사람들에게 숨기며 살아왔다. 이 꿈이 내 꿈이라면, 그리고 이 저고리 없는 한복 부분만 생각하면, 아마 부모님 없이 자란 사실이 드러날 수밖에 없는 상황이 되어서 어쩔 줄 몰라 하는 내 심정을 표현하는 것이 될 것 같다.

B 전도연이 무슨 상 받을 때 나도 TV를 보았다. 나도 처음엔 놀랐지만, 멋있다고 생각했다. 저렇게 디자인할 생각을 했다는 것에 존경

심 같은 것도 잠시 느꼈던 기억이 난다. 그리고 파티 복으로 생각한다는 부분을 들으면서, 제일 먼저 생각난 것이 '합리화'이다. 나는 일상에서 일어난 일에 대해 무엇이든지 긍정적으로 생각하며 살고 있다고 생각했고, 그것을 나의 큰 장점으로 생각했다. 그런데 어떤 집단에서 그런 내 이야기를 듣고는 "○○는 합리화가 일상이 되었나 보다"는 소리를 해서 기분이 나빴던 적이 있다. 그러고 나서 생각해 보니 그것도 일리가 있는 말인 것 같았다.

이게 내 꿈이라면 아마 이번에 직장에서 바로 위의 상사가 "○○씨가 그 일을 마무리하라"고 한 사건과 연결이 되었을 것이다. 그 말을 듣는 순간엔 몰랐으나, 생각해 보니 자기가 해야 할 일을 내게 떠미는 것 같아서 화가 났다. 그러다 다시 한 번 생각해 보니, 관련된 일을 내가 처리한 적이 있으니까 '내가 잘할 수 있을 것 같아서 내게 맡겼으려니' 하고 마음을 고쳐먹고 좀 편해졌다. 이 꿈이 내 꿈이라면 근래의 그 일이 꿈에 나타난 거라고 생각했을 것 같다. 꿈속에서도 할 수 없이 저고리 없이 나가야 하는 상황이 황당했으나 파티 복이라고 합리화한 것과, 직장에서 내게만 떠맡기는 것 같아 황당했으나 합리화해서 좋게 해석하려 한 내 모습이 이 상황과 비슷한 것 같다.

A 이것이 내 꿈이라면 아까도 말한 것처럼 아무리 생각해도 이것은 나의 가정배경과 관련된 꿈으로 생각된다. 치마 속으로 다리가 훤히 비친다는 것도 생각해보면 내가 아무리 티를 안 내려고 해도 내

가 부모 없이 자란 티가 난다고 사람들이 생각할 것 같은 느낌이다 (목이 메임). 요즈음은 많이 나아졌는데도 문득문득 그런 생각이 들 때가 많다.

C 내가 만일 교수님이 강의 때 입었던 것과 같은 옷을 입은 꿈을 꾸었다면 '나도 그보다 못할 것이 없다'는 좀 건방진 마음의 표현일 것 같다. 교수님은 아니지만, 지금 모이는 스터디그룹의 선생님이 하는 소리를 들으면 어떨 땐 괜히 스터디에 참석하는 건 아닌가 싶을 때도 있다. 물론 인간관계가 중요해서 참석하는 면이 많긴 하지만, 속으론 '나도 저 정도는 아는데'라고 생각하며 들을 때도 있다. 내 꿈이라면 그런 마음의 표현일 것 같다.

D 나는 지금까지 여자가 된 꿈을 꾼 적이 없다. 우리 집엔 남자 형제만 많기 때문에 고모님이 몇 번 나한테 "네가 여자로 태어났으면 엄마가 좀 편했을 건데……"라고 하신 적은 있다. 하지만 여자가 되었으면 하고 생각한 적은 거의 없다. 남자인 내가 꿈에서 여자가 되고, 이런 내용의 꿈을 꾸었다면 우선 여자가 되었다는 것 때문에 아주 황당한 느낌이 들었을 것이다. 남자인 내가 여자로서 그런 꿈을 꾸었다는 가정 하에서 내 이야기를 진행해 보겠다.

'밖'이란 나에게 활동의 공간, 나를 드러내는 장소이다. 특히 옷을 차리고 나가는 것은 나의 일과 관계된 공식적인 활동의 시간이다. 그렇기 때문에 밖으로 나간다는 것은 긴장이 되는 일이고, 신경이 쓰이는 일이다. '방'이란 사적인 공간이고, 내가 원하는 대로 편하게 지낼 수 있고, 다른 사람 신경을 쓰지 않고 좋아하는 것을 방해 받지 않고 할 수 있는 그런 공간이다.

외출할 땐 외출의 성격에 따라 옷을 골라 입는다. 옷은 곧 그런 장소에서 내가 하는 일이나 나의 신분, 지위 등을 보여주기 때문이다. 한복을 입었다면 이는 상당히 공식적인 모임이다. 노랑, 주황의 한복이면 내게는 화려한 느낌이다. 그리고 그런 옷을 입으면 다른 사람의 시선을 의식하게 되고, 한편 잘 차려 입었을 경우 굉장히 뿌듯한 느낌이 생길 것 같다.

꿈에서처럼 한복을 입으면서 저고리는 입지 않았다면, 나는 너무나 창피하고 쑥스러워 감히 밖으로 나갈 수 없을 것 같다. 만일 그렇게 입고 나갔다면 나는 아무것도 못하고, 그런 내 모습을 감추는데 온통 신경을 쓰고 있을 것이다. 치마의 끈만 어깨에 달려 있고 어깨가 노출이 된다면, 너무 어울리지 않는 내 모습으로 인해 부적절한 감정을 견디지 못하는 상태가 되었을 것이다. 그런데도 내가 그것을 마치 파티 복으로 생각해야 한다니……. 그것은 나로서는 도저히 못할 행동이다. 차라리 그냥 그 상태에서 가만히 있고 말 것이다. 그런 와중에 식구가 아닌 남이 보는 데서 다리가 비치는 속치마를 입었다면, 역시 굉장히 수치스러울 것 같다.

내 어깨가 튼실하고 실제보다 넓고 두툼하게 보이는 그 부분만 생각한다면 나는 남자로서 아주 만족스러웠을 것 같다. 그렇지만 여자라면 좀 창피할 것 같다. 아랍계 외국인은 어딘지 도둑놈들 같은 느낌, 무서운 느낌, 무식한 사람 같은 느낌으로 다가온다. 그런 사람들이 입고 있는 저고리는 내게는 마치 어떤 단체의 구성원들이 입는 유니폼을 연상시킨다.

이상 꿈의 내용과 관련하여 내 꿈이라고 생각하면서 의미를 새겨본다면 다음과 같다. 밖에서의 활동을 위해 입고 거기에 걸맞은 자격 등을 갖추어야 하는데, 아직 갖추지 못해서 애를 쓰는 내 모습이 떠오른다. 한편 내가 갖추려고 하는 저고리를 아랍계 외국인이 입었기 때문에, 내가 보여주려고 준비하는 그 방면의 일에 대해 나 스스로 별로 내키지 않는다는 의미로 해석된다. 특히 여자가 되어 이런 일을 당한면 사회생활을 위해 준비되지 못한 내 모습을 나타내는 것 같다.

A D가 어깨 얘기를 하니까 생각나는데, 나는 내 어깨가 여자치고는 넓은 것에 열등감이 좀 있다. 옷을 살 때도 '어깨가 커 보이지는 않을지'에 신경을 많이 쓴다. 만일 꿈에서 튼실한 어깨가 드러났다면 그것 역시 사람들에게 보여주고 싶지 않은 내 모습이 드러난 것에 대한 수치심일 것 같다. 든든한 어깨는 여자인 내가 가질 것이 아니다. 든든한 아버지가 있어야 하는데, 그렇지 못해서 고생스럽게 돈 벌면서 스스로 어깨 역할까지 하며 살아왔던 힘든 내 인생이 드러난 것인지도 모르겠다. 한편 요즈음은 억척스레 살아온 것이 대단하다는 생각

도 하게 되었지만, 떡 벌어진 어깨가 드러났다는 것은 든든히 기댈 아버지가 없는 것이 들켜버린 마음과 비슷한 것 같다.

E 나는 계속 아랍계 남자를 생각해봤다. 난 이라크 전쟁을 일으킨 미국도 싫지만, 무지막지한 아랍 쪽 사람들도 거부감이 든다. 특히 아랍계 남자는 여자들을 완전 무시하고 알라신의 계시라면서 죄 없는 사람들을 막 죽이는 야만인 같은 느낌이다. 그런데 내가 입은 것과 똑같은 옷감의 옷을 그들이 입고 있다면 나는 짜증이 날 것 같다.

한편 주변의 다른 사람들도 똑같은 옷을 입고 있는 걸 본다면, '나도 그들보다 나을 것이 없는 사람이구나' 하는 마음일 것 같다. 게다가 그들은 한 벌을 당당히 입었지만, 나는 윗도리가 없다. 그나마 공식적으로 둘러야 하는 것의 일부가 없는 꼴이다. 그러니까 나는 대단한 파티 복이라고 생각하고 걸쳤지만, 그나마 일부가 없고 둘러보니 어중이떠중이가 다 그런 옷을 입고 있다. 나보다 못한 야만인들마저 나보다 더 제대로 갖추어서 입고 있다.

나는 근자에 운전면허시험에 붙어서 기분이 좋은데, 한편 다른 사람들은 벌써 운전 경력도 많다. 그런데 나는 이제 겨우 면허 땄다고 좋아했던 생각이 난다. 한편으로는 이제 면허를 딴 것이 좀 창피해서, 오래된 것처럼 행세하고 싶었던 것이 생각난다. 아랍계 남자란 운전하면서 여자를 무시하며, 여자 운전자들을 겁주는 난폭 운전자들을 상징하는 것 같다.

난폭 운전자를 비롯해 주변의 많은 사람들이 이미 운전면허를 가지고 있고 운전 경력도 많은 것이, 아랍계 사람을 비롯한 많은 사람들이 똑같은 옷감의 옷을 입은 것으로 나타난 것 같다. 그리고 일단 나도 같은 옷감으로 치마를 둘렀다는 것은 면허를 땄다는 안도감인 것 같다. 그러나 아직은 초보운전이고 이제 겨우 면허를 땄다는 것이 좀 부끄러운 심정인데, 그것이 저고리를 아직 갖추지 못한 것으로 나타났을 것 같다.

F '아까 입었던 검은 정장을 차라리 입을까' 하는 부분을 들으면서, 나는 직장 때문에 고민하는 현재의 내 모습이 떠오른다. 물론 내가 지금 그 직장을 나온 건 아니지만, 먼저 그 직장에서 나와 조그만 사업체를 꾸려가는 동료들과 계속 교류를 하면서 '나도 나와야 하나?' 하는 문제로 고민을 하고 있다. 그런데 다니던 직장에서 나오면 안정되기까지 너무 힘들 것 같아 고민 중이다. 이런 내 마음이, 어깨를 벌거벗고 치마만 하나 걸치는 것보다는 그래도 검은 색 정장으로 나타난 현재의 직장에서 정식 직원으로 있는 것이 더 낫지 않을까 하는 마음일 것 같다.

G 내가 만약 이러한 꿈을 꾸었다면, 우선 내게 한복은 평상시에 전혀 입지 않는 옷이다. 그리고 한복은 어딘가 어울리지 않는, 그래서 내가 입는다면 내가 아닌 것 같은 느낌을 준다. 심지어 나는 명절에도

한복을 입지 않는데, 어색하고 거북한 상황이다. 거기다가 외출을 위해 필수적인 저고리도 안 입고, 속치마가 다리까지 비치는 상황이라면 당혹스러움 그 자체이다. 이것은 현실에서 가장 중요한 부분인 나의 직업과 신분의 불안정감, 지금의 위치는 내가 있어야 할 곳이 아닌 것 같은 느낌을 상징할 것 같다.

이 꿈에서 검은색 정장을 입을까, 또는 저고리를 찾아야 하나 하는 난감한 상태는 오랫동안 내가 원하는 직장을 찾지 못하고 헤매는 나의 불안한 정서를 나타낸다고 생각한다. 똑같은 천으로 된 옷감으로 아랍계 외국인과 다른 사람들이 많이 입었는데, 내가 그 천으로 된 저고리를 찾아야 되는 상황은 직장과 연관이 된다. 나는 그렇게 좋게 생각하지 않으나, 남들에게는 그런대로 안정된 직장생활을 하면서 잘 살아가고 있는 모습으로 비춰지는 내 직장 생활을 나타내는 것 같다.

아랍계 외국인은 대체로 호감이 가지 않고 전혀 부럽지 않은 느낌이다. 그런 사람들마저도 직장을 가지고 생활하고 있는데, 그렇지 못한 내 입장을 몹시 못마땅해 하는 나의 심정을 나타내는 것 같다.

꿈 주인의 꿈 이해

집단원들이 각자의 입장에서 꿈과 관련된 의미 탐색을 끝내자, 리더는 꿈꾼 사람에게 집단원들의 이야기를 들으면서 어떤 생각과 마음이 스쳐갔는지, 그리고 꿈을 어떻게 이해하게 되었는지 물었다. 이에 꿈꾼 사람은 자신의 이야기를 들려주었으며, 그것을 정리하면 다음과 같다.

　다른 사람들이 한 사람씩, 한 사람씩 '내 꿈이라면……' 하면서 자기 생각을 들려줄 때마다 내 꿈이 점점 더 선명해지고 의미가 드러나는 것이 너무 신기했다. 어떤 내용은 나와 정반대의 생각이기도 하고, 어떤 내용은 내가 모르던 것을 확 일깨워주기도 했다.

　우선 밖에서 진행되고 방에 있는 내가 그곳으로 가려고 한다는 것은, 대외적인 일에 마음은 있으나 적극적으로 참여하지 못하는 현재 내 모습이다. 그곳으로 가려면 옷을 잘 갖추어 입어야 한다. 우리나라에선 결혼식 때 가까운 친척들이 한복을 입는 것처럼, 지금 내 분야에서 대외적인 일을 적극적으로 하자면 전통적인 옷차림을 해야 한다. 그것이 나에겐 대학원 진학을 놓고 고심하는 마음의 표현인 것 같다. 교수님이 강의 때 즐겨 입던 것과 같은 옷감의 옷을 나도 입었다는 것은 C가 말한 것처럼 '나도 실무 분야에선 잘할 수 있지 않나' 하는 내 마음의 표현인 것 같다.

　저고리 없는 것을 파티복의 개념으로 생각했는데, 꿈속에서 내 마음은 '전도연이 치마만 드레스로 입었을 때 황당했지만 멋있었잖아. 외국 사람들 눈에는 한복 치마가 멋진 파티 드레스로 충분히 보일 것 같아'라고 생각을 했다. 이렇게 생각했지만, 순식간에 그 마음은 '아니야, 남들은 이해하지 못할 거야. 어떻게 한복을 저고리도 없이 입고 나가지?'하며 무척 걱정스러웠다. 이것은 '내가 대학원을 꼭 다니지 않아도 실무 분야에서 내가 가진 것으로 잘할 수 있을 거야' 하는 마음과 '석·박사들이 좀 우습게 보지 않을까?' 하는 나의 두 마음이 동시에 스치는 것이 반영된 것 같다.

한편, 허옇고 튼실한 나의 어깨는 비교적 기초가 든든하다고 생각하는 내 마음의 반영인 것 같다. 나는 평상시 남자든 여자든 어깨가 튼튼한 사람을 보면 '뼈대가 든든해서 건강해 보인다. 여성미는 좀 떨어질 수 있겠으나, 당당하고 건강한 모습이 아주 좋아 보인다. 꿈속에서 내 어깨가 튼실한 것은 내가 하는 일에 비교적 기초를 든든하게 갖추었다'고 생각했던 것이 연상된다.

내가 이 꿈을 꾼 것은 내가 몸담고 있던 직장에서 나와, 좀 더 큰 직장으로 옮기기로 결정한 직후이다. 다른 사람들이 대학원도 안 나온 사람이 거기에 취직했다고 할 것 같고, 그 상황을 이해하지 못할 것 같은 마음, 그리고 그것을 감당하기 힘드니까 차라리 있던 직장에 다시 있겠다고 할까 하면서 갈등했던 마음이 검정색 정장을 그대로 다시 입을까………, 사람들은 저고리 없는 한복을 내가 생각하는 것처럼 파티 복으로 여겨주지 않을 텐데……, 하면서 걱정했던 심정과 비슷하다.

마음이 바쁘다는 것과, 다리가 훤히 비치는 치마란 그나마 내가 그런 대로 실무 분야에선 좀 자신이 있다 생각하고 있었지만, 막상 현실을 직시해 보니 그리 내세울만한 것이 없다는 걱정스런 마음이 스친 적이 있었다. 그 마음이 꿈속에서 이렇게 표현된 것 같다.

저고리를 이리저리 찾다가 발견한 아랍계 외국인이며, 군데군데 똑같은 옷감의 옷을 입은 사람들이란 내 분야에서 대학원을 다니거나 졸업한 사람인 것 같다. 특히 아랍계 남자는 이전 직장에 실력이나 성격이 별로라고 생각되고 내 마음에 안 드는 사람이 있는데, 그 사람도 이번에 대학원에 붙었다고 하는 소리를 들으면서 '어중이떠중이 다 대학원 가네'라고 생각한 적이 있었다. 바로 그 사람인 것 같다.

그 옷감의 옷을 입은 사람이 많다는 것은 이제 이 분야에서는 기본적으로 대학원을 진학해야 그나마 공식적인 자리에 명함이라도 내밀 수 있겠다고 생각했는데, 그런 마음이 꿈에서 나타난 것 같다.

'대학원에 진학하고 싶은 마음'과 '대학원에 안 가도 나는 그런 대로 갖추었어'라는 내면의 갈등이 이렇게 한편의 영화처럼 선명하게 보여준 것이 참 신기하다. 내가 의식 수준에서 느끼고 있는 것보다 훨씬 더 대학원 진학 문제로 고민이 많다는 것도 새삼 알겠다. 그리고 이를 두고 스스로 엄청나게 합리화하면서 버티어내고 있다는 것도 알겠다. 내가 석·박사를 하지 않은 것이 저고리도 안 입고 다리도 다 비치는 한복을 파티복이라고 생각하면서, 이렇게 많이 힘들어하고 있는 줄은 정말 몰랐다.

꿈꾼 사람은 처음에 꿈을 내어놓을 때만 해도 전혀 무슨 꿈인지 몰랐으나, 집단원들의 이야기를 듣고 스스로 자신의 꿈을 이해하게 되자 조금도 저항하는 마음이 생기지 않았다고 이야기했다. 집단원들이 꿈꾼 사람에게 돌아가면서 꿈의 내용에 대해 질문을 하는 개인적인 꿈 해석 방법으로 꿈을 풀어갈 때는 어떤 집단원들의 질문은 좀 캐묻거나 추궁하는 느낌이 들기도 했다. 그런데 '이것이 내 꿈이라면……' 하고 풀어가는 집단원들의 이야기를 들으면서 아주 편안한 마음으로 참여할 수 있었다고 말했다(이하의 과정은 생략한다).

이상 집단원들이 다른 집단원의 꿈 이야기를 듣고, 그것을 각자 자신의 꿈이라고 생각하면서 집단을 이끌어가는 꿈 집단의 사례를 소개했다. 다음 장에서는 꿈 드라마를 통해서 꿈을 이용하는 방법을 소개하겠다.

꿈 드라마를 위한 준비 작업과
드라마 공연

집단 상담에서 꿈을 다룰 때 문답식 방법 외에 다른 방법이 하나 더 있다. 즉 사이코드라마처럼 꿈의 내용을 드라마로 만들어 집단 상담을 하는 방법이다. 이 장에서는 꿈 이야기를 드라마로 공연하는 방법을 두 가지로 나누어 설명하고자 한다.

첫째, 꿈을 소재로 드라마를 공연하고, 그 경험을 서로 나누는 가운데 꿈꾼 사람이 꿈의 의미를 스스로 탐색하도록 하는 방법(편의상 '꿈 드라마'라고 칭한다)이다. 둘째는 심리극처럼 꿈을 소재로 드라마를 한 후, 집단 상담을 하는 방법(편의상 '꿈 심리극')이다.

꿈 드라마를 진행하는 방법은 꿈의 내용을 어떻게 극화하느냐에 따라, 그리고 드라마의 목적을 어디에 두느냐에 따라 조금씩 달라질 수 있다. 꿈의 내용을 극화할 때 꿈의 내용을 충실히 따르는 방법이 있고, 그 내용의 한 부분을 원하는 대로 바꾸어 공연하는 방법이 있다. 또 서로 다른 사람이 꾼 두 개의 꿈을 하나로 결합시켜 공연할 수도 있다.

이 경우 각각의 꿈이 길거나 복잡하지 않고, 두 꿈의 분량이 비슷한 것을 선택해서 무게가 한쪽으로 쏠리지 않도록 한다. 그리고 꿈을 드라마로 공연하는 집단에서는 필요에 따라 꿈을 통해 경험한 정서를 해소하는 데 강조점을 둘 수 있다. 또한 상징 언어로 표현된 꿈의 의미를 현실 언어로 바꾸는 의미 해석에 강조점을 둘 수 있다.

● 꿈을 대본으로 한 심리극

첫 번째 꿈 드라마에서는 극화된 행동을 통해 정서를 해소하는 한편, 드라마가 끝난 후 토의를 통해 꿈의 의미도 함께 탐색한다. 두 번째 소개하는 꿈 심리극에서는 꿈의 의미 해석이 아니라, 꿈을 대본으로 이용하여 심리극을 하고 각자의 경험을 나눈다.

꿈 드라마를 통한 꿈의 의미 탐구는 네 단계로 나누어 진행이 된다. 첫 번째 단계는 드라마를 위한 준비 단계로, 꿈꾼 사람이 꿈을 들려주고 배역을 정하는 작업을 한다. 두 번째는 드라마를 공연하는 단계이다. 세 번째 단계와 네 번째 단계는 공연한 드라마를 중심으로 꿈의 의미를 탐색하는 토의의 과정인데, 이 단계는 구성원들이 공연 경험을 서로 나누는 과정이다. 이 네 번째 단계에서는 꿈꾼 사람이 공연의 경험과 더불어 꿈의 의미를 스스로 해석해서 들려준다. 그리고 그것이 어떤 자기 이해를 가져왔는지 설명하면, 구성원들이 꿈 공연과 꿈의미 해석을 통해서 얻게 된 통찰이나 자기 이해를 나눈다.

먼저 꿈 드라마를 위한 꿈을 선정하고 나면, 꿈꾼 사람은 구성원들에게 자신의 꿈을 생동감 있게 들려준다. 이는 구성원들이 꿈 이야기를 듣고 부여받은 역할을 할 때, 어떤 마음과 태도로 연기해야 할지결정하는 데 도움이 된다. 꿈 이야기를 한 다음 꿈꾼 사람은 꿈의 내용이 기록된 용지를 돌려주어 구성원들이 필요할 때 참고하도록 한다. 또 공연이 끝난 다음, 그들의 느낌이나 통찰 등을 간단히 메모하도록 하여 토의할 때 참고하면 좋다.

꿈 드라마를 위한 두 번째 준비 작업은 꿈꾼 사람이 연출자가 되어드라마를 위한 대본을 확정하고, 인물을 배정하고, 상황을 설정하는일이다. 물론 꿈꾼 사람은 이 과정에서 집단 리더와 상의하면서 그의도움을 받는다.

드라마를 위한 대본을 확정하는 일과 관련하여 앞에서 경우에 따라 꿈의 내용을 변경하여 공연할 수도 있다고 한 적이 있다. 그러나꿈의 의미를 적절하게 이해하기 위하여 첫 번째 공연에서는 꿈의 내용을 그대로 공연을 한다. 그 다음, 필요에 따라 배역을 바꾸거나 꿈내용 가운데 원하는 부분을 바꾸어서 한 번 더 공연할 수 있다.

● 꿈 드라마를 위한 배역과 무대 설정

인물을 배정할 때 꿈꾼 사람은 리더의 도움을 받는다. 그래서 구성원들 가운데서 적절한 사람들을 선택하여 등장인물이나 사물의 역할을 부탁한다. 구성원들이 각자 맡은 역할을 어떻게 할 것인지 잘 이해하도록 하기 위해, 꿈꾼 사람은 그들에게 꿈에 나오는 인물과 꿈 꾼 사람의 관계가 어떤지, 실제적인 인물인지 그렇지 않으면 낯선 사람인지, 그리고 그 사람의 특징은 어떠한지를 간단하게 설명해준다.

꿈꾼 사람이 꿈에 나오는 자신의 역할이나 그 반대되는 비중 있는 역할을 직접 하는 것은 꿈과 자신을 이해하는 데 아주 중요하다. 그러나 꿈꾼 사람이 원한다면 다른 역할을 할 수 있다. 심지어 자신은 앉아서 다른 사람들이 공연하는 것을 지켜 볼 수도 있다. 하지만 꿈에 나오는 자신의 역할을 직접 해보는 것은 중요하다. 배역을 정할 때 원하지 않는 구성원에게 어떤 역할을 하도록 강요하지 않도록 주의한다.

꿈 드라마를 위한 배역과 무대 설정이 끝나면, 배역을 맡은 사람들은 모임 장소에 마련된 가상의 무대로 나간다. 그리고 다른 구성원들은 무대를 중심으로 관객처럼 반원형으로 둘러앉는다. 꿈에 등장하는 인물이나 사물이 많으면 모든 구성원이 드라마에 참여할 수도 있다. 또 경우에 따라서, 한 사람이 두 가지 역할을 할 수도 있다.

배역을 맡은 사람들은 연기자들이 연기하듯이 자신의 감정을 충분히 실어 연기를 한다. 일반적으로 첫 번째 공연에서는 꿈의 내용을 그대로 충실히 따라하는 것이 좋다. 비록 어떤 경우에는 꿈의 내용과 다른 행동이나 말을 하고 싶은 충동을 느낄 수도 있다. 하지만 이를 억제할 필요가 있다. 이는 꿈꾼 사람이 드라마의 주인공으로 그의 의도가 충분히 반영되도록 할 필요가 있기 때문이다.

그런데도 드라마 도중에 배역을 맡은 사람들 가운데 누군가가 꿈의 내용과는 다른 행동을 할 때에는 그 부분은 그대로 두고 계속한다. 그 다음, 필요에 따라 두 번째 공연을 할 때 각본대로 하기도 한다.

● 재공연할 때에는 가급적이면 배역을 바꾼다

또 어떤 경우에는 관객으로 있던 구성원이 갑자기 나서서 어떤 역할을 하겠다고 할 수도 있을 것이다. 이런 경우에 잠시 그가 하고 싶은 역할을 하도록 배려해도 좋다. 꿈의 공연 과정에서 일어나는 예상치 못한 사건들은 모두 구성원들이 활용하기에 따라, 꿈과 그 주인과 구성원들을 이해하는데 도움이 될 수 있다. 그러므로 리더는 적절한 융통성을 발휘할 수 있어야 한다.

공연 과정에서 일어나는 돌발적인 사건에 대해 허용적인 태도를 보이는 것은, 결국 꿈의 공연과 집단이 어떤 분위기에서 진행되어야 하는지를 보여준다. 즉 진지해야 하지만 딱딱해서는 안 되며, 가능하면 원칙을 지키도록 해야 하지만 거기에 얽매여서는 안 되고, 여유를 가지고 놀이를 하듯이 즐기는 분위기로 진행되어야 한다. 이런 분위기와 태도는 꿈과 꿈을 통한 자기 이해가 궁극적으로 추구하는 인간 삶의 태도의 하나이기 때문이다.

첫 번째 공연이 끝난 다음, 리더는 꿈꾼 사람에게 꿈의 내용이나 배역을 바꾸어 다시 해 보고 싶은 생각이 있는지를 물어본다. 그리고 그가 판단하기에 그럴 필요가 있다고 생각한다면 적절한 역할을 지정하고, 내용도 달리하여 해보도록 권한다.

재공연할 때에는 가급적이면 배역을 바꾼다. 특히 꿈꾼 사람이 꿈의 내용 가운데 자신을 힘들게 하는 역할을 할 수 있다면, 꿈의 의미와 자신을 이해하는데 더욱 도움을 얻을 수 있다. 또 첫 번째 공연에 참여하지 않은 구성원들이 배역을 맡아 하도록 하는 것도, 공연을 새롭게 하여 꿈에 대한 새로운 시각을 얻을 수 있도록 한다는 차원에서 필요하다. 마지막으로 꿈의 내용을 바꾸어 공연하게 될 경우에는 세 번째 공연을 할 수도 있다. 이건 꿈꾼 사람과 토의를 거친 후 필요에 따라 결정한다.

꿈 공연을 중심으로 한
꿈 해석과 서로의 견해 나누기

꿈 공연이 끝나면 참여한 사람들과 지켜 본 구성원들은 다시금 집단 상담의 형태로 돌아간다. 그리고 둥그렇게 둘러앉아서 잠시 동안 침묵하면서 꿈 공연 도중에 떠올랐던 자신의 감정과 생각, 경험 등을 각자 정리하고 필요하면 메모한다. 그런 다음, 꿈 공연과 관련되어 느낀 정서와 생각 등을 서로 나눈다. 이때 꿈 꾼 사람은 아무런 반응도 하지 말고 구성원들이 하는 이야기를 듣는다. 그러면서 떠오르는 느낌이나 생각 가운데, 꿈과 관련하여 도움이 되는 것이 있으면 메모한다.

구성원들이 서로의 경험을 나눌 때 주의해야 할 것이 있다. 자신이 느낀 것과 생각한 것을 말하되, 자기가 꿈 드라마의 주인공인 것처럼 자기가 중심이 되도록 분위기를 몰고 가지 않도록 한다. 꿈의 내용과 관계되어 자신이 맡은 역할을 하면서 떠오른 자신의 경험이나 정서, 혹은 연상 등을 간결하게 이야기한다. 공연에 참여하지 않은 구성원들은 공연을 보면서 떠오른 정서, 특히 주인공의 말투와 태도, 표정 그리고 꿈의 정서와 꿈꾼 사람의 행동이 일치하지 않는다고 느낀 점 등에 대해서 이야기한다.

그러나 이 과정에서 어느 누구도 꿈을 해석해주면 절대 안 된다. 구성원들은 어디까지나 꿈꾼 사람이 스스로 꿈을 이해하고 자신을 이해하도록 돕기 위해서 거울 역할을 하는 것이다. 그러므로 이를 벗어나지 않는 한도 안에서 그들이 느끼고 경험한 내용을 들려준다. 구성원들의 이야기가 끝나면 다음 단계로 넘어간다.

● 꿈의 의미 해석보다는
　꿈을 통한 정서 경험을 이해

구성원들의 이야기를 다 들은 다음, 꿈꾼 사람은 공연할 때의 느낌과 떠올랐던 생각, 어려웠던 점, 또 구성원들이 들려준 것을 통해서 느낀 점이나 통찰 등에 대해서 언급한다. 그런 다음, 이 과정에서 자기가 이해하게 된 꿈의 의미를 해석한다.

꿈꾼 사람의 해석을 듣고 다루어지지 않은 부분이나 이해가 되지 않는 부분이 있으면, 구성원들은 구체적으로 그 부분에 대해 설명을 부탁할 수 있다. 꿈 주인이 제대로 답을 하지 못하는 경우, 개인적인 꿈 해석의 기법이나 집단으로 하는 꿈 해석의 기법을 동원하여 미진한 부분을 분명히 하도록 도와준다.

이 과정을 거쳐 꿈꾼 사람이 꿈의 의미를 분명하게 이해하면 계속해서 꿈꾼 사람은 꿈의 이해가 어떻게 자신에게 유익한지, 자신의 어떤 모습을 새롭게 알게 되었는지에 대해 구체적으로 들려준다. 구성원들도 마찬가지로 꿈 드라마를 하면서 경험한 것들에 대해 나눈다. 특히 배역을 맡았을 때 느꼈던 충동이나, 대본과 달리하고 싶었던 내용 등 자신의 경험을 나눈다.

꿈의 의미 해석보다는 꿈을 통한 정서 경험을 이해하고, 그것을 공연할 때 일어나는 태도나 행동과 배역들 간의 상호 작용 등을 중요시하게 될 때에는 여기서 구분한 3단계와 4단계를 하나로 결합하여 논의를 진행한다. 이 경우에는 곧 바로 꿈꾼 사람과 구성원들이 공연을 중심으로 자신들의 경험을 나눈다. 이때 꿈꾼 사람부터 시작해서 공연에 참여한 사람들이 감정과 어려웠던 점과 꿈의 내용이나 공연 자체와 관련하여 아쉬운 부분 등을 이야기한다. 그런 다음 공연을 지켜본 구성원들 역시 그들이 보고 느꼈던 점들과 생각 등을 나눈다.

● 모든 구성원들이 다 주인공 역할

꿈의 의미 해석이 아니라 꿈 공연이 가져오는 경험을 중시하는 방향으로 나가게 되면, 꿈 집단은 꿈꾼 사람을 중심으로 이루어지는 것이 아니다. 오히려 모든 구성원들이 다 주인공 역할을 하는 집단으로 변한다. 물론 연출과 배역 등의 부분에서는 꿈꾼 사람이 주도적인 역할을 하지만, 그밖에 공연과 토의 등에서는 모든 구성원들이 자신의 경험을 중심으로 자신의 이야기를 할 수 있게 된다.

꿈의 의미에 대한 탐구 없이 꿈 공연을 통한 경험만으로도 얼마든지 자신의 사고나 정서 체계, 행동과 대인 관계 양식 등을 탐색할 수 있다. 이는 꿈이라는 매개체를 중심으로 사고가 아니라, 마음이 움직이는 대로 행동하고 말하는 것이 참여자들에게 새로운 경험을 가져다 주기 때문이다. 이때 일상적인 행동 양식에서 벗어난 행동을 하고 싶은 충동을 경험하고, 인식하지 못하던 정서를 새롭게 느낄 수 있다.[37]

비록 꿈이 꾼 사람의 사유물이긴 하지만, 구성원들이 각자의 감정과 생각으로 공연하면 그것은 집단의 소유물로 변하게 된다. 구성원들이 가지고 있는 정서와 심리적 문제와 갈등과 욕망 등이 공연을 통해 역동적으로 서로 부딪히면, 그게 바로 각자를 있는 그대로 볼 수 있는 계기가 될 수 있다. 이런 의미에서 꿈을 가지고 함께 놀이를 하는 사람들은 하나의 집단으로 서로 든든하게 결합된다고 할 수 있다.[38]

꿈 드 라 마 사 례 1
늘 어 선 아 파 트 앞 에 선 아 이

이 사례는 필자들이 인도한 꿈 집단 상담에서
꿈을 주제로 공연한 내용을 기록한 것이다. 심리극과 같은 방법으로
진행되었다. 이때 심리극과의 차이점은 꿈을 소재로 한다는 것이다.
그리고 여기서는 공연이 꿈 해석의 도구로 사용된다는 것이다.

● 꿈 이야기 들려주기 및 공연

꿈꾼 사람은 30대 초반의 미혼으로 대학원에 재학 중
이다. 그는 고층 아파트가 양쪽으로 늘어서 있고, 어린 아이가 그 앞

에 서 있는 그림을 그려 왔다. 그리고 집단원들에게 보여주며 꿈 이야기를 들려주었다.

나는 어릴 때 세 종류의 꿈을 반복해서 꾸었다. 하나는 괴물에게 쫓기는 꿈이고, 또 하나는 하늘을 나는 꿈이고, 나머지는 빈 아파트를 나 혼자 헤매는 꿈이다. 이들 꿈의 공통적인 특징은 모두 아파트가 있는 곳에서 일어나는 일이라는 것과, 내가 주택으로 이사를 가기 전인 초등학교 3학년 때까지 반복적으로 꾸었다는 것이다. 귀신에게 쫓기다가 갑자기 텅 빈 아파트가 있는 곳에 혼자 있기도 하고, 혼자 있다가 귀신에게 쫓기기도 하고, 하늘을 날아도 아파트가 있는 곳을 날아가는 꿈을 꾸곤 한다.

꿈에서의 시간은 늘 밤이다. 불이 한두 군데 켜 있기는 하지만, 내가 아는 집도 아니고 아는 사람도 없다. 텅 빈 아파트만 그렇게 늘어서 있다. '누구 없냐?'고 하기도 하면서 헤매고 다니지만, 사람 흔적이 별로 없다. 빈 건물 사이로 달빛이 새하얗게 비치고, 그렇게 아파트가 서 있다.

꿈에서 날려고 할 땐 잘 난다. 아파트 계단에서 "2, 2, 3" 하면 날 수 있다. 날아다니는 기분이 좋고, 원하는 데로 갈 수 있으나 때로 너무 높이 날면 지구를 떠나게 되어 이곳으로 못 돌아 올까봐 불안하고 노심초사한다. 땅을 걷기보다는 나는 땅에 떠 있는 것 같고, 땅을 스쳐 지나가는 것 같다. 마치 매달린 끈이 끊어져버린 듯한 느낌이다.

전체적으로 스산한 느낌이고, 외롭진 않으나 왜 이런 공간에 있을까 하는 어색하고 편치 않은 마음이다.

〈꿈 드라마 사례 1〉
아파트 숲에 외롭게 서 있는 아이

꿈 이야기가 끝난 다음, 꿈꾼 사람은 아파트와 관련된 꿈을 가지고 작업해 보고 싶다는 말을 했다. 리더는 꿈꾼 사람을 뺀 모든 사람들이 스케치북에 꿈꾼 사람이 그려온 아파트가 되자고 제안했다. 꿈꾼 사람은 앉아서 양쪽으로 서서 등을 돌린 채, 아파트 역할을 하고 있는 집단원들을 보고 있다. 한동안 집단원들은 아파트로 서 있었고, 꿈꾼 사람은 앉아서 아파트를 바라보았다. 침묵 가운데 얼마 동안의 시간이 흐른 다음, 꿈꾼 사람이 "이제는 그만 해도 될 것 같아요"라고 말을 함으로써 모두 제자리로 돌아가 앉았다.

● 공연에 대한 경험 나누기

공연이 끝난 후, 잠시 침묵하는 시간을 가졌다. 그 후 리더는 먼저 집단원들이 자신의 생각이나 느낌을 들려주도록 제안했다. 이에 집단원들은 아파트가 되어서 등을 돌리고 서 있는 동안 경험했던 정서와 생각을 들려주었다. 구성원들이 들려준 내용을 간추려 보면 다음과 같다.

"꿈꾼 사람이 공허하고 무시 받고 버려지는 느낌이 들었을 것 같았다."

"아파트가 내겐 공포로 느껴지고 압도되고 숨이 막힌다. 아이를 외면하고 있어서 안타까웠다."

"아파트로 돌아서 있으면서 아파트 앞에 서 있는 아이를 생각하니

먹먹해지고 울컥했으나, 한편 내가 아파트가 온전히 되어서는 갑자기 평온함이 느껴졌다."

"저 아이의 심정이 어떨까? 내가 저 자리에 있으면 서럽고 외로울 것 같았다. 아마 펑펑 울었을 것이다. 내 가슴이 뭉클했다."

"울음이 날 것 같았다. 아이가 궁금해서 뒤돌아보고 싶었다."

"뒷모습을 보면서 앞모습과 참 많이 다름을 느꼈다. 아이는 외면당한 느낌, 배신감, 허전함, 쓰라림을 느끼겠구나 하는 생각이 들었다."

"머리가 찡 했다. 등을 돌리고 서 있는 우리들이 참 모질다는 생각이 들었고 아이가 따돌림 받는 느낌이겠구나, 삭막하고 외롭겠다고 생각하면서 아이가 아파트로 들어오길 바라는 마음으로 서 있었다."

그리고 집단원 중 한 사람은 울음보가 터져서 말을 잇지 못했다.

집단원들의 말을 다 들은 다음, 꿈꾼 사람이 자신의 경험을 말했다. 그는 리더가 "우리가 모두 아파트가 되자"고 했을 때 충격을 받았고 '안 돼, 안 돼, 그것만은 안 돼. 그런 심정 또다시 느낄 수 없어. 내가 다시 그 세계에 진입하고 싶지 않아' 하는 심정이었다고 했다. 그러면서 한편 타인이 내 세계의 것이 되어준다는 게 고맙기도 했고, 타인이 나만의 욕구를 위해 그렇게 해주는 것이 뜻밖이라는 생각이 들었다고 말했다.

그렇지만 막상 모두들 아파트가 된 상황이 되자, 꿈꾼 사람은 밖으로 뛰쳐나가고 싶었다고 했다. 그러나 그 심정을 그대로 느껴보니 '지상에는 내가 할 수 있는 게 없구나. 내가 두드릴 수도 없고 어쩌겠어? 내가 할 수 있는 일이 없구나. 소리를 질러도 누가 나타날 것도 아니고……' 하는 생각이 들었다고 했다. 그러면서 동시에 분노가 느껴졌다고 했다. 모조리 깨버리고 싶고, 어깨를 잡고 흔들고 싶었다고 했다. 흔들면서 '이러지 마! 나한테 이러면 안 되잖아! 그렇게 살지 마!' 라고 소리치고 싶었다고 했다.

● 두 번째 공연 및 경험 나누기

꿈꾼 사람의 말을 들은 다음, 리더는 우리가 다시 한 번 아파트가 되고 꿈꾼 사람은 자신이 하고 싶은 대로 한번 해보자는 제안을 했다. 처음과 같이 집단원들은 아파트가 되어 서 있었고, 꿈꾼 사람은 다시 한 번 꿈속의 아이가 되어서 아파트를 보고 있었다. 한동안 조용한 시간이 흘렀다. 꿈꾼 사람이 아무런 반응을 보이지 않고 그대로 서 있자, 리더는 이제 아파트들이 하고 싶은 대로 하자고 제안했다. 이에 몇몇 구성원들은 꿈꾼 사람에게 다가가 포옹을 했다.

다시 집단 형태로 돌아가서 서로의 경험을 나누는 시간이 되었을 때, 집단원들의 대다수가 "아이가 내게 와 주기를 바라며 서 있었다"고 했다. 또 "내가 아이에게 다가가고 싶지만, 받아들여질 것 같지 않아서 쉽게 갈 수가 없었다"고 하는 집단원도 여럿 있었다. 이 말을 들은 꿈꾼 사람은 자신의 심정이 전이된 것 같다는 말을 했다. 인간관계에서 거의 친구가 없고 늘 혼자인 것이 이제는 익숙해졌다고 했다. 그러나 마음속에선 누군가가 다가와주기를 간절히 바라지만, 갈 수가 없는 자신의 마음을 이야기했다. 그러면서 자신의 이러한 심정이 다른 집단원들에게도 같은 마음을 불러일으킨 것 같다고 했다.

계속해서 꿈꾼 사람은 꿈의 의미에 대해 얻은 통찰을 나누었는데, 먼저 꿈속의 아파트가 지닌 형상의 의미에 대한 생각을 이야기했다. 그것은 부모를 상징하는 것 같다고 말했다. 아파트는 부모처럼 태어날 때부터 함께 있었던 대상, 친숙한 대상, 그러나 이해가 되지 않고 파악이 되지 않는 대상, 상황을 바꿀 수 있는 것은 아무것도 없고 어찌 할 수도 없는 것, 압도감, 무력감, 삭막함이 느껴지는 대상으로 부모에 대한 의미와 정서를 그대로 보여주기 때문이라고 했다. 그런 부모에 대해 차라리 이럴 바엔 내가 다 없애버려야지, 다 쓸어버려야겠다는 분노감, 한편 매달려서 아부하고 싶은 마음도 들었다. 그래서 '엄마, 내가 잘해줄게'라며 사탕발림 같은 것도 하고 싶은 마음도 들었다고 했다.

● 꿈꾼 사람의 꿈 해석 및 자기 이해

이 통찰을 바탕으로 꿈꾼 사람이 해석한 꿈의 의미는 다음과 같다.

꿈속에 반복적으로 등장하던 아파트는 거대하게 내 앞에 서 있는데, 이것은 부모를 의미한다. 아빠가 키가 크고 건장하다. 엄마도 키가 크다. 부모도, 아파트도 모두 내가 태어나면서부터 늘 같이 있었던 것이어서 친숙한 대상들이다.

그렇긴 하지만, 아파트가 이해가 되지 않는 것처럼 부모도 이해되지 않는다. 아파트는 밤에 삭막하게 서 있고 사람도 없다. 내가 부르고 헤매고 찾아 다녀도 반응이 없다. 간간이 한두 군데 불이 켜 있긴 하지만, 그 집은 내가 아는 집이 아니다. 스산하고 어색하고 편하지 않다.

부모의 존재도 내게는 그러한 대상이다. 엄마도 직장을 다녔기 때문에 할머니가 나를 봐주었고, 난 늘 엄마를 바라보기만 했다. 엄마는 힘들면 아무것도 못하는 사람이다. 퇴근하고 돌아와 힘들어 누워 있으면 아무것도 못했다. 나는 엄마를 대할 때 편하지 않았다.

때론 꿈속에 엄마가 등장한다. 하지만 언제나 내 손을 확 뿌리치는 장면으로 나타나거나, 기차의 서로 다른 칸에 있다가 엄마가 탄 칸이 끊어지는 꿈으로 나타난다. 나에게 부모는 꿈속의 스산한 아파트 같은 존재였다는 것을 알게 되면서 머리가 멍해진다.

꿈을 꾼 사람은 어린 시절에 반복해서 등장하던 컴컴한 동네의 아파트를 헤매고 다니던 꿈을 통해 부모라는 대상에 대한 자신의 느낌이 어떠했는지를 생생하게 만날 수 있었다. 이와 관련하여 현재의 대인관계에서 경험하는 어려움에 대해서도 집단에서 함께 나누는 시간을 가졌다.

꿈 드 라 마 사 례 2
쇼 핑 을 위 한 동 경 행 비 행 기 탑 승

두 번째로 소개하는 꿈 드라마의 사례는 두
사람이 꾼 짧은 꿈 두 개를 하나로 결합하여 공연한 것이다. 이 드라
마는 꿈의 의미 해석이 아니라, 꿈 공연을 통해 구성원들의 정서와 대
인관계에서 일어나는 문제 해결과 자기 이해와 통찰을 중요시하는
꿈 작업의 방법을 취하고 있다. 이 드라마를 통해, 꿈의 의미를 해석
하지 않고서도 집단에서 얼마든지 꿈을 유용하게 이용할 수 있다는
것을 볼 수 있다. 또한 짧은 꿈이라고 해도, 얼마든지 꿈 드라마를 위
한 자료로 사용할 수 있음을 볼 수 있다.[39]

● 꿈 모임의 상황과 꿈 이야기와 연출

이 꿈 드라마는 이전까지 꿈 드라마를 이끌었던 심리 치료자가 그만두고, 그의 동료 리더로 함께 드라마를 이끌었던 신혜수(가명)가 리더가 되어 첫 번째로 시도하는 공연이었다. 이로 인해 구성원들 사이에서는 다소 긴장감이 흐르고 있었다. 모임이 시작되기 바로 직전에, 이전의 리더에게 매우 의존적이던 구성원 한 사람이 더 이상 모임에 참석하지 않겠다는 연락을 해왔다.

모임은 참석하지 못한 사람들과 이전 리더에 대한 구성원들의 생각을 나누는 것으로 시작되었다. 여자들만 제시간에 모였으며, 남자는 두 명이었는데 둘 다 늦어져 모두들 궁금해 하고 있었다. 일부 구성원들은 새로운 리더가 맡게 됨으로써 야기된 비밀 보장에 관한 그들의 정서를 표현했다.

리더는 이런 언급에 대해 아무런 반응을 보이지 않은 채, 어느 정도 시간이 흐른 다음 꿈을 꾼 사람이 있는지 물어 보았다. 구성원들 가운데 두 사람이 꿈을 꾸었다고 했다. 그러자 리더는 그들에게 각자 꾼 꿈 이야기를 들려주도록 요청했다.

김영애(가명)의 꿈 : 티셔츠를 두고 상점에서 벌인 언쟁

그녀는 집단의 다른 구성원인 이영미와 함께 쇼핑을 하러 간다. 가게에서 그녀가 아주 마음에 드는 티셔츠를 하나 고르자,

이영미 역시 그것을 사고 싶어 한다. 둘이는 셔츠를 두고 서로 갖겠다고 언쟁을 벌이게 되는데, 왜냐하면 그 가게에는 그런 색상의 티셔츠가 더 이상 없기 때문이다.

안유미(가명)의 꿈 : 비행에 대한 두려움

안유미는 비행을 두려워하는데 이에 관한 꿈을 꾸었으나, 아주 일부만을 희미하게 기억하고 있었다. 그녀가 기억하는 꿈의 내용은 비행기를 타고 여행하고 있는 것이다.

꿈 이야기가 끝나자, 한 구성원이 두 꿈을 결합하자고 제안했다. 이에 구성원들이 모두 동의했다. 티셔츠를 두고 실랑이를 벌인 김영애와 이영미는 안유미와 동행하여 동경으로 쇼핑을 가려고 비행기를 타게 되고, 다른 구성원들은 승객 역할을 하도록 했다. 공연을 시작하기 바로 직전에, 남자 구성원 중 한 사람인 박석민이 모습을 나타냈다. 그는 취업을 위한 면접을 하고 오느라 늦었다면서 미안하다고 했다. 구성원들이 그에게 공연의 내용을 간단하게 설명하자, 그는 기장 역할을 하겠다면서 무대로 나왔다.

● 꿈 드라마의 공연

드라마는 승객들이 인천국제공항에서 비행기에 오르는 것으로 시작되었다. 먼저 티셔츠 꿈에 등장한 두 여자가 타고, 그 다음에 안유미가 올라타고, 다른 구성원들도 승객이 되어 모두 올라탔다. 이렇게 하여 드라마가 진행되는 동안에 다른 남자 구성원인 김석진이 모임에 나타났다. 리더가 그에게 객석에 있으라고 눈짓을 하자, 그는 객석에서 앉아 잠시 공연을 지켜보고 있었다. 그러다 그는 한 역할을 맡아 하기로 결심하고, 무대로 올라와서 자신은 부기장이라고 주장했다.

승객들은 이미 기장이 있다고 했으나, 그는 자신의 주장을 굽히지 않고 부기장의 역할을 하고 나섰다. 잠시 후 그가 말하기를, 엔진 하나가 고장이 났다고 했다. 부산 출신인 김영애는 그들이 부산에서 쇼핑을 할 수 있도록 부기장에게 비행기를 부산에 착륙시켜달라고 요구했다.

그러나 그는 이 여자의 말에 개의치 않고, 두 번째 엔진이 고장이 나서 비행기가 추락하게 되었다고 했다. 부기장인 김석진은 그대로 비행기와 함께 추락하자고 했으나, 기장인 박석민은 승객들을 위해 낙하산을 가져왔다. 그리고 다른 구성원 중 한 사람은 그들이 비행기에서 뛰어내리도록 준비했다.

마침내 그들은 모두 비행기에서 뛰어내렸으며, 부산에 안전하게 도착해 쇼핑을 했다. 쇼핑을 하는 동안에도 김석진은 여자 구성원들을 자극하는 행동을 계속했다. 그런 그의 행동에도 다른 사람들은 부산에서 쇼핑을 즐겼다.

● 드라마의 경험 나누기

드라마가 다 끝난 후, 구성원들은 공연 중에 느낀 정서와 떠오른 연상과 경험을 서로 나누었다. 먼저 정서와 관련하여 공연에 참여한 구성원들은 이렇게 말했다.

"재미있었어요!"

"놀라웠어요!"

"즐거웠어요!"

"쾌감을 느꼈어요!"

"짜증스러웠어요!"

"힘을 느꼈어요!"

한편, 관객으로 공연을 지켜 본 구성원들은 편안함과 안도감을 느꼈다고 했다. 혹은 친밀감을 느꼈으며, 재미있는 집단이라고 느꼈다고 말했다.

공연이 어떤 경험을 떠올렸는가에 대한 대화를 나눌 때에 한 구성원은 이렇게 말했다.

"정글 탐험이 떠올랐어요."

그리고 다른 구성원은 또 이렇게 말했다.

"오케스트라의 명지휘자가 단원들에게 '도' 음으로부터 연주를 시작하도록 신호를 주는 장면이 연상되었어요."

또 다른 구성원은 다른 집단원인 서진영이 백설 공주를 연상시켰다고 말했다. 그리고 또 다른 구성원은 이렇게 말했다.

"몸을 유연하게 하는 훈련을 하기 위해, 잔디밭에 모여 코치의 지시를 기다리는 축구팀이 연상되었어요."

공연을 통한 경험을 나누는 순서가 되자, 비행을 무서워하는 안유미가 먼저 말했다.

"제가 비행기에 올라탔을 때 처음 얼마 동안은 정말 무서웠어요. 그렇지만 동료인 이영미가 제 손을 꼭 잡아주면서 두려움을 극복하도록 도와주었어요."

상점에서 셔츠를 두고 이영미와 서로 사겠다며 승강이를 벌인 김영애는 이렇게 말했다.

"옆에서 안유미가 무서워하는 모습을 지켜보면서 안쓰러운 마음이 들었어요."

그리고 김영애는 이렇게 덧붙였다.

"제가 뭔가 도움이 되는 행동을 했으면 좋겠다는 생각을 했어요."

한편으로 김영애는 또 이렇게 말했다.

"이영미가 비행기를 무서워하는 안유미의 손을 잡아주며 용기를 주는 모습이 감동적이었어요. 그 모습을 보면서 저도 안유미에게 기쁨을 주는 행동을 하고 싶어졌어요."

부기장의 역할을 한 김석진의 행동을 두고 짜증스러웠다고 표현한 한 구성원은 이렇게 말했다.

"처음에는 그런 행동을 견디기가 곤혹스러웠어요. 그렇지만 다른 구성원들이 아무렇지도 않은 듯이 반응을 하면서 호응하는 모습을 보니까 제 마음이 달라졌어요. 다 같이 즐거워하면서 공연을 마치는 것을 보고, 저 자신이 너무 여유가 없고 틀에 박혀 있는 것을 볼 수 있었죠."

김석진은 새로운 리더인 신혜수가 이전의 리더인 나은미가 한 것처럼 집단을 이끌어 가는 것이 좋겠다고 말했다. 하지만 다른 구성원들은 모두 그의 말에 동의하지 않았다. 그들은 신혜수가 하는 방법을 좋아한다고 말했다. 그 이유는 새로운 리더가 이전 리더처럼 하도록 요구하는 것은, 결국 새로운 리더에게 자신이 아닌 다른 사람인 것처럼 행동하도록 하는 것이며, 그런 요구는 적절하지 않기 때문이라고 했다.

전임 리더 나은미에 대한 언급이 나오자, 자연스럽게 대화의 주제는 그녀에게로 옮겨 갔다. 구성원들 모두는 그녀를 보고 싶어 한다는 말로 그녀에 대한 서로의 감정을 나누었다. 마지막으로 그들은 다가오는 크리스마스 휴일에 관하여 이야기하면서 모임을 마무리했다.

주

32 Ullman, M. (1993). Dreams, the Dreamer, and Society. In G. Delaney (Ed.), New Directions in Dream Interpretation. Albany: State University of New York Press. 18.

33 Alexander, F. (1949). Fundamentals of Psychoanalysis. London: George Allen and Unwin Ltd. 286-287.

34 Ullman, M. (1993). 18.

35 Ullman, M. (1993). 20.

36 Ullman, M. (1993). 20-21.

37 Tsegos, I. K., & Tseberlidou, M. (2002). The Oneirodrama Group: The Therapeutic and the Supervisory Process of a Dream Drama Group. In C. Neri, M. Pines, & R. Friedman (Eds.), Dream in Group Psychotherapy: Theory and Technique. London and Philadelphia: Jessica Kingsley Publishers. 237.

38 Tsegos, I. K., & Tseberlidou, M. (2002). 249.

39 여기서 소개하는 사례는 다음 논문의 사례를 각색하여 사용했다. Tsegos, I. K., & Tseberlidou, M. (2002). 240-242.

항상 새로운 것을 창조하는
꿈의 신비 속으로!

Part 6

예지적 꿈의 해석의
특징과 사례

이 책에서는 문답식 꿈 해석 방법에 대해 실제 예를 들어서 설명하고 있다.
그러나 예지몽의 해석은 여기서 제시하는 방법에서 한 걸음 더 나아가,
꿈을 꾼 사람의 판단과 직관을 요구한다. 기본적으로는 문답식 방법을 적용하지만,
거기서 그치지 않고 현실의 어떤 사안에 관한 것인지를 연결하는 작업을 할 때
꿈 꾼 사람의 직관적인 능력을 필요로 한다.
그런데 꿈에 관심을 가진 사람들은 경험상 어떤 꿈이 예지몽인지 알 수 있었다.
이때 중요한 것은 예지몽인지, 아닌지를 최종적으로 판단하는 능력이다.

많은 사람들이 예지몽에 대해 관심이 있기 때문에
여기에서는 예지적 꿈의 특성과 그것을 어떻게 해석하며,
그 꿈이 진정으로 예지적인지를 판단하는 기준에 대해 구체적인 사례를 통해 살펴본다.
제1장에서는 예지몽의 특성에 대해 살펴본다.
제2장에서는 필자가 꾼 '쟁반 위에 놓인 3개의 황금 사과'라는 꿈에 대해 설명한다.
제3장에서도 역시 필자가 꾼 '3시에 오라는 김영삼 대통령'이라는 꿈이
어떻게 예지적으로 이해되고 이루어졌는지를 살펴본다.
제4장에서는 필자의 아내가 꾼
'고이 쓸어 담아 놓은 깨어진 안경 조각들'이라는 꿈에 대해 설명한다.
제5장에서는 필자가 꾼 '금화로 가득 찬 두 주머니'라는 꿈이
어떻게 현실을 예지적으로 보여주었는지 설명한다.
마지막으로 제6장에서는 앞의 사례를 중심으로
예지몽을 꾸는 상황을 설명하고, 예지적 꿈의 근원이 되는
예지적 능력에 대해 언급하는 것으로 마무리한다.

예 지 몽 의 특 징

예지몽 가운데 가장 보편적인 것이 태몽이다. 여성이 아이를 임신하면 당사자나 배우자 혹은 부모님 가운데 한 사람은 거의 예외 없이 아이와 관계된 태몽을 꾼다. 그 내용은 성별에 관한 것이 주를 이루고, 그 다음으로 아이의 운명에 관한 것이다. 또한 간혹 아이가 커서 어떤 인물이 되는지와 관련된 것이다.

태몽 다음으로 많이 꾸는 예지몽은 사업이나 복권 당첨에 관한 것이다. 그리고 직장에서 승진하는 것과 아이들이 상급학교에 진학하는 것 등이다. 집에 불이 크게 난 꿈을 꾸고 나서 사업이 번창했다는 이야기나, 꿈에 돼지를 품고 복권에 당첨되거나 재물이 늘었다는 내용이나, 용을 타고 승천한 꿈을 꾸고 승진하거나 합격하거나 취업을 했다는 내용의 꿈이 바로 이와 관련되어 주로 회자되는 것들이다.

앞에서 언급한 대로 이런 꿈을 꾸었다고 해서, 그것이 곧 예지몽이라고 간주해서는 안 될 일이다. 왜냐하면 필자들의 경험과 예지몽들을 살펴본 바에 의하면, 예지몽은 아무 때나 원한다고 꿀 수 있는 것이 아니라 특별한 상황에서 주로 꾼다는 사실을 알았기 때문이다. 그리고 바로 이것이 예지몽의 첫 번째 특성이라고 할 수 있다.

예지몽을 꾸는 특별한 상황이란, 꿈을 꾸는 사람의 삶에서 가장 중요한 관심을 차지하는 사건이 벌어지는 것을 말한다. 그 일로 크게 신경을 쓰고, 모든 관심과 에너지를 온통 집중하는 때를 의미한다. 태몽은 아이를 기다리는 가족 구성원들에게 가장 고귀한 생명이 잉태되는 사건이 벌어지는 상황이고, 임신부에게는 신체에 중대한 변화가 일어나는 상황이다. 승진이나 진학, 그리고 사업이 번창하는 것 역시 꿈을 꾸는 사람들에게는 삶에서 중요한 사건으로 매김 되는 특별한 상황이다.

● 특별한 능력이 있는 사람은
　더 많은 예지몽을 꿀 수도

앞에서 언급한 '특별한 상황'이란 모든 사람들에게 공통으로 해당되는 것이라고 할 수 있다. 그렇다고 하더라도 사람에 따라 예지몽을 꾸는 횟수와 상황은 다를 수밖에 없다. 특별히 한 사람의 사회적 지위나 신분이 높을 경우, 그 사람은 사회 전체와 국가의 중대사에 관한 예지몽을 꾸기도 한다. 또 특별한 능력이 있는 사람은 보통 사람보다 더 많은 예지몽을 꿀 수도 있다. 그렇다고 하더라도 아무 관계가 없는 사건이나 타인을 위해 원하는 대로 꿀 수 있는 것은 결코 아니다.

예지몽의 다른 특성은 꿈의 의미를 이해하지 못한다고 하더라도 때가 되면 저절로 해석이 된다는 것이다. 물론 사람에 따라, 또 꿈의 내용에 따라 처음부터 예지몽이라는 것을 알게 되는 경우도 많다. 그러나 설혹 모른다고 하더라도, 시간이 흘러가고 때가 되면 예지몽은 스스로 그 의미를 현실에서 드러내는 특성이 있다. 그렇기 때문에 꿈을 꾸고 나서 뭔가 예감이 좋지만 해석이 안 되더라도 그 꿈을 기억하고 있으면 된다. 그러다 보면, 예지몽은 현실 상황의 전개에 따라 그 의미를 드러낸다. 이에 대해서는 뒤에 나오는 사례를 통해서 구체적으로 설명하겠다.

앞에서 예지몽은 현실의 상황과 함께 그 의미를 스스로 드러낸다는 말을 했는데, 이것이 바로 예지몽의 세 번째 특성이다. 어떤 꿈이 예지몽이라면, 그 꿈은 반드시 꿈을 꾸고 나서 해석이 된 대로 현실에서 이루어진다는 것이다. 비록 미리 해석이 되지 않았다고 하더라도 사건이 이루어진 후에는 예지몽이라는 것을 알 수 있다. 이처럼 다른 꿈과 달리, 예지몽은 객관적으로 현실에서 검증이 가능하다는 특성이 있다. 이 때문에 어떤 꿈이 예지적인지는 언제나 현실에서 꿈이 의미하는 대로 이루어졌는지를 확인해 보면 된다.

그렇다고 하더라도 예지몽이란 특별한 경우를 제외하고, 예를 들어 링컨 대통령이 자신의 죽음을 예지한 꿈과 마크 트웨인이 형의 죽음을 예견한 꿈 등, 현실에서 사건이 일어나는 그대로 나타나는 경우가 드물다. 그렇기 때문에 일이 일어난 후에나 혹은 그 전에 해석이 필요하며, 그 해석은 여전히 주관적인 해석이 될 수밖에 없다. 즉 그 의미를 해석하고 받아들이는 것은 어디까지나 꿈을 꾼 사람의 몫으로 남는다. 그리고 다른 사람들은 그 주장을 받아들일 수도 있고, 그 꿈과 해석을 우연히 그렇게 된 것으로, 즉 '꿈보다 해몽'이라는 말로 하나의 해프닝 정도로 알고 넘어갈 수도 있다.

다음에 소개할 예지몽은 필자들이 꾼 꿈으로, 이 꿈들이 어떻게 예지적이었는지 설명하고자 한다. 필자들은 각각의 꿈이 해석대로 이루어졌다고 확신한다. 하지만 현실에서 일어날 사건을 그대로 보여 준 꿈이 아니기 때문에, 이 해석을 받아들이지 않는 사람들은 필자들의 해석에 동의하지 않을 수 있다는 사실을 인정한다. 그것은 각자 꿈에 대한 견해와 경험의 차이에서 오는 것이기 때문에, 각자 결정해야 하는 몫으로 남겨둔다.

쟁 반 위에 놓인
3 개 의 황 금 사 과

필자(이호형)는 평생에 3번의 예지몽을 꾸었다. 첫 번째와 두 번째 예지몽은 그대로 이루어졌고, 세 번째 마지막으로 꾼 예지몽도 이루어졌으며, 현재도 이루어져 가는 과정에 있다. 여기서 소개하는 첫 번째 예지몽은 필자가 20대 초반에 꾼 꿈으로 얼마 전에 펴낸 『꿈을 읽다』에서 소개한 적이 있다.

이 꿈을 꾸었을 당시 필자는 한 여학생을 미치도록 좋아했으나, 일은 원하는 대로 풀리지 않았다. 필자의 모든 관심과 에너지는 온통 그 여학생과 잘되기를 바라는 마음뿐이었다. 그런데 현실은 그와 반대로 풀려나가고 있던 중, 아주 간단한 꿈을 꾸었다.

꿈에서 '**나는 최상급의 탐스런 금 사과 3개가 올려져 있는 쟁반을**

받는다.' 이 꿈을 꾸고 나서, 꿈의 내용이 너무나 좋았기 때문에 나는 내가 좋아하는 여학생과 일이 잘되리라는 것을 보여주는 예지몽이라고 생각했다. 그렇지만 현실은 꿈처럼 이루어지지 않았고, 그 여학생과는 완전히 결별을 했다. 이 꿈을 꾸고 나서 무조건 잘되리라고 믿었던 나는 무척 실망했다. 결국 이 꿈도 개꿈이구나 생각하면서 까맣게 잊고 지냈다.

그 후 나는 군에서 복무를 했는데, 제대를 몇 달 앞 둔 어느 날이었다. 초소의 보초를 서서 이런 생각 저런 생각을 하던 중, 느닷없이 지난날의 꿈이 생생하게 생각남과 동시에 꿈의 의미도 저절로 깨달아졌다. 이는 그야말로 순식간에 일어난 것으로, 내가 의식적으로 추론할 시간이 전혀 없이 즉각적으로 그 의미를 깨달았던 것이다. 다름 아니라, 내가 받은 쟁반의 금 사과 세 개는 3년 후에 내가 결혼할 여성과 만난다는 것이었다. 이에 나는 급히 세월을 계산해 보니, 그때가 3년이 다 되어 가는 시점이었다.

그렇다면 내가 결혼할 여성을 만나게 될 시간이 이제 다 되었구나 하면서 혼자 기뻐했으나, 여전히 긴가민가하면서 꿈의 해석을 믿을 수 없었다. 그렇지만 그 후 몇 개월이 지나 꿈의 해석이 의미한 3년이 되는 시점에서, 나는 결혼할 여성을 만났다. 그리고 3년 후, 우리는 결혼해서 지금까지 잘 살고 있다.

● 내 안에 있는 '내가 모르는 나의 능력'으로

이 꿈을 처음 꾸었을 때 단지 꿈의 내용이 좋았기 때문에 내가 좋아하는 여학생과 잘되는 것을 보여주는 꿈이라고 생각했다. 그런데 단지 그 생각뿐이지, 왜 그렇게 받아들여야 하는지에 대해서는 결코 합리적으로 설명할 수 없었다. 꿈 어디에도 그런 단초가 보이지 않았기 때문이다. 그 후 3년이 거의 되어 가는 시점에서, 나는 이 꿈을 꾼 사실조차도 까맣게 잊어버리고 있었다.

그러다 어느 날 불현듯 꿈이 떠오름과 동시에, 마치 하늘에서 내려온 계시처럼 그 의미가 밝혀졌다. 물론 나는 그것을 하늘이 주신 계시라고는 생각하지 않는다. 어디까지나 내 안에 있는 '내가 모르는 나의 능력'으로, 이 꿈을 꾸도록 한 나의 심층의식이 작용한 결과라고 생각한다. 이렇게 꿈의 의미를 직관적으로 알긴 했으나, 여전히 합리적으로 납득이 되지 않는 구석이 있다. 왜 '황금 사과 3개'를 '3년'이라고 해석하며, 그것을 받는 것이 3년 후에 내가 결혼할 여자를 만나게 될 것이라고 하느냐에 대해서는 꿈 내용 어디에서도 아무런 단초를 찾을 수 없다.

지금 다시 이 사건으로 돌아가서 내가 현재 알고 있는 지식으로 굳이 이해를 해보려 한다면 어떻게 될까? 그 당시 내가 믿고 있던 성경에 나오는 꿈에서 숫자는 많은 경우 햇수를 나타내기 때문에, 3개는 3년을 의미하는 것으로 받아들이는데 어려움이 없다. 그러나 처음에는 결코 그렇게 생각하지 못했다.

그렇지만 황금 사과를 받았다는 것은 무슨 의미일까? 필자(이호형)의 아버지께서 사과 과수원을 하셨다. 그렇기 때문에, 사과는 나에게 있어서 아주 중요한 것으로, 우리의 삶을 책임지는 과일이었다. 뿐만 아니라 아버지가 재배한 '부사'라는 사과는 그 맛이 정말 좋았다. 맛있는 외국 과일이 넘치는 지금으로부터 약 40여 년 전이었다. 과일이 귀하던 그 시절에 우리 집 사과는 내가 알고 있던 과일 가운데 가장 맛있었다. 지금도 맛있는 사과에 대한 내 생각은 크게 변하지 않았지만 말이다.

빛나는 황금 사과는 현실에서 볼 수 없는 것이다. 금으로 만든 돼지는 있어도, 금으로 만든 사과는 보지 못했다. 만일 그런 사과가 현실에 있다면 그것은 무지하게 값진 보물이 될 것이다. 그렇게 값진 보물 같은 존재는 내게 무엇일까? 무엇이 내게 그런 황금 사과 같은 역할을 하는 것일까? 이에 대해서 지금은 '아내'라고 서슴없이 대답한다.

모든 것이 꿈의 해석대로 이루어진 지금, 내가 배운 방법대로 이 꿈을 해석하면 이런 결론이 나온다. 이는 다분히 그렇게 해석을 몰아간 면이 없지 않다고 해도 할 말이 없다. 그렇다면 과연 이 꿈을 꾼 당시에 이 방법대로 해석했을 때에도 아내가 그런 존재라고 말할 수 있었을까 하고 물으면, 나는 충분히 그렇다는 마음이다. 이로 보건대, 비록 일이 일어난 후이기는 하지만, 문답식 꿈 해석을 통해서도 예지몽 해석이 가능하지 않나 하는 생각이 든다. 이에 대해서는 필자가 꾸었던 세 번째 예지몽에서 설명하기로 하겠다.

모든 것이 다 지난 지금 시점에서 다시 생각해 보면, 그 당시 꿈을 이렇게 해석한 것은 나의 직관적인 능력이었다. 그 해석대로 꿈이 현실에서 이루어졌기 때문에, 나는 이렇게 해석한 것이 사실임을 확신할 뿐이다. 나는 이 꿈의 의미를 깨달은 다음에는 이 꿈대로 이루어지리라는 것을 확신했다. 그러면서 비록 긴가민가 하는 마음이 있기는 했으나, 결코 근거 없는 망상이라고 의심하지는 않았다. 이런 면에서 본다면 의도하지는 않았으나, 꿈의 가치를 인정하지 않는 사람들의 눈에 이 꿈은 '꿈보다는 해몽'이라는 말이 더 잘 어울린다고 할 수 있겠다.

"3시에 오라"는
김 영 삼 대 통 령

첫 번째 예지몽이 스스로 그 의미를 드러내고 현실에서 이루어지자, 필자는 예지몽이란 그렇게 스스로 의미를 드러내는 것이라고 생각했다. 이런 필자의 생각은 그 뒤에도 오랫동안 지속되다가, 두 번째 예지몽을 꾸고 나서 변하기 시작했다. 즉 예지몽도 해석해 볼 수 있겠다는 생각이 들었다.

처음 예지몽을 꾼 후 많은 시간이 흐르는 동안, 나는 많은 꿈을 꾸었다. 그러나 예지몽은 꾸지 않았다. 그러다 20년의 세월이 지나서 내가 40대 초반이 지나는 시점에, 다시 한 번 예지몽을 꾸었다. 그때 나는 몸담았던 직장에서 부당하게 해직당해 직장을 떠나야 했다. 그 고통은 이루 말로 다할 수 없었다. 직장으로부터 해직 통보를 받은 것은 1996년 10월경이었다. 그즈음 나는 앞으로 어떻게 살아 갈 것인가 하는 문제를 두고, 엄청난 스트레스를 받으면서 하루하루 지내고 있었다. 그러던 1996년 10월 말, 어느 날이었다. 다음과 같은 꿈을 꾸었다.

> 나는 청와대에서 김영삼 대통령을 만났다. 나는 대통령에게 "내 직장의 장이 저지른 비리와 문제에 대해 알고 계십니까?"하고 물었다. 그러자 대통령은 대답하기를 "알고는 있으나, 그 사람을 치지는 않겠다"고 했다. 그 말을 들은 나는 너무 실망한 나머지, 어안이 벙벙하여 어쩔 줄 모른 채 대통령을 따라가면서 계속 말을 했다. 그러다 헤어질 때가 되어, 나는 계단 밑을 향하고 대통령은 계단 위쪽으로 향하면서 서로 작별하게 되었다. 작별하면서 김 대통령은 내게 말했다.
>
> "지금은 오후 1시 반이 지났으니, 오후 3시에 오라."
>
> 그 말을 끝으로 나는 대통령과 헤어졌다.

이 꿈을 꾸고 나서 나는 대통령이 내 말을 들어주면서 3시에 오라고 했으니, 내 직장 문제가 잘 해결될 것을 알려주는 예지몽이라고 생각했다. 그리고 나서는 도대체 '3시에 오라'는 말은 무슨 의미일까를 두고 이런저런 해석을 해보았다. 필자의 아내가 말하기를, '1시 반이 지났다'는 말은 내가 그 직장에서 근무한 시간인 2년을 말하는 것이고, '3시'라는 것은 그보다 배가 되는 2년 후에 문제가 해결되는 것을 의미한다고 해석했다. 이렇게 말하고 나서 아내는 "말도 안 돼. 2년씩이나 어떻게 직장 없이 보낸단 말이야. 아닐 거야, 다른 무슨 의미가 있겠지"라고 스스로 부인했다.

나도 물론 아내의 해몽을 받아들이지 않았다. 그 당시에 2년을 고생해야 한다는 것은 생각하기에도 너무나 끔찍한 일이었기 때문이다. 그러면서 우리는 이 꿈의 의미가 무엇인지 다른 방법으로 해석하려고 노력했다. 그렇지만 시간의 흐름과 함께 우리의 온갖 해석은 모두 잘못된 것으로 드러났고, 마침내 꿈마저 믿을 수 없게 되었다. 그렇다고 해서 꿈에 대한 미련을 버리지는 않았는데, 잊어버리기에는 너무 좋은 꿈이라고 여겼기 때문이다.

● '오후3시'의 의미

그러는 동안 시간은 속절없이 흘러 김영삼 대통령이 퇴임했고, 김대중 대통령도 퇴임하고, 노무현 대통령이 취임했다. 노무현 대통령이 취임하고 며칠 지나지 않은 2003년 2월 말경, 내가 억울하게 당한 법조문에 대해 헌법재판소가 헌법불합치 결정을 내렸다. 그러면서 내 문제가 해결될 수 있는 기틀이 마련되었다.

이와 함께 나는 다시금 김영삼 대통령이 3시에 오라는 꿈을 떠올리면서 그 의미를 생각해 보았다. 그리고 그 의미를 해석할 수 있었다. 꿈에서의 시간은 우리가 사용하는 시간이 아니라, 대통령의 임기를 의미한다는 것이었다. 이렇게 되면 꿈을 꾸었을 때 '한 시 반이 지났다'는 의미는 1시에 시작한 김영삼 대통령의 임기가 이미 반 이상을 지났다는 뜻이고, 2시는 김대중 대통령의 임기요, 3시는 노무현 대통령의 임기가 시작되는 것이 된다. 3시에 오라는 의미는 노무현 대통령의 임기가 시작되면서 내 문제 해결의 실마리가 풀리게 된다는 의미가 된다.

이 꿈의 해석을 인정하기 어려운 사람 가운데는 여기서 오후 1시가 왜 김영삼 대통령의 임기를 의미하느냐, 그 근거가 무엇이냐고 질문할 수 있을 것이다. 이에 대해서 나는 김영삼 대통령에 대한 나의 생각을 근거로 답하고 싶다. 즉 내가 태어나 겪었던 여러 대통령이 있으나, 김영삼 대통령이야말로 진정한 의미에서 문민 대통령이고 그런 의미에서 첫 번째 대통령이라고 할 수 있다. '오후'라는 의미는 김영삼 대통령을 기준으로 이전의 독재자들과 민주적 지도자가 구분이 되는 것으로 설명한다.

비록 헌법 불합치 결정이 내려졌으나 내가 직장으로 다시 돌아갈 수 있는지, 경제적 보상을 받을 수 있을지에 대해서는 아무것도 확신할 수 없었다. 다만 나는 꿈을 믿고 내게 주어진 기회를 놓치지 않기 위해 한 달 뒤, 법원에 소송을 제기했다. 이렇게 시작한 법적 다툼은 그 후로도 무려 13년 동안 계속되었다.

이 과정에서 두 번째 예지몽의 의미가 더욱 명확해지는 것을 볼 수 있었다. 우선 내 직장의 장을 치지 않겠다는 대통령의 말대로 그 사람은 지금까지도 건재하다. 다음으로 '3시에 오라'고 한 말을 3시가 되면 내가 직장으로 복귀하는 것으로 이해하고 그렇게 기대했다. 그러나 시간이 흐르면서 소송이 길어지고, 처음 소송의 결과를 이행하지 않아 다시 소송을 시작하면서 그 말은 내가 직장으로 복귀하는 것을 의미한 것이 아닌 것으로 이해되었다. 즉 오후 3시가 되면 문제 해결을 위한 일이 시작된다는 의미였다. 결과적으로 나이가 들어 정년이 다되어 옴에 따라, 경제적 보상을 받는 것으로 마무리되어 끝이 났다. 그러니 '3시에 오라'는 말대로 이 사건은 흡족하게 처리되었다.

이 꿈이 처음에 꾼 꿈과 다른 점은, '꿈의 의미'를 알게 된 과정이다. 처음의 꿈에서 꿈의 의미를 구체적으로 알기 위해 나는 전혀 의식적인 노력을 하지 않았다. 어느 날 느닷없이 꿈의 의미를 알게 되었다. 그러나 두 번째 꿈을 두고, 우리는 끊임없이 '오후 3시'의 의미를 알기 위해 노력했다. 그 결과, 일이 진행되는 과정 안에서 우리는 그 의미를 알 수 있었다. 그리고 마침내 꿈에서 보여준 대로 이루어졌다.

고이 쓸어 담아 놓은
깨어진 안경조각들

이 꿈은 필자(김정희)가 꾼 꿈으로 남편이 직
장에서 해고를 당하고 나서, 1년 반의 시간이 지난 다음인 1998년
7월 중순 경에 꾸었던 꿈이다.

내가 쓰고 있던 안경이 얼굴에서 바닥으로 툭 떨어지더
니 산산조각이 난다. 나는 그 조각들을 나중에 붙여서 사용하면 된다
고 생각하면서 빗자루로 쓸어서 종이에다 모은다. 그러면서 보니, 조
각이 아니라 가루 수준이다. 그런데도 나중에 쓸 수 있다고 종이에 쓸
어 담는다. 담으면서 한 조각이라도 없어지면 나중에 온전한 안경이
되지 않을 건데…… 하는 걱정이 든다.

필자가 이 꿈을 꾸었을 때는 남편이 직장에서 해고당하고 2년이 되지 않았을 때였다. 그 당시 남편은 희망을 가지고 복직하기 위해 열심히 뛰어다녔다. 비록 실직했으나, 그때까지 필자는 모든 것이 잘되리라는 남편의 말을 믿고 크게 걱정하지 않았다. 지금 돌이켜 보면 그때까지만 해도 필자는 세상 물정을 모른 채, 오직 남편만 믿고 남편이 하는 말이면 진리로 받아들이는 순진한 구석이 많았다는 것을 알았다. 그랬기에 해직당했으나 크게 걱정하지 않고 지낼 수 있었다.

남편의 말을 믿은 이유 가운데 하나는 실제로 희망을 주는 일이 일어날 수 있는 과정에 있었기 때문이다. 다름 아니라 남편과 같은 처지에 있던 사람들이 관련법에 대해 헌법재판소에 헌법소원을 청구했고, 그 결과가 잘 나온다는 말을 듣고 기대하고 있었다. 그런데 헌법재판소의 결정(1998년 7월 16일 선고)이 내려지기 며칠 전에, 필자는 이 꿈을 꾸고 나서 좋지 않은 결정이 나오리라고 생각했다. 그런데도 한편으론 꿈이 맞지 않기를 바라는 마음으로 결과를 기다렸다. 그러나 역시 결론은 꿈을 꾼 대로였다(나중에 노무현 대통령 때는 같은 법률에 대해 헌법재판소의 결정이 헌법불합치로 나왔다).

그렇지만 필자는 이 꿈에서 깨어진 안경 조각을 버리지 않고 모아고이 간직한 것처럼, 남편의 일에 대한 희망을 결코 버리지 않았다. 비록 불행한 사건은 벌어졌으나, 기다리면 어떻게든 일이 잘될 것이라는 희망이 있었다. 그러다 5년 후, 헌법재판소의 판결이 새롭게 나면서 다시금 이 꿈의 의미를 생각했다.

● 꿈을 꾸고 나서 즉각적으로 이해할 수 있는 예지몽

이제 와서 우리가 배운 해석 방법에 따라 이 꿈을 다시 해석해 보면, 우선 필자에게 안경이란 일상생활을 하는데 꼭 필요한 것이다. 필자는 중2 때부터 안경을 써왔으며, 안경이 없다고 안 보이는 것은 아니나 선명하게 보이지 않으니 많이 불편하다. 이런 안경이란 필자가 일상을 편안하고 쉽게 살 수 있게 도와주는 것인데, 그런 의미를 지니는 것을 현실에서 찾는다면 살아가는 데 꼭 필요한 남편의 직장으로 이해된다.

이런 안경이 깨뜨려져 가루가 된 것은 결코 다시금 복직하는 것이 불가능한 것을 보여준 예지몽이었다. 그리고 결과는 그대로 되었다. 그런데도 헌법재판소의 결정을 계기로 남편이 소송을 시작하게 되자, 마음 한구석에는 복직에 대한 미련을 버릴 수 없었다.

한편, 필자는 꿈에서 참담한 마음으로 그 부스러기들을 쓸어 담아서 후일을 기약한다는 마음으로 보관했다. 이는 온전하지는 않으나, 뭔가 그에 상응하는 것이라도 건질 수 있다는 마음에서였다. 바로 이런 필자의 생각은 10여 년이 지난 후, 경제적으로는 어느 정도 보상을 받으면서 현실에서 이루어졌다. 그러면서 한 조각이라도 없어지면 어쩌나 걱정했던 것은 정년 때까지 있었더라면 받게 될 연금을 받지 못하게 된 것을 예지적으로 보여준 것으로 이해된다.

앞의 두 예지몽과 이 꿈이 다른 점은, 이 꿈을 꾸고 나서 필자는 남편의 직장 문제가 잘 해결되지 않으리라고 직감했다. 그런 면에서 이 꿈의 의미는 꿈을 꾸고 나서 즉각적으로 이해할 수 있었고, 꿈대로 이루어졌다. 그러나 깨진 안경 조각을 쓸어 모아 고이 간직한 것에 대한 해석은 즉각적으로 된 것이 아니라, 오랜 시간이 지나면서 현실에서 일이 이루어진 과정을 보고 알 수 있었다.

금 화 로   가 득   찬   두   주 머 니

두 번째 예지몽은 비록 꿈을 꾸고 나서 6년이
지나 실현의 단초를 보였으나, 실제로 이루어지기까지 무려 근 20년
의 시간을 필요로 했다. 그리고 그 해석은 시간의 흐름과 현실의 사
건이 진행되는 과정과 더불어 분명해졌다. 필자(이호형)가 꾼 세 번째
예지몽은 두 번째 예지몽을 꾸고 난 후 20여 년이 지나, 필자의 나이
가 60대 중반을 향할 때이다. 다음은 필자의 세 번째 예지몽이다.

꿈에서 나는 초등학교 1학년 정도의 나이였고, 내가 어
려서 다니던 시골의 초등학교로 가는 밭 사이로 난 좁은 들판 길을 가
고 있었다. 그런데 어느 순간 내 앞에는 종이로 된 커다란 박스의 뚜

껑이 놓여 있고, 그 안에는 지름 5센티 정도의 금화가 수북이 쌓여 있었다. 사람들이 와서 그 금화를 가져가고 있어서 나도 처음에는 금화를 몇 개 주워들었다. 그 다음 나는 금화를 한 주먹씩 움켜잡아 나의 바지 주머니에 넣기 시작했다. 그렇게 해서 나의 바지 양쪽 주머니는 금화로 불룩하게 나오게 되었고, 나는 흡족한 마음이 되었다.

이 꿈을 꾼 것은 2017년 6월경이다. 앞에서 언급한 대로 필자는 비록 부당하게 해직당한 데 따른 보상을 받았으나, 연금을 받지 못해 노후생활을 걱정해야 하는 처지에 놓였다. 필자의 친구 가운데 한 사람은 재산관리를 잘하는 사람으로 필자의 처지를 잘 알고 있던 터라, 어떻게 노후자금을 마련할 수 있는지 조언해주었다. 이에 필자는 그 친구의 말을 듣고 나름 충분히 검토한 후, 보상을 받은 돈 가운데 상당한 금액을 투자하고는 재산이 불어나기를 기다리고 있었다.

그러나 돈을 버는 일이 그렇게 쉽지만은 않았다. 투자하고 나서 1년이 지나는 동안 상당한 손실을 보았으나, 투자금을 회수하지 않고 마냥 기다렸다. 그러다 2년이 지나자, 원금을 만회하고 약간의 수익을 남기는 상태가 되었다. 그러나 여전히 수익을 올리지 못하자, 한편으로 불안감이 엄습해 오는 것을 견디면서 하루하루 힘들게 보내고 있었다. 많은 사람들이 잘못 투자하여 노후자금을 날린다는 사실을 들어서 익히 알고 있던 터라, 나도 그렇게 되지 않을까 노심초사하고 있던 때 이 꿈을 꾸었다.

● 예지몽이 현실에서 실현된 사례

이 꿈을 꾸고 나서 나는 곧바로 이 꿈은 내 투자와 관련된 예지몽이라고 생각했다. 왜냐하면 금화는 귀한 재물이고, 이런 금화를 두 주머니 가득 채웠다는 것은 내게 재물이 그만큼 들어온다는 것을 의미한다. 이런 금화가 내가 가는 길의 가운데 놓여 있고, 여러 사람들이 금화를 주워가고 있었다는 것은 다른 사람들 역시 같은 투자를 통해 수익을 남기는 것을 의미한다. 실제로 나보다 이전에 투자한 사람들은 더 많은 수익을 남겼다.

투자로 재산을 늘리는 데 관한 내 생각은 이렇다. 투자를 통해 수익을 남기는 사람들은 마치 꿈에서 본 대로 길에 놓여 있는 상자의 금화를 주워 가는 것으로 보인다. 물론 먼저 투자금을 투자하기는 하지만, 그래도 그렇게 재산을 불리는 사람들은 쉽게 불린다는 내 생각이 꿈에 금화를 그냥 주워 가는 것으로 나타난 것 같다.

나는 이 꿈을 꾸고 나서 이리저리 해석을 해 보려고 했으나, 달리 해석이 되지 않았다. 그냥 꿈의 내용 그대로 내 바지의 양쪽 주머니가 불룩할 정도로 금화가 가득 찬다는 것은, 나에게 재물이 생긴다는 의미로 받아들여졌다. 그러니까 꿈의 의미가 아주 분명해졌다. 그리고 그것이 현실에서 이루어진다면, 다른 것으로 재산을 늘릴 수단이 없는 나로서는 내 투자액이 불어난다는 것을 의미한다는 확신이 들었다.

꿈에서 처음에 나도 금화를 몇 개 줍는 것으로 되어 있다. 이는 그 당시 나는 투자를 해서 조금은 이익을 챙긴 상태였기 때문에, 이런 현실을 보여준다는 생각이다. 그런데 꿈에서 나는 초등학교 1학년 정도 된 나이로 나왔는데, 그런 내가 두 주머니 가득 금화를 채웠다는 것은 재산에 대한 내 기대 수준을 반영하는 것이다. 즉 내가 이 나이에 일확천금을 얻어서 갑부가 될 수 있는 능력을 가진 사람이 아니기 때문에, 투자를 통해 초등학생이 두 주머니를 금화로 채워 만족할 만큼의 경제적 여유를 갖게 되는 것으로 이해했다.

어른의 입장에서 보면 소박할 수 있으나, 현실적으로 먹고 살아가는 데 걱정이 없을 정도의 재산만 있다면 나는 그것으로 만족한다는 마음이다. 바로 그런 마음이 7살 정도의 아이인 내가 두 주머니 가득 금화로 채운 것으로 표현되었다. 이 꿈을 꾸고 나서 4개월이 채 지나기 전에 투자금은 갑자기 2배로 불어나면서, 나는 노후의 경제적인 걱정에서 놓여나게 되었다. 이로써 나는 이 꿈이 예지몽이라는 사실을 확인할 수 있었다.

예 지 몽 이 우 리 인 생 에 게
주 는 선 물 은

　　　앞에서 필자(이호형)가 60년 이상 살면서 꾼
것으로 기억하고 있는 예지몽 3개와, 같은 사건으로 힘든 시간을 보
내던 필자의 아내가 꾼 예지몽을 설명했다. 그러고 보니 필자는 이
3개의 꿈을 20대 초반, 40대 초반, 60대 초반에 하나씩 꾸었다. 지금
돌이켜 생각해 보면, 그때마다 예지몽을 꾸게 된 이유가 있었다. 먼저
20대에 3개의 황금 사과를 받는 꿈을 꾸었을 때, 필자에게 있어서 가
장 중요한 삶의 관심사는 배우자를 만나 결혼하는 것이었다.

　　마침 좋아하는 여자와 일이 제대로 되지 않았을 때 필자가 겪은 심
적 고통은 이루 말로 표현할 수 없는 것이었다. 그런 시점에서 꾼 꿈
은 필자에게 희망을 안겨주면서 좌절에 무너지지 않도록 지켜주는

역할을 했다. 물론 처음 꿈을 해석한 대로 잘되지 않았으나, 결과적으로 꿈의 의미를 제대로 이해했으며, 해석한 대로 일은 이루어졌다.

두 번째 예지몽은 필자가 직장 문제로 다시금 큰 고통을 겪는 상황에서 꾸었다. 중년의 가장으로서 가족을 책임져야 하는 필자가 하루 아침에 부당하게 직장에서 쫓겨난 사건은 그때까지 필자가 겪어 볼 수 없었던 극심한 고통을 안겨주었다. 젊었을 때 연애에 실패했을 때와는 달리 단지 심적인 아픔만이 아니라, 더하여 경제적 압박과 사회적 패배감과 소외감, 그리고 가족들에 대한 미안함 마음으로 필자는 온통 절망에 빠진 상태에서 하루하루를 보냈다.

이런 상황에서 김영삼 대통령을 만났고 오후 3시에 오라는 꿈을 꾼 것은 필자에게 이루 말할 수 없는 희망과 용기를 주었다. 그리고 그 어려운 시절을 견디도록 도와준 버팀목이 되었다. 물론 처음 생각한 대로 복직하지는 못했으나, 최종적으로 꿈이 보여준 대로 아쉽기는 하지만 적절한 보상을 받게 되었다. 모든 일이 끝난 다음 이 꿈의 의미는 분명해졌고, 꿈대로 일이 이루어졌음을 확인할 수 있었다.

필자가 직장 문제로 김영삼 대통령의 꿈을 꾸고 나서 2년이 지나지 않아, 필자가 해직을 당해 어려움을 겪고 있을 때 필자의 아내는 이와 관련하여 안경이 떨어져 산산조각 나는 꿈을 꾸었다. 필자의 아내는 이 꿈을 꾸기 전까지도 필자의 직장 문제가 잘 해결되리라 믿고 있었다. 그리고 특별히 해당 법률에 대한 헌법재판소의 결정을 앞두고, 기대와 함께 불안한 마음으로 결과를 기다리고 있었다. 두 사람이 함께 가정을 꾸리면서 살아가는 우리 삶에서 가장 중요한 사건이었기 때문에, 당연히 관심을 가지고 초조한 마음으로 지켜보지 않을 수 없었다.

이런 상황에서 안경이 흘러내려 떨어지고 산산조각이 나는 꿈은, 필자의 직장에 대한 모든 기대가 산산이 깨어지는 것을 예지적으로 보여주었다. 그 당시 헌법재판소의 결정은 꿈대로 이루어졌으며, 그런 상황에서 한 가닥 희망을 가지게 된 것은 깨어진 조각이지만 쓸어 모아 두었다는 것이다. 이는 완전히 끝이 난 것이 아니라, 깨어진 상태이지만 뭔가 좋은 일이 생기리라는 희망을 심어주었다. 그 희망이 현실이 되기까지 15년 이상의 시간이 걸렸는데, 꿈에서 깨어진 안경이 원래 모양으로 복구가 되지 않았듯이 필자는 보상을 받는 것으로만 마무리되었다. 물론 처음 꿈을 꾸고 나서 모든 사건이 이렇게 되리라고 생각하지는 못했으나, 결과적으로 이렇게 이루어진 것을 알 수 있었다.

● 투자에 대한 확신을 가져다준 꿈

마지막으로 꾼 예지몽은 필자가 60대 초반을 넘어가던 시점에서 꾸었다. 일반적인 경우, 이 나이가 되면 경제적으로 안정되어 노후에 대한 걱정 없이 여유롭게 살아야 한다. 하지만 필자는 특별하게 시간을 보냈기 때문에 그렇지 못한 상태였다. 이미 말한 대로 직장에서 받은 보상으로는, 평생을 살아갈 집을 마련하고 노후를 보내기는 모자랐기 때문에 경제적인 걱정이 컸다. 이런 상태에서 필자는 가지고 있던 대부분의 자금을 투자했는데, 지금까지 한번도 하지 않았던 최초이자 최후의 경제적인 모험을 감행했다.

투자를 하고 나서 3년 정도의 시간이 흘렀으나, 아무런 이익을 남기지 못했다. 그래서 살던 전셋집에서 이사를 가야 하는 압박을 받으면서 다시금 심한 스트레스를 받게 되었다. 당연히 투자한 돈을 전부 날리는 것은 아닌가 하는 불안감에 잠을 자지 못하는 날들도 많아졌다. 본전이 되었으니 투자 금을 회수해야 하는 것은 아닌가 하면서, 갈피를 잡지 못하고 하루하루를 초조하게 보내고 있었다. 바로 그런 상황에서 꾼 이 꿈은 필자에게 투자에 대한 확신을 가져다주었다. 그리고 이 꿈대로 필자는 노후의 걱정을 덜게 되었다.

이렇게 필자는 3개의 예지몽을 꾸었으나, 어느 것도 필자가 의도해서 꾼 것은 없었다. 또한 이런 꿈을 꾸었으면 좋겠다고 바란 적도 없었다. 오히려 아무 희망도 없을 때, 극도의 좌절과 절망감에 시달릴 때 이들 꿈을 꾸고 나서 힘을 얻을 수 있었다. 이로 보건대, 사람들에게는 자신의 관심사에 대한 결과를 예측할 수 있는 그 능력이 있다는 것을 알 수 있으며, 각자의 특성에 따라 꿈의 성격도 결정된다는 것을 알았다.

앞에서 예를 든 두 번째 사례로 돌아가 보면, 같은 사건으로 고통을 당하는 두 사람이 그 사건의 결과를 두고 예지몽을 각각 꾸었으나, 그 시각이 다른 것을 볼 수 있다. 필자의 예지몽에서는 '3시에 오라'는 김영삼 대통령의 말이 강조되어 희망을 심어주고 있는 반면, 아내의 꿈에서는 안경이 산산 조각나는 형상이 부각되어 부정적인 불안을 크게 드러내고 있다. 실제로 그 후 오랜 시간을 보내면서 필자는 희망을 놓지 않은 채 부단히 노력하고 투쟁했다. 반면, 아내는 그 꿈을 꾼 이래로, 비록 마음 한구석에는 가느다란 희망을 버리지 않았으나 완전히 포기한 채 살아왔다.

이와 같은 두 사람의 차이는 일상생활에서도 반복되어 서로 충돌을 일으키는 요인으로 작용한다. 같은 일이나 사람을 두고 필자는 항상 긍정적이고 희망적인 요소를 보면서 낙관적인데 비해, 아내는 언제나 부정적인 면, 그리고 실패할 가능성을 먼저 고려한다. 이런 특성들이 각자의 꿈에서 희망을 강조하는 것과, 불가능을 부각시키는 것으로 드러났다고 할 수 있다.

● 예지몽을 꾸는 능력을
어떻게 이해해야 할까

필자들은 특별한 능력을 지니고 있는 사람이 아니라, 그냥 평범한 사람들이다. 다만, 필자들의 삶에서 중요한 사건과 관련하여 예지몽을 꾸었을 뿐이다. 그렇다면 예지몽을 꾸는 능력을 어떻게 이해해야 할까? 필자는 이것을 '무의식적인 능력'이라고 부르는데, 모든 사람들에게 이 능력이 있다고 생각한다. 이 능력은 깨어있을 때 작동하는 의식 밑에 있는 원초적 의식으로, 사고 의식이 할 수 없는 것을 예측할 수 있는 예지적 능력이 있다. 바로 이 원초적 의식이 미래를 미리 알고, 극심한 어려움에 처한 필자의 의식을 격려하고 용기와 희망을 주는 역할을 했다고 생각한다.

그렇다고 해서 필자는 이 능력을 계발해서 개인사와 관련된 사안의 미래를 예측하는 꿈을 마음대로 꿀 수 있을 것이라고는 생각하지 않는다. 이 능력은 우리의 원초적 의식이 가지고 있는 것으로, 사고의식이 좌지우지할 수 있는 것이 아니기 때문이다. 또 훈련을 한다고 해서 이 능력이 더 발달한다고 생각하지는 않는다. 다만, 사람에 따라 이런 능력이 더 뛰어난 사람이 있다는 사실은 인정한다.

그렇기 때문에 이 능력을 발전시키려고 할 것이 아니라, 이 능력이 드러났을 때 활용하는 것이 중요하다. 꿈에 대해 관심을 가지고 꾸준히 꿈의 의미를 이해하는 작업을 하다 보면, 이런 능력을 경험하게 되리라 생각한다. 다행히도 필자는 깨어 있으면서 꿈으로 나타난 메시지를 놓치지 않고 그 혜택을 볼 수 있었다.

필자(이호형)가 꾼 예지몽들을 정리하면서 불현듯 떠오르는 생각이 있다. 의도하지 않았으나 필자는 20대 초반, 40대 초반, 그리고 60대 초반에 필자의 삶과 관련하여 예지몽을 꾸었고, 그 꿈은 다 이루어졌다.

그렇다면 필자가 앞으로 꾸게 될 예지몽은 어떤 것이며, 언제 또 꾸게 될까? 필자는 80대 초에 마지막으로 꾸게 되지 않을까 하는 생각이다. 그리고 당연히 그 꿈은 필자가 언제 죽을 것인지를 보여주는 꿈일 것이라고 기대해 본다. 그렇게 된다면 필자는 미리 삶을 정리하고, 아무 미련 없이 한바탕 꿈처럼 살고 있는 이 세상을 떠날 수 있을 것 같다.

꿈 해 석 이
우 리 에 게 주 는
유 익 함 이 란

이 책에서는 문답식 꿈 해석 방법을 소개했으나, 다른 방법을 사용한 꿈 해석 역시 얼마든지 가능하다. 이는 꿈의 형상이 상징 언어로 여러 가지 의미를 지니고 있기 때문이다. 하나의 꿈을 다양하게 해석할 수 있다면, 그것이 적절한 해석인지 어떻게 확인할 수 있을까? 합리적인 방법으로 꿈을 해석한다 하더라도, 꿈에 대한 해석이 수학문제에 대한 답처럼 정확한 것이냐를 논하는 것은 불가능할 뿐만 아니라 어쩌면 무의미하기까지 하다. 꿈 해석의 정확성이란 객관적인 잣대로 검증할 수 없는 것이기 때문이다. 비록 이런 검증이 가능하다고 하더라도, 꿈꾼 사람에게 도움이 되지 않는 것이라면 별 의미가 없다.

그러나 꿈 해석의 정확성을 따질 수 없다고 해서, 하나의 꿈 해석이 적절한 것인지를 평가할 수 없는 것은 아니다. 꿈의 본질상 해석의 적절성 여부는 무엇보다도 꿈 꾼 사람과 함께 작업에 참여하는 사람들의 주관적 판단에 의해 결정된다. 우선 꿈 형상의 의미와 정서에 대해 납득이 되어야 한다. 그 다음에는 현실과 관련하여 통찰이 주어져야 한다. 또 궁극적으로는 꿈꾼 사람의 삶에 바람직한 변화를 주는 것이어야 한다. 이제 꿈 해석의 적절성 여부를 평가하는 이러한 기준들을 구체적으로 살펴보자.

● 꿈 해석은 두 겹으로 이루어진 복합 퍼즐

꿈 해석이 적절한 것인지를 알아보기 위해서는 무엇보다도 꿈에 나오는 여러 형상에 대한 의미 해석이 납득이 되는지, 그리고 전체 해석이 꿈에서 경험한 정서와 일치하는지 점검해야 한다. 꿈의 내용이 형상을 이용한 상징적인 언어로 표현되어 있지만, 그 자체로 논리가 없거나 의미 없는 것들이 아무렇게나 나열되어 있는 것은 결코 아니다. 꿈은 여러 가지 형상을 이용해서 의미 있는 메시지를 꿈꾼 사람에게 전하고 있기 때문에, 적절한 꿈 해석은 꿈이 전하고자 하는 의미가 납득되도록 설명하는 것이어야 한다.

꿈의 의미를 해석하는 작업은 흩어진 퍼즐 조각을 맞추어 하나의 그림을 완성하는 것에 비유할 수 있다. 꿈에 나타나는 배경, 장소, 하나하나의 인물과 사물, 그들이 하는 말과 행동, 그리고 벌어지는 사건 등이 저마다 하나의 퍼즐 조각처럼 각각 의미를 지닌 채, 꿈이 전하려고 하는 전체의 의미를 드러내기 위해 제자리에 결합되기를 기다리고 있다. 적절한 해석은 꿈에 등장하는 모든 요소들이 상징하는 의미가 서로 맞물리면서 하나의 통일된 의미 체계를 만들어내도록 하는 것이다.

이렇게 각 형상들의 의미를 해석하고 연결하는 과정에서, 중요한 역할을 하는 것이 바로 꿈의 형상이 불러일으킨 '정서'이다. 꿈의 형상은 단순히 인지적인 의미만을 전달하는 것이 아니라, 그와 더불어 정서적 의미도 함께 포함하고 있다. 이 때문에 적절한 꿈 이해는 꿈에서 경험한 정서의 내용과 일치한다. 이런 면에서 볼 때, 정확한 정서 이해는 적절한 꿈 해석의 시금석이다.

꿈 해석에서 정서적 요소가 중요한 역할을 한다는 점을 고려할 때, 꿈 해석은 두 겹으로 이루어진 복합 퍼즐이라고 할 수 있다. 인지적 의미 아래에 정서가 뒷받침된 복합적 형태이다. 이 때문에 꿈 해석이 더 어려워질 것으로 생각할 수 있으나, 실제로는 그 반대이다. 정서적 요소가 있음으로 해서 오히려 인지적 의미 이해가 적절한 것인지를 확인할 수 있다. 이렇게 인지적 요소와 정서적 요소가 하나의 전체적 의미의 그림으로 서로 보완되고 완성이 될 때, 그 꿈의 해석은 적절한 것으로 간주할 수 있다.

● '현실'이라는 또 하나의 차원이 덧붙여지는 3차원 퍼즐 맞추기

꿈 해석이 적절한지 평가하는 또 하나의 중요한 요소는 현실 삶을 어떻게 조명해주며, 어떤 통찰을 주느냐 하는 것이다. 앞에서 꿈 해석은 꿈 형상의 인지적 의미와 정서적 경험을 마치 두 겹의 퍼즐처럼 맞추어나가는 것이라고 했다. 더 나아가 꿈의 해석은 이 과정에 '현실'이라는 또 하나의 차원이 덧붙여지는 3차원 퍼즐 맞추기가 된다.

꿈 해석에서 '현실'이라는 차원은 한 인간을 통해 표현되는 총체적 존재 양식과 그의 삶이 이루어지는 모든 삶의 정황이다. 이는 현재뿐만 아니라, 지금까지 살아온 삶의 과정들과 그 삶을 통해 형성된 성격을 포함한다. 꿈 해석에서 꿈꾼 사람의 삶의 현실이라는 제3의 요소가 더해짐으로써, 그 해석이 적절한 것인지를 더 확실하게 평가할 수 있다. 현실이라는 요소가 제외된 상태에서 이루어지는 꿈 해석은 하나의 지적인 유희로 전락한다. 그리하여 그 해석이 아무리 그럴 듯하더라도 꿈꾼 사람에게 그리 큰 도움을 주지 못한다. 그러므로 적절한 꿈 해석은 어떤 형태로든, 삶의 현실과 연결이 되어야 한다.

꿈 형상에 대한 지적 이해와 정서적 경험이 결합되어 현실의 삶을 새로운 시각으로 볼 수 있다면, 꿈꾼 사람은 저절로 '아하!' 하는 경험을 하게 된다. 퍼즐의 마지막 부분이 맞추어지면서 꿈이 전체적으로 이해되는 순간 '아! 이런 의미였구나!' 하는 뿌듯한 마음이 될 것이다. 그러면서 자기의 것으로 수용이 되고 만족감을 경험하게 된다. 이런 통찰은 그 꿈 해석이 적절한 것인가를 결정하는 중요한 요소이다.

통찰의 경험은 상담자가 강요하거나 억지로 만들어 낼 수 있는 것이 아니라, 열린 마음으로 하나씩 해결해 가는 과정에서 자연스럽게 일어나는 것이다. 이 통찰이 일어나기 전에 꿈 해석의 과정이 올바른 방향으로 나가면, 일반적으로 꿈꾼 사람은 생기를 띠면서 꿈 작업에 더 빨려 들어간다. 이런 면에서 통찰은 적절한 해석의 절정 경험이며, 꿈의 적절성을 평가하는 중요한 잣대이다. 그리고 이 경험은 꿈꾼 사람만의 경험으로 끝나는 것이 아니다. 함께 해석 과정에 참여한 상담자, 집단원 모두가 동시에 경험하게 된다.

● 꿈 해석이 가져다주는 최고의 선물은

적절한 꿈 해석은 현실에 대한 인식을 새롭게 하는 통찰의 경험을 가져온다고 했는데, 구체적으로 통찰의 내용이 어떤 것인지 알아보자. 그것은 자신이 지금까지 알아차리지 못하고 있던 신념, 타인에 대한 생각, 대인관계, 특정 사건을 통해서 느끼게 되는 자신의 정서와 정서반응 양식 등이다. 또 통찰은 특정한 정서를 억압하고 느끼지 못하는 사람들에게 그 정서를 직면하고 자신의 것으로 수용할 수 있는 계기를 만들어준다. 그리하여 자신을 힘들게 하는 심리적 문제의 원인을 발견하고 그것을 해결할 수 있는 기회가 된다.

자신에 대한 이러한 통찰은 꿈 해석과 더불어 자연스럽게 이루어질 수도 있다. 그리고 꿈 해석을 근거로 자신을 더 깊게 이해하려고 노력하는 과정에서도 일어날 수도 있다. 이러한 방법으로 꾸준히 자신의 꿈을 해석하다 보면, 자신을 새롭게 이해하게 된다. 그리고 자신이 가지고 있는 왜곡된 신념과 잘못된 생각, 대인관계 유형과 부적절한 정서 반응 양식 등을 해소해 나가는 일은 한 사람을 심리적으로 성숙하게 한다.

적절한 꿈 해석이 가져다주는 변화 가운데 가장 눈에 띄게 나타나는 것은 꿈 내용의 변화이다. 꿈 해석을 지속해서 꾸준히 하면 트라우마로 인해 반복적으로 꾸던 꿈의 내용이 변하는 것을 경험할 수 있다. 필자는 스트레스를 크게 받으면 군대에 다시 간 꿈을 반복적으로 꾸었다. 그러나 꿈 해석 작업을 꾸준히 하자, 군대에 다시 가는 꿈의 내용이 변하기 시작했다.

군에 갔다 온 다음 군대에 다시 가는 꿈을 꾸었을 때에는, 언제나 어느 순간 보니 내가 다시 군대에 와 있었다. 그리고 꿈에서 그 사실을 알아 차리고 억울해서 어쩔 줄 모르다 깨어나서, 꿈이구나 하면서 안도를 하곤 했다. 그러나 꿈 해석을 꾸준히 하면서는 비록 군에 다시 와 있으나, 그렇게 억울해하지 않았다. 그러면서 이런 것은 절차를 밟아서 해결하면 된다는 마음으로 변했다. 그 다음에는 비록 내가 군에

와 있으나, 군복도 입지 않고 그야말로 군대에 온 것인지도 모르는 그런 상태인 꿈으로 변했다. 그러다 더 오랜 시간이 지나자, 더 이상 군대에 다시 가는 꿈을 꾸지 않게 되었다.

반복적으로 꾸던 이런 꿈의 변화를 통해서 자신이 변한 것을 알게 되었다. 이러한 변화와 성장은 물론 하루아침에 이루어지는 것은 아니다. 꿈 해석 작업을 꾸준히 해나가면 먼저 꿈꾼 사람이 스스로 변한다. 그리고 그와 함께 꿈 해석 작업을 하는 사람들이 그가 변한다는 사실을 가장 먼저 느낄 수 있게 되며, 차츰 그의 주변 사람들이 알게 될 것이다. 이렇게 자신의 내면에 대한 이해와 성장해 가는 변화를 기준으로 꿈 해석의 적절성을 평가하는 일은 시간을 필요로 하는 일이다. 하지만 가장 믿을 만한 방법이라고 확신한다. 그리고 이것이야말로 적절한 꿈 해석이 가져다주는 최고의 선물이다.

참고
문헌

Alexander, F. (1949). Fundamentals of Psychoanalysis. London: George Allen and Unwin Ltd.

Bonime, W. (1962). The Clinical Use of Dreams. New York: Basic Books Publishing Co. Inc.

Boss, M. (1977). I Dreamt Last Night. New York: Gardner Press.

Boss, M. (1958). Trans. by A. J. Pomerans. The Analysis of Dreams. New York: Philosophic Library.

Bulkeley, K. (1997). An Introduction to the Psychology of Dreaming. Westport: Praeger Publishers.

Cartwright, R. D., Lloyd, S., Knight, S. & Trenholme, I. (1984). Broken Dreams: A Study of the Effects of Divorce and Depression on Dream Content. Psychiatry, 47, 251 – 259.

Condon, J. C. Jr. (1985). Semantics and Communication (3rd ed.). New York: MacMillan Publishing Company.

Delaney, G. (1993). The Dream Interview. In G. Delaney (Ed.), New Directions in Dream Interpretation. Albany: State University of New York Press.

Delaney, G. (1996). Living Your Dreams (rev. ed.). New York: HarperCollins Publishers Inc.

Dentan, R. K., & McClusky, L. J. (1993). Pity the Bones by Wandering River Which Still in Lover's Dreams Appear as Men. In A. Moffitt, M. Kramer, & R. Hoffmann (Eds.), The Functions of Dreaming. Albany: State University of New York Press.

Dick, W., & Gris, H. (1975). National Enquirer, March 18.

Domhoff, G. W. (1993). The Repetition of Dreams and Dream Elements: A Possible Clue to a Function of Dreams. In A. Moffitt, M. Kramer, & R. Hoffmann (Eds.), The Functions of Dreaming. Albany: State University of New York Press.

Faraday, A. (1972). Dream Power. New York: Berkeley Books.

Freud, S. (1968). Trans. by J. Riviere. A General Introduction to Psychoanalysis. New York: Washington Square Press.

Garfield, P. (1988). Women's Bodies, Women's Dreams. New York: Ballantine.

Garfield, P. (1991). The Healing Power of Dream. New York: Simon and Schuster.

Hall, C. (1966). The Meaning of Dreams (rev. ed.). New York: McGraw-Hill.

Hall, C., & Nordby, V. (1972). The Individual and His Dreams. New York: Signet.

Hartmann, E. (1998). Dreams and Nightmares: The Origin and Meaning of Dreams. Cambridge, Massachusetts: Perseus Publishing.

Hill, C. E. (1996). Working with Dreams in Psychotherapy. New York: The Guilford Press.

Hobson, J. A. (1998). The Dreaming Brain: How the Brain Creates Both the Sense and the Nonsense of Dreams. New York: Basics Books.

Hobson, J. A. (2002). Dreaming: An Introduction to the Science of Sleep. Oxford: Oxford University Press.

Hobson, J. A., & McCarley, R. W. (1977). The Brains as a Dream-State Generator: An Activation-Synthesis Hypothesis of the Dream Process. American Journal of Psychiatry, 134, 1335-1348.

Hunt, H. (1989). The Multiplicity of Dreams: Memory, Imagination, and Consciousness. New Haven: Yale University Press.

Hall, James A. (1983). Jungian Dream Interpretation: A Handbook of Theory and Practice. Station Q: Inner City Books.

Jung, C. (1917). Collected Papers on Analytical Psychology. New York: Moffat and Yard.

Jung, C. (1984). Dream Analysis. Princeton: Princeton University Press.

Lawler, M. G. (1995). Symbol & Sacrament: A Contemporary Sacramental Theology. Omaha: Creighton University Press.

Lowen, A. (1995). Joy: The Surrender to the Body and to Life. New York: Penguin Compass.

Mahoney Maria F. (1966). The Meaning in Dreams and Dreaming. New Jersey: The

Citadel press.

Mindell, A. (2002). Working with the Dreaming Body. Portland: Lao Tse Press.

Moustakas, C. (1994). Existential Psychotherapy and the Interpretation of Dreams. London: Jason Aronson Inc.

Mumford, L. (1966). Techniques and Human Development. New York: Harcourt Brace Jovanovich.

Natterson, J. M. (1993). Dreams: The Gateway to Consciousness. In G. Delaney (Ed.), The Dream in Clinical Practice. New Jersey: Jason Aronson Inc.

Perls, F. (1971). Four Lectures. In J. Fagan and I. L. Shepherd (Eds.), Gestalt Therapy Now. New York: HarperCollins Publishers Inc.

Rotenberg, V. S. (1993). REM Sleep and Dreams as Mechanisms of the Recovery of Search Actitity. In A. Moffitt, M. Kramer, & R. Hoffmann (Eds.), The Functions of Dreaming. Albany: State University of New York Press.

Sanford, J. A. (1978). Dreams and Healing. New York: Paulist Press.

Siegel, B. S., & Siegel, B. (1983). A Surgeon's Experience with Dreams and Spontaneous Drawings. Dream Work Network Bulletin, Feb. 2.

Saul, L. J. (1947). Emotional Maturity: The Development and Dynamics of Personality. Philadelphia: J. B. Lippincott Company.

Stevenson, R. L. (1947). A Chapter on Dreams. In R. L. Woods (Ed.), The World of Dreams. New York: Random House.

Taylor, J. (1992). Where People Fly and Water Runs Uphill. New York: Warner Books.

Tsegos, I. K., & Tseberlidou, M. (2002). The Oneirodrama Group: The Therapeutic and the Supervisory Process of a Dream Drama Group. In C. Neri, M. Pines, & R. Friedman (Eds.), Dream in Group Psychotherapy: Theory and Technique. London and Philadelphia: Jessica Kingsley Publishers.

Ullman, M. (1993). Dreams, the Dreamer, and Society. In G. Delaney (Ed.), New Directions in Dream Interpretation. Albany: State University of New York Press.

Ullman, M., & Zimmerman, N. (1979). Working With Dreams. New York: A Dell/Eleanor Friede Book.

Van de Castle, R. L. (1994). Our Dreaming Mind. New York: Ballantine Books.

Vedfelt, O. (2002). Trans. by Kenneth Tindall. The Dimensions of Dreams. Philadelphia: Jessica Kingsley Publishers.

항상 새로운 것을 창조하는
꿈의 신비 속으로!

블루오션, 꿈의 세계만 제대로 이해해도
나를 변화시킬 수 있고, 미래를 바꿀 수 있다!
'꿈 인터뷰'를 통해
꿈꾼 이를 존중하는 꿈의 해석 방법!

블루오션, 꿈의 심리학

초 판 1쇄 인쇄 | 2018년 3월 20일
초 판 1쇄 발행 | 2018년 3월 28일

지은이 | 김정희, 이호형
펴낸이 | 조선우 • 펴낸곳 | 책읽는귀족

등록 | 2012년 2월 17일 제396-2012-000041호
주소 | 경기도 고양시 일산서구 대산로 123, 현대프라자 342호(주엽동, K일산비즈니스센터)

전화 | 031-944-6907 • 팩스 | 031-944-6908
홈페이지 | www.noblewithbooks.com
E-mail | idea444@naver.com

출판 기획 | 조선우 • 책임 편집 | 조선우
표지 & 본문 디자인 | twoesdesign

값 17,000원
ISBN 978-89-97863-84-6 (03180)

이 도서의 국립중앙도서관 출판예정도서목록(CIP)은
서지정보유통지원시스템 홈페이지(http://seoji.nl.go.kr)와
국가자료공동목록시스템(http://www.nl.go.kr/kolisnet)에서
이용하실 수 있습니다.
(CIP제어번호: CIP2018008388)